《楞嚴經》
五十陰魔
原文暨白話語譯之研究

（全彩版）

附：《楞嚴經》「想陰十魔」之研究

果濱　撰著

自序

本書名為《楞嚴經五十陰魔原文暨白話語譯之研究》乃從^{末學}《楞嚴經原文暨白話語譯之研究》一書中另外獨立出來的篇章。為何要獨立出來呢？古德云：「寧可千年不往生或不得道，不可一日入魔道」。很多佛教徒常常被《楞嚴經》前面「三卷半」的艱澀經文給嚇退，遂導致「無緣」進一步研究到後面經文的「五十陰魔」義理，實屬可惜。故本書將「五十陰魔」篇章特別獨立出來，可讓「無緣」研究「全部」《楞嚴經》者獲得清楚的「佛魔之辨」，而不致在修行當中誤入岐途。

世面上也有很多從《楞嚴經》中獨立出來的「五十陰魔」相關著作，例如圓瑛老法師《大佛頂首楞嚴經講義・五十陰魔章》。宣化上人《楞嚴經五十陰魔淺釋》。夢參老和尚《淺說五十種禪定陰魔》。善祥法師《楞嚴經五蘊魔相解說》……等。也有學術性的專書，如：李綺玟〈《楞嚴經》中五十陰魔生、住、異、滅相狀考述〉(華梵大學／東方人文思想研究所／96／碩士)。蔡旻芳〈明末註疏對《楞嚴經》「五十陰魔」之研究〉(佛光人文社會學院／宗教學研究所／93／碩士)……等。還有網路上有非常多由法師主講的「五十陰魔」佛經講座可參考。

鑑於佛教在接近末法時代中，有諸多天魔與其魔子魔孫到處招攬信眾、破壞正信佛教，其中附佛外道、魔教、邪教、邪師、邪信到處充斥，充滿著慾望、貪戀、詐財、邪惡、色情、雙身雙修……等諸多亂相。台灣一直都是佛道混雜的自由宗教地方，因此到處都有乩童、靈媒、神功、禪功、妖異、預言……等現象，面對這些宗教上的「異常」的現象，吾人應如何正確的認識「佛法」？如何來抉擇「邪正之分」？尤其是青年學佛者，更須正確的認識「佛魔之分」。

　　佛典《摩訶般若波羅蜜經・卷四》云：「不爲說魔事魔罪，當知是菩薩摩訶薩惡知識」，如《大般若波羅蜜多經・卷五百五十一》亦云：「諸菩薩摩訶薩欲證無上正等菩提，當善覺知諸惡魔事」。所以身爲佛弟子，若不宣說推廣「魔事、魔罪」諸事，則非爲修行的菩薩，亦非爲「善知識」。在《楞嚴經》中佛陀以「無問自說」的方式宣講了「五十種陰魔」境界，這五十魔境是以「五陰」(五蘊)爲基礎，然後每個「陰」再拓展出十個魔境來。其實這「五十陰魔」之境並非一定是「惡境」，經文明言「不作聖心，名善境界。若作聖解，即受群邪」，白話是說：如果不作「已證聖之心」解，亦不作「已成羅漢或成佛」的想法，那麼這種境界仍可名爲是一種「善」的境界(由用功修道所現的暫時「善境界」)。但如果認爲是自己「已證聖已成佛」之解，那麼便會立即遭受種種「群魔邪怪」的擾害。

　　「五十陰魔」是給我們在修行過程中避免落入魔道的「借鏡」，雖說有「五十」種，其實人心若有多少貪念與著境，就會有「相應」的魔事發生；也就是若有「八萬四千」個貪念與著境，就會有「八萬四千」的魔事產生。吾人須知「魔從心起，非從外來」，最大的佛是自己的自性佛、最大的魔也是自己，一切是唯心造。行者切勿認爲自己已研究過「五十陰魔」，所以保證不會著魔，這是錯誤的思想。因爲《楞嚴經》一再的宣說「大我慢魔」的義理，在修行過程中，如果生起「我慢貢高心」或「自己永不會著魔」的「狂妄心」，此類之人乃最易遭魔事的入侵。所以吾人在修行上應該隨時保持「謹慎小心」與「戒慎恐懼」，勿生起「自己永不會著魔」的「狂妄驕慢心」！茲舉《佛說觀佛三昧海經・卷十》云：佛告阿難……莫起「邪命」、莫生「貢高」。若起「邪命」及「貢高」法，當知此人是「增上慢」破滅佛法，多使眾生起「不善心」，亂「和合僧」，顯異惑眾，是「惡魔」伴。又《大

方等大集經·卷十一》亦云：菩薩壞「慢」亦復如是，漸漸增長一切善法。菩薩若不壞「憍慢」者，是名「魔業」。

　　在《楞嚴經》「五十陰魔」中，有些魔的神通大到「不可思議」，幾乎是很難斷定它究竟是佛？是魔？茲舉《華嚴經》上說：「心、佛及眾生，是三無差別」。故「眾生界」不可思議，「佛界」亦不可思議，當然「魔界」亦不可思議；「眾生界」無有窮盡，「佛界」亦無有窮盡，「魔界」亦無有窮盡的。「五十陰魔」只是《楞嚴經》中最基本的教理，只要心中有「貪染」與「執著」，就會有無窮盡的「魔事」存在。

　　台灣這些年來新興的「宗教」與「宗派」非常的多，確實也有不少「附佛外道」集團混參在佛門中，這些外道甚至也會開講大乘經典，如《楞嚴經》、《法華經》、《華嚴經》……等，但往往誤解佛義，甚至竄改經義，而一般的信徒「程度」也很難發現裡面微細的「邪說」，等到入魔既深，甚至成為他們的集團或眷屬時，就很難挽回了。

　　《楞嚴經·卷九》中云：「成就破亂，由汝心中五陰主人。主人若迷，客得其便」。《卷十》又云：「五陰本因，同是妄想」。「五陰魔境」只是吾人心中「五陰」的妄想顯現，亦即吾人「六根」若對「六塵」生起貪染之相，則一剎那就會被「魔王」得便而侵入。如果我們能對「六根、六塵、六識」不取不著，則當下就是「清淨菩提」，魔之所以為魔就是他們仍將「五蘊、六入、十二處、十八界」視為真實且實有的東西。《楞嚴經》上說「五陰、六入、十二處、十八界」，無一不是「隨眾生心，應所知量」；無一不是「當處出生，隨處滅盡」；無一不是「性淨明體，妙真如性」。若能當下識得其「根、塵、識」之「幻」，則「五十陰魔」境即可不攻自破，這是行者不可忽略的觀點。

如果您要避免落入「五十陰魔」的圈套，《楞嚴經》中說要嚴持「四種清淨明誨」(殺、盜、婬、妄)及持「楞嚴咒」，而歷代祖師亦多開示勸持「楞嚴咒」。如：

一、明·憨山 德清大師云：

此經說如來藏性功德無窮，咒乃諸佛心印，印持無盡，顯密雙修，成佛真要，故說不能盡，若依教修行直成菩提，無復魔業，是謂最勝法門也。

——詳於憨山大師《楞嚴經通議·卷十》。《卍續藏》第十九冊頁 336 下。

二、明·交光 真鑒大師云：

今世現見山中靜修叢林，多廢持咒，往往發瘋發顛。縱不成顛，亦多見於怖人媚人境界，皆此弊也，聖言豈虛乎？

——詳明·交光大師《楞嚴經正脈疏·卷七》，《卍續藏》第十八冊頁 713 下。

三、明·蕅益 智旭大師之「化持大佛頂神咒序」云：

五會神咒，密詮如來藏心，顯密雖殊，心性理一，全心成咒，全咒傳心，故名心咒，亦名咒心耳。

——詳《蕅益大師全集》頁 1115—1116。

四、民國·淨土宗第十三代印光大師云：

於念佛外，兼持「觀音」名號亦可。或兼持「楞嚴、大悲」等咒，亦無不可。

——《印光法師文抄·上冊·復永嘉某居士書五》

閉關，專修「淨業」，當以「念佛」為正行。早課仍照常念「楞嚴、大悲」十小咒。如「楞嚴咒」不熟，不妨日日「看本子」念。及至熟極，再「背念」。晚課《彌陀經》、「大懺悔」、「蒙山」，亦須日日常念。此外念佛宜從朝至暮，行住坐臥常念。

——《印光法師文抄·續編·上冊·復明心師書》

無論何種惡魔，遇著即摧成粉碎。諸咒降魔之力，以「楞嚴」為

最勝：當日阿難證「須陀洹」初果地位，尚且仗此脫離淫席。次則「大悲心咒」。

—印光法師鑒定，王博謙居士輯述《學佛淺說・修行人降魔的方法》（民國 18 年初版）

又如唐朝金剛智所作的「大佛頂陀羅尼啓請」(詳《大正藏》之『圖像部』第四冊頁 132 中)，裡面清楚的說：「念滿一萬八千遍」(參《一切如來白傘蓋大佛頂陀羅尼》。詳 CBETA, F27, no. 1048, p. 390, a9)。按照這樣的修法遍數，末學提供一個修持數量的精進圖表，如下所示：

一天 1 遍。1 遍 X 365 天=365 遍➔約需花 49.4 年完成

一天 3 遍。3 遍 X 365 天=1095 遍➔約需花 16.5 年完成

一天 7 遍。7 遍 X 365 天=2555 遍➔約需花 7.1 年完成

一天 14 遍。14 遍 X 365 天=5110 遍➔約需花 3.6 年完成

一天 21 遍。21 遍 X 365 天=7665 遍➔約需花 2.4 年完成

一天 36 遍(在家人有上班者最高極限)。36 遍 X 365 天=13140 遍➔約需花 1.4 年完成

一天 49 遍(無上班者)。49 遍 X 365 天=17885 遍➔約需花 1.1 年完成

一天 108 遍(無上班者)。108 遍 X 365 天=39420 遍➔約需花 0.5 年完成

關於須念滿一萬八千遍「楞嚴咒」的修法，在唐末五代的永明

延壽大師亦非常讚同(參《宗鏡錄・卷十二》，詳 CBETA, T48, no. 2016, p. 482, a10-18)，不過在《不空罥索陀羅尼經》中又說：(參《不空罥索陀羅尼經》，詳 CBETA, T20, no. 1096, p. 420, c16)

> 西域《大咒藏》中說：佛在世時，凡咒法中云：誦「十萬遍」得成者，以佛在世「佛威力」故得成。
> 佛滅度後，誦「十萬遍」不成者，緣眾生薄福，要須滿「百萬遍」方可得成。
> 以「遍數」多故，一消「諸障」。二則於咒，綽有其「功」。
> 若有眾生，「宿業障」重，誦滿「百萬遍」不得成者，仍須誦「二百萬遍」，或「三百萬遍」，或「四百萬」，乃至誦滿「七百萬遍」，必成就！

吾人都是處在「末法薄福」的時代，看來念滿「一萬八千遍」的楞嚴咒只是「打基礎」而已，應該要朝向「十萬八千遍」才夠！

本書採用「全彩」的印刷方式，以橫排為主，採用左邊經文、右邊白話的方式供互相對照。在重要的關鍵字上都已標上「色彩」以作為「醒目提示」。除了「白話語譯」詳細的說明外，也會附上相關的「祖師著作」與其餘佛典的「補充說明」。本書後面亦附有一篇末學 **5** 萬多字的論文，名為〈《楞嚴經》「想陰十魔」之研究〉可供大眾進一步參考。

期望這本《楞嚴經五十陰魔原文暨白話語譯之研究》專書能帶給所有關心《楞嚴經》「魔境」議題的修道人，能獲得更正確如法的知見。

公元 2016 年 5 月 18　果濱序於土城楞嚴齋

版面配置　參考資料　郵件　校閱　檢視　ACROBAT

內文　　超研潭粗楷　　A　24　　A B U I

《楞嚴經》
五十陰魔
原文暨白話語譯之研究
（全彩版）

附：《楞嚴經》「想陰十魔」之研究

果濱□撰著

字數統計

統計：
頁數	357
字數	183,377
字元數 (不含空白)	188,389
字元數 (含空白)	189,215
段落數	2,618
行數	15,394
半形字	7,437
全形字	175,940

☑ 含文字方塊、註腳及章節附註(F)

關閉

—— **目錄及頁碼** ——

卷二【二～１４】五陰六入十二處十八界，皆眾緣和合，了無所得

阿難！汝猶未明一切「浮塵」諸幻化相，當處出生(故無所從來)**，隨處滅盡**(故無所從去)**。**	阿難啊！你仍然沒有明悟到，世間一切「虛浮不實」的塵境，諸「如幻如化」之相，皆從「如來藏真心」中「隨緣、隨處」而發生，亦將「隨緣、隨處」而滅絕消盡(一切生滅皆不離自心自性，唯自心現量)。
「幻妄」稱(名稱)**相**(假相)**，其性「真」；為「妙覺明體」。**	雖然「五陰、六入、十二處、十八界」這些名相有「幻化、虛妄」的暫時「假相」稱呼(假名有)，但其本性仍為「真實」的「勝妙本覺光明之體」(因「五陰、六入、十二處、十八界」乃從「妙覺明體」的本性中所「緣現」出來的)。
如是乃至「五陰」、「六入」，從「十二處」至「十八界」。「因緣」和合，虛妄有「生」；「因緣」別離，虛妄名「滅」。	如是乃至一切眾生的「五陰、六入」，甚至從「十二處」到「十八界」，皆是在「眾因緣和合」(緣聚)下而「虛妄」現出種種的「生相」，在「眾因緣別離」(緣散)下而「虛妄」現出種種的「滅相」。

殊(猶；竟)**不能知**「**生滅去來**」，**本**「**如來藏**」。**常住**「**妙明**」(勝妙明淨)，**不動周圓，妙真如性。** (如來藏性真心能隨眾緣而現一切相，故「去、來、迷、悟、生、死」皆是「如來藏性真心」的作用)	一切眾生竟不能知道世間一切的「生滅、去來」幻相都是「如來藏真心」的「緣現」作用。「如來藏真心」是「常住不生不滅、勝妙明淨、湛然不動、周遍圓滿」的「妙真如性」。
「**性真常**」(如來藏性之常住真心)**中，求於**「**去、來、迷、悟、生、死**」，**了無所得。** (如來藏性真心→離一切相，故無去、無來、無迷、無悟、無生、無死)	但在「如來藏常住真心」中想要去尋找「去、來、迷、悟、生、死」諸虛幻相，則是如虛空之華，了無可得。(迷時便有「去、來、迷、悟、生、死」諸虛幻相，悟時則「去、來、迷、悟、生、死」諸虛幻相皆如「虛空華」，了無可得)

卷二【二～１５】色陰虛妄，非「真實因緣」，亦非「自然而生」

色陰如「聚沫」，不可操摩 受陰如「水泡」，不得久立 想陰如「幻野馬」和「虛陽焰」 行陰如「芭蕉」，無有堅實 識陰如「幻化」，從顛倒起	
阿難！云何「五陰」本「如來藏」，妙真如性？ （五陰乃「如來藏真心」於眾緣下所現之暫時幻象）	阿難！為什麼我說「五陰」(五蘊)原本就是「如來藏妙明真如心」於「眾緣」下所現之暫時幻象呢？
阿難！譬如有人：以清淨目，觀晴明(晴朗清明)**空**(虛空)**，唯一晴虛**(晴朗虛空)**，迥**（古同「迥」→甚：全）**無所有。**	阿難！譬如有人以「清淨無病」的眼睛去「觀看」晴朗清明的天空，只看到那晴朗的虛空，除此外，並沒有看見其他任何的東西。
其人無故，不動目睛，瞪(瞪目直視)**以發勞**(視神經發生疲勞病態)**，則於虛空「別見狂華」，復有一切「狂亂非相」。**	這個人沒有原因、無緣無故，不轉動眼珠的在「觀看」著天空，「瞪目直視」許久(《持世經》云：「色陰」皆從凡夫「憶想分別」起……一切「憶想分別」皆非真實……無明癡闇故)，直到「視神經」發

生疲勞病態，則於空蕩的虛空中會另外看見狂亂起滅的「空華」，並且還見到很多「狂亂非真實」的妄相。

「**色陰**」(rūpa-skandha。含「前五根」及「六塵」)**當知亦復如是。**

一切眾生的「色陰」也是這樣產生的。純為「自心虛空」所生之「空華」勞相，其實「色陰」本無所有。

阿難！是諸「狂華」：

阿難！這些「狂亂起滅」的「空華」究竟是從哪裡生出來的呢？

❶非從「空」(虛空→喻在「外」)**來。**

❶既不是直接從「虛空」中生出。

❷非從「目」(眼睛→喻在「內」)**出。**

❷也不是單獨只從「眼睛」中產生出來的。

如是，阿難！
❶若「空」來者，既從空「來」，還從空「入」。(虛空)**若有「出、入」，即非虛空，空若「非空」，自不容其華相起滅。如阿難體，不容阿難。**

如是，阿難！
❶如果「狂華」是直從「虛空」中產生出來的，既是從「虛空」中「生來」，當其滅時，還應從「虛空」中而「沒入」。「虛空」既然能讓東西「出出入入」，那就不是真實的「虛空」(虛空本無「內、外」之分，亦無「出、入」之別)。「虛空」如果不是真「空」的話，那就變成了一個「實

❷若「目」出者，既從目「出」，還從目「入」。

體」；如此的話也不可能容納「狂華」在「虛空」內有「生起」與「滅去」的作用。這就好比阿難的身體已是一個「實體」，就不能再容納另一個阿難進入其中的道理一樣。

❷如果「狂華」是單獨只從「眼睛」中產生出來的，既是從「眼睛」中「生出」，當其滅時，還應從「眼睛」中而「沒入」。

即此「華」性，從目「出」故，當合有見(具有「能見之性」)**。若**(假如狂華是可以)**有見**(具有「能見之性」)**者，去**(狂華離去)**既華空，旋**(轉回)**合見眼？**

就此「狂華」的性質而言，如果「狂華」是從「眼睛」裡所產生的，那「狂華」便是「有情識」的東西，也會像「眼睛」一樣具有「能見之性」。假若「狂華」真具有「能見之性」，則當「狂華」從「眼睛」出去時，便成為處在「虛空之華」的一種「有情識」東西。當「狂華」轉身回頭面對「觀看者」時，應該是能見到「觀看者」的「眼睛」吧？

若(假如狂華是)**無見**(不具「能見之性」)**者，出**(狂華出去)**既翳**(遮蔽)**空**

又假若此「狂華」是不具「能見之性」的「無情識」東西，則當「狂

(虛空)，旋(狂華回來時)當翳眼！	華」離開「眼睛」而出去時，「狂華」既可翳障遮蔽「虛空」(虛空原本是「清明乾淨」的，有了「狂華亂相」便會擋住原本「清明乾淨」的虛空啊)，則當「狂華」「旋返」歸來之時，亦應會「翳障遮蔽」你的「眼睛」，令你不能看見別的東西吧！
又見(眼見)華時，目應無翳，云何(需等到)「晴空」(晴朗虛空)；號「清明眼」(清淨明朗的眼睛)？	但是，你的眼睛明明是能見到「狂華」的，這表示你的眼睛是處在沒有任何「翳障遮蔽」下，既然如此，此時的眼睛就應該稱作「清淨明朗無病的眼睛」才對。為何需要等到在晴朗虛空下、不見「狂華」相的人，才能叫做「清淨明朗無病的眼睛」呢？
是故當知：色陰(含「前五根」及「六塵」)「虛妄」，本非「因緣」，非「自然」性。 (色陰➔不即眼根【內】、不即虛空【外】。 亦不離眼根，不離虛空)。	因此你應當知道：一切眾生的「色陰」都如「空中幻華」般的虛妄(如《楞嚴經·卷三》云：隨眾生心，應云 所知量，循業發現)，並不是從真實一定的「因緣」生(非「有因」生)，也不是從「無因果論」的「自然」而生(非「無因」生)。

卷二【二～１６】受陰虛妄，非「實有因緣」，亦非「自然而生」

受陰如「水泡」，不得久立	
阿難！譬如有人；手足宴安 (宴然安穩)，**百骸** (各種骨骼或全身) **調適** (調暢舒適)，**忽如忘「生」** (身體生機)，**性無違** (苦受) **順** (樂受)。**其人無故以二手掌，於「空」** (虛空) **相摩，妄生「澀、滑、冷、熱」諸相。**	阿難！譬如有個人，其手足「宴然安穩」，全身「調暢舒適」，快樂到好像忘了自己還有個會遭「老病死」苦難的身體，所以暫時不知「苦受」與「樂受」。此人無因無故的用兩隻手掌在虛空中互相的摩擦，於是就產生了「澀、滑、冷、熱」等的感受。
「受陰」 (vedanā-skandha。含「前五識」) **當知亦復如是。**	一切眾生「受陰」的產生也是這樣子的。
阿難！是諸「幻觸」： ❶**不從「空」** (喻在「外」) **來。**	阿難！這些種種的「虛妄觸覺」：❶既不是直接從「虛空」中來的。
❷**不從「掌」** (喻在「內」) **出。**	❷也不是單獨只從「手掌」中生出來的。
如是，阿難！ ❶**若「空」來者，既能觸「掌」，**	如是，阿難！❶如果這種「觸覺」是直接從「虛

何不觸「身」？不應「虛空」選擇來觸！	空」中來的，既然它能觸摸到「手掌」，為什麼就不能觸摸到身體的其他任何部位呢？不應說無情識的「虛空」竟然會去選擇它想要來「觸摸」的地方吧？
❷若從「掌」出(喻在「內」)，應非待「合」。又掌出故，「合」則掌知，「離」則觸入「臂、腕ㄨㄢˋ、骨、髓」，應亦覺知「入時」蹤跡。	❷如果說「觸覺」是單獨只從「手掌」中生出來的話，那就不須待兩掌「相合摩擦」後才能出。又如果「觸覺」真的是從「手掌」中生出來的話，當兩掌相合時，則兩掌應該要知道有個「觸覺」從中而出。當兩掌分離時，則應可知這個「觸覺」會重新回入你的「手臂、手腕、骨髓」等處，這些地方應該能「覺知」這個「觸覺」進入身體時的蹤跡。
必有「覺心」知「出」、知「入」，自有「一物」身中往來。何待「合」知要名為「觸」？	如果在這當中必定有一個「覺知之心」，它能「覺知」這個「觸覺」的「出」與「入」的情形，那在你身體中一定有一個叫做「觸覺的東西」常在你身中任意的進出往來；既然已經有一個會自由進出的「觸覺的東西」存在，那何須更待兩手掌「相合摩擦」

後，你才會有「感覺」呢？才需要叫它是「觸覺」呢？

是故當知：受陰(含「前五識」)「**虛妄**」，**本非**「**因緣**」，**非**「**自然**」**性**。

(受陰➜不即手掌〔內〕、不即虛空〔外〕。

亦不離手掌，不離虛空)。

因此你應當知道：一切眾生的「受陰」都如「二手撮摩」般的虛妄(如《楞嚴經‧卷三》云：隨眾生心，應云 所知量，循業發現)，並不是從真實一定的「因緣」生(非「有因」生)，也不是從「無因果論」的「自然」而生(非「無因」生)。

卷二【二～１７】想陰虛妄，非「固定因緣」，亦非「自然而生」

想陰如「幻野馬」和「虛陽焰」	
阿難！譬如有人：談説「酢ㄘㄨˋ (amla 同醋→酸)梅」，口中水出；思踏懸崖，足心酸澀。	阿難，譬如有人聽到別人在談説「酸梅」時，他的口中就會有「口水」流出。如果他心中幻想著腳踏在「萬丈懸崖」邊上，他的腳底就會生出「酸澀」緊張之感。
「想陰」(saṃjñā-skandha。第六意識)當知，亦復如是。	一切眾生「想陰」的產生也是這樣子的。
阿難！如是酢ㄘㄨˋ (amla 同醋→酸)説：	阿難！如是光聽到「酸梅」這二個字就會生出唾液口水，這口水：
❶不從「梅」(喻在「外」)生。	❶既不是直接從「梅子」哪裡生出來。
❷非從「口」(喻在「內」)人。	❷也不是單獨只從「口裡」這邊而進入。
如是，阿難！	如是，阿難！

❶若「梅」生者，梅合「自談」（自己說自己酸）**，何待人說？**	❶如果這唾液口水是直接從「酸梅」那裡生出來的，則「酸梅」便應自己說自己很酸，然後自己流口水，不必等待「他人」用嘴巴來說啊！
❷若從「口」入，自合口「聞」（聽聞）**，何須待「耳」？若獨「耳」**（耳朵）**聞，此水何不「耳」中而出？**	❷如果口水是單獨只從「口裡」這邊而進入，那表示「口」自己應該有「聽聞」的能力，那就不須等待「耳」來聽才會產生口水啊！假若確定只能由「耳」來聽聞「酸梅」二字，則口水為何不是從「耳」中流出來呢？
想踏懸崖，與說相類。	至於心中幻想著腳踏在「萬丈懸崖」邊的情形，這與聽到別人口說「酸梅」時的情形，其道理是一樣的。(腳底的「酸澀感」並不從「懸崖」生，也不是從「腳底」生；若是從「懸崖」生，「懸崖」自己應會感到「酸澀」。若是從「腳底」生，則「腳底」自己應能產生酸澀，那就不待「幻想」著「腳踏懸崖」的事了)
是故當知：想陰（第六意識）**「虛妄」，本非「因緣」，非「自然」性。**	因此你應當知道：一切眾生的「想陰」都如「談說酢梅」般的虛妄(如《楞嚴經‧卷三》云：隨眾生心，應所

（想陰➔**不即梅**【外】、**不即嘴巴**【內】。 　　亦**不離梅**，**不離嘴巴**）。	知量，循業發現），並不是從真實一定的「因緣」生(非「有因」生)，也不是從「無因果論」的「自然」而生(非「無因」生)。

卷二【二～１８】行陰虛妄，非「一定因緣」，亦非「自然而生」

行陰如「芭蕉」，無有堅實

阿難！譬如「暴流」（暴布流水），**「波浪」相續，前際後際，不相踰ˊ越。**

阿難！譬如「暴布流水」，前沖後湧，波浪相續不斷，前際與後際，一個接一個不相踰越。

「行陰」(saṃskāra-skandha。除「色、受、想、識」外之一切有爲法，都屬「行陰」範圍，與唯識「五遍行心所」中的「思心所」相當。雖然八個識皆有「遷流變化造作」，然以「第七末那識」爲「恆審思量」最強)**當知，亦復如是。**

一切眾生「行陰」的產生也是這樣子的。

(唯識宗常將「六根、六境、六識」喻爲「狂風」。

「前七識」現起：喻爲「波浪」。

「種子」喻爲「水流」。

「第八識」喻爲「大海」)

想陰第六識喻如粗大的巨波浪

行陰第七識喻如微細的小波浪

識陰第八識喻如無波浪的大海

阿難！如是「流（波浪流動）**性：**

阿難！如是「波浪流動性」(急流之

❶不因「空」(虛空)生。

❷不因「水」有。

❸亦非「水性」(水流之性)。
(波流之性➜不即「空」與「水」)

❹非離「空、水」。
(波流之性➜亦不離「虛空」與「流水」)

如是，阿難！
❶若因「空」生，則諸十方無
盡虛空成「無盡流」，世界自
然俱受淪溺(淪沒淹溺)**！**

❷若因「水」有，則此「暴流
性」(原屬渾濁相)**應非「水」**(原屬澄清
相)**。「有**(有能生水相)**、所有相**(所
生暴流相)**」，今應現在。**

性)的狀態：
❶不是直接從「虛空」中產生。

❷也不是單獨只從「水」而產生。

❸更不是能從「水流自然的本
性」中產生。

❹但也不是完全離開「虛空、水」
而產生。

如是，阿難！
❶如果「急流」是直接從「虛空」
中產生的話，虛空既然能生出
「暴流」，而虛空無盡，暴流亦應
是無盡，如是在十方世界無際
的虛空裡，即變成無盡的「暴
流」，十方世界自然就會被狂亂
的「暴流」給「淪沒淹溺」了。

❷如果「急流」是單獨只從「水」
中產生的話，則此「暴流」(屬渾濁
相)的體性應非與「水」(屬澄清相)為
一體，如此則產生「有能生的水
相」及「所生的暴流相」。這二種
相今應都呈現在我們的眼前才

對。(也就是「水」與「暴流」應該有個「分界點」讓我們看得到)

❸若(屬渾濁相的暴流)即「水性」(屬澄清相)，則澄清時(當水澄清不動時，渾濁相已失)應非水體！

❸如果「急流」能從「水流自然的本性」中產生的話，那就會造成這個「暴流」之性(屬渾濁相)就是等同於「水」的本性(屬澄清相)，如此則當「暴流」停止而現出「澄清相」時，此時這個「暴流」應該不屬於「水」的一種體性吧！(問題的真相是：當「渾濁相」的「暴流」一旦停止時，就會等同「澄清相」的「水」啊！)

❹若離「空、水」，空非有外(或作倒裝→空外非有→離開虛空之外，亦無水所存在之處)，水外(離開水之外)無流(則無水之流動)。

❹如果這個「急流」在完全離開「虛空」(空間)與「水」，還能存在嗎？實際上，只要離開「虛空」(空間)之外，就沒有「水」的存在之處(或譯作：虛空是周遍圓滿的，也沒有任何的「外邊」，「水」豈能離開「虛空」而獨立存在呢？)；只要離開「水」之外，也不會有任何「水流動」的狀態。

是故當知：行陰(第七末那識)「虛妄」，本非「因緣」，非「自然」性。

因此你應當知道：一切眾生的「行陰」都如「暴流成水」般的虛妄(如《楞嚴經‧卷三》云：隨眾生心，應丞所知量，循業發現)，並不是從真實一定

（行陰➜不即虛空【外】、不即波流【內】。 　　亦不離虛空，不離波流）。	的「因緣」生(非「有因」生)，也不是從「無因果論」的「自然」而生(非「無因」生)。

卷二【二～１９】識陰虛妄，非「必然因緣」，亦非「自然而生」

識陰如「幻化」，從顛倒起	
阿難！譬如有人：取「頻伽」(viṅka)**瓶，塞其兩孔，滿中擎空**(擎滿虛空)**，千里遠行，用餉**上天(贈)**他國。**	阿難，譬如有人拿「迦陵頻伽」鳥形的瓶子，將瓶子的兩個孔塞住，便以為可將滿瓶中的「虛空」(空氣)攜帶遠行至千里外，去贈予給另一個國家。
「識陰」(vijñāna-skandha。「識陰」含整個八識，此處獨以「第八阿賴耶識」作討論)**當知亦復如是。**	一切眾生「識陰」的產生也是這樣子的。
阿難！如是「虛空」： **❶非「彼方」**(瓶子原本所處的地方)**來。**	阿難！此人如是抵達他國後，瓶子內的「虛空」： ❶既不是一定從「瓶子原本所處的地方」進來。
❷非「此方」入。	❷也不是絕對從「這個地方」盛進去的。
如是，阿難！ **❶若「彼方」來，則本瓶中既**	如是，阿難！ ❶如果瓶子內的「虛空」是一定

貯「空」(虛空)去，於本瓶地，應少「虛空」！	從「瓶子原本所處的地方」來的話，那麼「瓶子原本所處的地方」已被貯了一瓶的「虛空」而去，故於「瓶子原本所處的地方」應該會少掉一瓶量之「虛空」！
❷若「此方」入，開孔倒瓶，應見「空」出！	❷如果瓶子內的「虛空」絕對是從「這個地方」盛進去的，那麼在打開孔蓋「倒瓶」時，應該可見到有個「虛空」從瓶中被「倒出」的跡象。
是故當知：識陰(阿賴耶識)「虛妄」，本非「因緣」，非「自然」性。 (識陰➔不即「此虛空」、不即「彼虛空」。 　　亦不離「此虛空」，不離「彼虛空」)。	因此你應當知道：一切眾生的「識陰」都如「瓶中虛空」般的虛妄(如《楞嚴經‧卷三》云：隨眾生心，應所知量，循業發現)，並不是從真實一定的「因緣」生(非「有因」生)，也不是從「無因果論」的「自然」而生(非「無因」生)。

卷四【四～１５】發生在「身內」的五重濁相介紹

原文	白話
以是義故，汝當「**照明**」(觀照明了)**諸**「**器世間**」**可作之法**(可造作的事物，如「有為法」等)**，皆從**「**變滅**」(變遷壞滅)**。**	以「因地發心」與「果地正覺」必須完全一致才會成就的理論來看，你應該「觀照明了」所有「器世間」可造作的「有為法」等，這些都是一直在「變遷壞滅」的事物。
阿難！汝觀世間「**可作之法**」(可造作的事物，如「有為法」等)**，誰為不**「**壞**」(變遷壞滅)**？**	阿難啊！你觀察這個世間一切可造作的「有為法」事物，有什麼是不會「變遷壞滅」的嗎？
然終不聞「**爛壞虛空**」(或作倒裝→虛空爛壞)**。何以故？空**(虛空)**非**「**可作**」(可造作的事物)**，由是始終，無**「**壞滅**」(變遷壞滅)**故。**	但始終不曾聽聞過有被「爛壞」的虛空吧？這是為什麼呢？因為虛空並非是「可造作」之事物，所以虛空從始至終都不會「變遷壞滅」的。(以上是佛用「虛空」來喻「不生不滅」之性，並非說「虛空」一定是不可爛壞絕滅的，如《楞嚴經・卷三》云：「舜若多」性可銷亡。如《楞嚴經・卷六》云：「空」生大覺中，如海一漚發，有漏微塵國，皆依空所生；漚滅「空」本無，況復諸三有？如《楞嚴經・卷六》云：迷妄有虛空。如《楞嚴經・卷九》云：當知「虛空」生汝心內……汝等一人，發真歸元，此「十方空」皆悉「銷殞」，

云何「空中所有國土」而不「振裂」？）

則汝身中：
❶「堅相」(肌肉筋骨)**為**「地」。

而就在你的身體中：
❶「堅固」的肌肉筋骨、髮毛、爪齒等諸相，是為身內的「地大」。

❷「潤溼」(津液、精血、血液)**為**「水」。

❷「濕潤」的津液、精血、淚唾、膿血等諸相，是為身內的「水大」。

❸「煖觸」(燥熱溫度)**為**「火」。

❸「暖觸」的熱體、熱相、燥熱等諸相，是為身內的「火大」。

❹「動搖」(氣息運轉)**為**「風」。

❹「動搖」的出入氣息、呼吸運轉等諸相，是為身內的「風大」。

由此「四纏」(四大假合互相纏結成為身體)，**分**(分化；分成)**汝「湛圓妙覺明心」：**

由這「四大」假合而互相「纏結」組織成為你這個色身，因此就「分化」了你原本「湛明圓滿勝妙本覺」之光明真心而成為：

①**為**「視」(見→眼根)、
②**為**「聽」(聞→耳根)、
③**為**「覺」(覺→舌根和身根和鼻根)、
④**為**「察」(思惟觀察。知→意根)。

①「眼根」之「視」、
②「耳根」之「聽」、
③「鼻、舌、身」三根之「覺」、
④及「意根」之「思惟觀察」等這六種功能(如《楞嚴經·卷六》云：元依一精明，分成六和合)。

從「始」(始於「色陰」)入「終」(終於「識陰」)，五疊(五重交疊)渾濁。

(清・溥畹《楞嚴經寶鏡疏・卷四》云：
既有能覺能察之六根，必有所覺所察之六塵，此則總為「色陰」。

由其六根，領納六塵，則為「受陰」。

以緣前塵，引起分別，名為「想陰」。

既起分別，遍緣諸塵，念念生滅，相續不斷，名為「行陰」。

既有「前七」分別種現，熏其「藏性」，轉成「藏識」，即名「識陰」。

此又「色陰」為始，「識陰」為終，遂有五種之渾濁也，疊猶重也)。

＊為何會「渾濁」的原因？

云何為「濁」？

阿難！譬如「清水」(喻妙覺明心，真心)，清潔本然。即彼「塵土」(喻為「四大」)灰沙之倫，本質「留礙」(留滯隔礙，能障真心)。二體(妙覺明心與四大)法爾(本來)性不相循(一真一妄)。

從「五根」與「六塵」的「色陰」開始進行起惑「造業」，最終「善惡業力」將再重回入於「識陰」的「精明之體」去(五陰最早是從「識陰」開始發生，再分成「六和合」的「六根」，如《楞嚴經・卷十》云：「此五陰元，重疊生起，生因『識』有，滅從『色』除。」此段經文改說成從「色陰」開始「造業」，最終再重回「識陰」去)。就在六根的「見聞覺知」與「四大」交織相染下，於是便生起「身內」五種「重疊」渾濁不清的染相。

而什麼是「渾濁」呢？

阿難！譬如清水本是清淨潔白的，本來就沒有染污。而那「塵土灰沙」之類，其本質是「留滯隔礙」(滯礙堅質)的。「清水」與「塵土」這二種事物的本體本來就完全不同，一清一礙，性質不相「隨順」，也不融洽。

有「世間人」(喻無明)取彼「土塵」(喻為「四大」)，投於「淨水」(喻妙覺明心，真心)，土失「留礙」(留滯隔礙)，「水」亡清潔，容貌「汩然」(攪渾擾亂)，名之為「濁」。

如果世間有個愚人將「塵土」投進了「清水」中，則塵土就會失去他原本會「留滯隔礙」的性質，清水也會因此失去它原本清淨潔白的本性。就在這「清水」與「塵土」混雜後，變成了「汩泥渾濁」的一種相貌，這就叫做「渾濁」。

汝「濁五重」(或作倒裝→五重濁。身中具有此五種濁相)，亦復如是。

在你的色身當中就具有這五重的「渾濁相」，其道理也是這樣的，當「真心」受到「無明煩惱」的污染後，就會失去原本清淨的貌相。

❶身內劫濁

阿難！汝見「虛空」遍十方界，「空」(虛空)、「見」(能見的作用)不分。

阿難！當你抬頭看到「虛空」周遍在十方世界，此時所見的「虛空相」，與你能見的「見精」是處在互相「交織」不分的情形(能見的「見精」與所見的「虛空」道理已如前《楞嚴經・卷二》云：「若空非見，云何見空？若空即見，復云何空」？兩者是處在「不即不離、非一非異」的狀態)。

有「空」(虛空)無「體」。有「見」(能見作用)無「覺」。

若只有「虛空」而沒有「能見」之作用，則誰去見「虛空」？「虛空」

亦成為「無體」(或譯作：雖現有虛空之相，但虛空仍無實體可得。雖有「空」而無「空」之體，故「空」亦空)。若只有「能見的作用」(見精)而沒有「虛空」，則「能見的作用」要去看誰？「能見的作用」亦成為一種「無覺」(或譯作：雖現有能見之見精，但見精仍無真覺可得。雖有「見」而無「真覺」之體，故「見」亦空)。

相織妄成(「虛空」與「能見作用」，互相交織，故妄成種種相)**，是第一重名為「劫濁」。**

(能見之「見精」與所見之「虛空」→交織相對→劫濁。 色陰)

所以就在能見之「見精」與所見之「虛空」互相「交織」下，而虛妄形成種種的渾濁諸相，這是「身內」第一重渾濁相，名為「劫濁」。如果「色陰」滅盡的人，則可超越此「劫濁」(如《楞嚴經‧卷九》云：色陰盡，是人則能超越「劫濁」)。

②身內見濁

汝身現搏 ㄊㄨㄢˊ (執持；憑藉)**「四大」為體**(自體)**，「見、聞、覺、知」，壅** ㄩㄥˋ **令「留礙」**(留滯隔礙)**。**

你的色身是憑藉著「地水火風」四大而成為身體，原本是「一精明」的「阿賴耶識」而妄分為「見、聞、覺(含「鼻、舌、身」)、知」的「六精之性」(即六根之精)，原本六根之「見聞覺知」是可以互用的，而今彼此互相「留滯隔礙」而壅塞不通，只能各自獨立使用。

水、火、風、土(地)**，旋**(轉)**令「覺、知」**(地水火風的變化性能轉使令你有知、有覺)**。**

而「水、火、風、土(地)」本是無知覺的東西，但這四大在你色身內會發生種種變化，能「旋轉」而令你成為「有知、有覺」之體(如《大寶積經·卷七十三》云：住身「四支」者是風，住「胃」者是風，行「五體」者是風……遍行「大小支」者亦是風，「出入息」者亦是風，略而言之，「遍身行」悉皆是風。大王！此名「身內風界」)。

相織妄成，是第二重名為「見濁」。(有知的「見聞覺知」，與無知的「地水火風」→交織相對→見濁。見陰)

所以就在「有知的見聞覺知」與「無知的身內地水火風」互相「交織」下，而虛妄形成種種的渾濁諸相，這是「身內」第二重渾濁相，名為「見濁」。如果「受陰」滅盡的人，則可超越此「見濁」(如《楞嚴經·卷九》云：受陰盡，是人則能超越「見濁」)。

❸身內煩惱濁

又汝心中「憶(記憶)**、識**(識別)**、誦**(誦持)**、習**(學習)**」，性**(第六識之性)**發「知、見」**(所知、所見的功能)**，容**(納)**現六塵。**

又在你心中能發起「憶想或追憶、追求知識或識別現前之境、誦持、學習」的功用，這些都是由「第六識性體」依託於「六根」而發生「覺、知、見、聞、嗅、嚐」的能力，能容納吸取所現出來的「外六塵相」。

離「塵」無「相」，離「覺」無「性」。

第六識若離「六塵」之境，則第

六識亦無「識相」可得。六塵若離「第六識」之「妄覺」，則六塵亦無「塵性」可得。

相織妄成，是第三重名「煩惱濁」。

(能緣塵的「第六妄識之覺」，與所緣的「六塵之相」→交織相對→煩惱濁。想陰⇨第六識)

所以就在「能攀緣的第六意識」與「所攀緣的六種妄塵」互相「交織」下，而虛妄形成種種的渾濁諸相，這是「身內」第三重渾濁相，名為「煩惱濁」。如果「想陰」滅盡的人，則可超越此「煩惱濁」

(如《楞嚴經・卷九》云：想陰盡，是人則能超「煩惱濁」)。

④身內眾生濁

又汝「朝夕」，生滅不停(指第七末那識的生滅運轉從不停止)**。「知見」**(第七識的我執知見)**每欲留於「世間」，「業運」**(隨業力運轉的身體)**每常「遷於國土」。**

又你從朝到夕二十四小時之間，其「第七末那識」的生滅相續運轉，從不停止。但你的「第七識我執知見」卻每每想要多「滯留」於世間，可是你隨「業力」運轉的身體，卻每常讓你六道生死輪轉而遷移於他方國土。

相織妄成，是第四重名「眾生濁」。

(第七識的我執知見常欲留於世的「妄心」，與常有輪轉遷徙的「妄身」→交織相對→眾生。行陰⇨第七識)

所以就在「第七識我執知見的妄心」與「輪轉遷徙的妄身」互相「交織」下，而虛妄形成種種的渾濁諸相，這是「身內」第四重渾濁相，名為「眾生濁」。如果「行

⑤身内命濁

汝等「見、聞」(見聞覺知)，元無「異性」(本來一體)。眾塵(依明暗動靜通塞等六塵)隔越(因阻隔而無法逾越)，無狀(沒有異狀)異生(發生六種差異)。

「性」中「相知」(六根之性本是一體，可互相知覺感通)，「用」中「相背」(六根只能獨自使用，好似不相干的互相違背)，「同、異」失「準」(六根之性是「同」，六根之用是「異」)。

陰」滅盡的人，則可超越此「眾生濁」(如《楞嚴經・卷十》云：行陰盡，是人則能超「眾生濁」)。

你原本「見、聞、覺(含「鼻、舌、身」)、知」這六根之精原來是屬於一個「精明體」(如《楞嚴經・卷六》云：元依一精明，分成六和合)，本無差異之性。但由於有外境眾多的「六塵相」會引發內「六根」產生「見精、聽(聞)精、嗅精、嚐精、覺(觸)精、知(法)精」的能力，進而造成「六精」各自「阻隔」而不能互相「逾越」；原本無異狀的「六精」便有六種不同差異性產生。

在「六精」的「性能」中原本是一體，皆可互相知覺感通的，但因吾人的「無明業感」而隔開成六種不同的功能，所以在「應用」中就會變成不相干似的「互相違背」了，變成眼只能見，不能聞；耳只能聞，不能見。「六根之性」原是「同」，而功用上卻成為互相「差異」，從而失去了一定的標準定義(對證道聖賢者可六根互用

相織妄成，是第五重名為「命濁」。

（第八識原同為一精明體，與六根之精發生同異→交織相對→命濁。[識陰⇨第八識]）

及同用；對凡夫只能六根獨用及異用，故「同」與「異」乃無定準）。

所以就在「第八識原同為一精明體」與「六根之精發生同異」的互相「交織」下，而虛妄形成種種的渾濁諸相，這是「身內」第五重渾濁相，名為「命濁」。如果「識陰」滅盡的人，則可超越此「命濁」（如《楞嚴經・卷十》云：識陰盡，是人則能超越「命濁」）。

卷九【九～9】佛陀「無問自說」五十種陰魔境相

原文	白話
即時如來將罷(結束;罷收)法座,於「師子床」(siṃhāsana 釋迦佛之座席)攬「七寶几」(具七寶之講經几),迴(迴轉)「紫金山」(kāñcana-prabha-mādana 喻佛體如紫金光聚之山)再來「凭ㄆㄧㄥ倚」(憑靠倚托)。	此時,如來對阿難所請求的開示都已解答完畢,將結束這場法會,準備起身離座,從「師子座席」再按著七寶的講經桌几,並迴轉其巍巍如「紫金山」的佛身,再重新「憑靠倚托」在講經桌几傍,並對大眾和阿難說:
普告大眾及阿難言:汝等有學「緣覺、聲聞」,今日「迴心」(迴小向大之心)趣「大菩提」無上妙覺,我今已說「真修行法」。	你們這些「有學」的「緣覺、聲聞」們,今天你們已「迴心」而趨向大菩提的無上妙覺之道,我亦已對你們說了「真正如實」的修行法則(如卷首之先明心性、次觀音反聞自性、持四律儀、楞嚴咒及壇場、斷惑證真、入五十五修行階位建於佛地……等)。
汝猶未識修「奢摩他」(śmatha 止)、「毘婆舍那」(vipaśyanā 觀)微細(微密精細)魔事。魔境現前(顯現在前),汝不能識,「洗心」(洗滌心垢)非正(仍未得其正見解),(故易)落於邪見(邪惡知見)。	然而你們還沒有能力去認識在修持「奢摩他」與「毘婆舍那」過程中所產生「微密精細」難以察覺之「魔事幻象」,倘若魔境顯現於前時,你們無法識破,在修行「洗滌心垢」的過程中,未得「正知正見」時,極易為魔事所惑而

落入邪惡知見。

或汝「陰魔」，或復「天魔」，或著「鬼神」，或遭「魑魅」。心中（若）不明（明白辨認），（將）認「賊」為子。

一切的魔事，或是由你自己的「五陰魔境」（心魔）所生，或是「天魔」（外魔）作怪，或是被「鬼神」（外魔）所附著，或是遭「魑魅」（外魔）精怪所弄。修行人若心中不能明白辨認這些魔境，則易「將魔作佛」而「認賊為子」了。

又復於中「得少為足」，如「第四禪」無聞比丘(assutavā-bhikkhu)妄言證「聖」(小乘四果阿羅漢)，「天報」(四禪天之福享報)已畢，（五種）衰相現前(顯現在前)。謗阿羅漢身遭「後有」(疑謗我今已證阿羅漢果，怎會又遭輪迴後身？)；墮「阿鼻獄」(Avīci)。

或者有些修道人犯了「得少為足」的毛病，比如說過去有一位已得四禪的無聞比丘，他狂妄地聲稱自己已證到「四果阿羅漢道」，並謂只要入「第四禪」就等同入「涅槃」，結果在他「四禪天」的「天福享報」完畢後，五種「天人衰相」便顯現在前，方知自己將死亡，便反謗佛為妄語。因佛曾說「阿羅漢便不再受後有」，而無聞比丘今既已得「四果阿羅漢」，怎還會遭受「天人五衰」及「輪迴後身」呢？這位無聞比丘以此謗佛、謗法、謗僧之罪，身後便遭墮入阿鼻地獄的苦報。

汝應諦聽，吾今為汝子細(細心認真)分別。	你們應當認真地聽，我今天就來為你們「細心認真」地解說在禪定中所發生的「五十種魔事」。
阿難起立，并其會中同「有學」者，歡喜(歡欣喜悅)頂禮，伏聽慈誨(慈悲教誨)。	阿難即起身，並與其法會中諸「有學者」，歡欣喜悅地向佛頂禮，專心聽佛的「慈悲教誨」。
佛告阿難及諸大眾：汝等當知有漏世界(之)十二類生，「本覺」(本性清淨之覺)妙明(勝妙明淨)，覺圓(本覺圓滿)心體(心性之體)，與十方佛無二無別。	佛告訴阿難及與會諸大眾說：你們應當知道，這個「有漏」的「依報」世界，其中有「十二類」正報的有情眾生，他們「本性清淨之覺」是「勝妙明淨、本覺圓滿」的心性之體，與十方諸佛是無二無別的。
由汝妄想(虛妄亂想)，迷理(正法真理)為咎，「癡愛」發生。生發遍「迷」，故有「空性」(虛空之性)，化迷(迷妄變化)不息，有「世界生」，則此十方微塵國土(之所以變成)「非無漏者」(→指微塵國土皆為有漏世界)，皆是「迷頑」(執迷而頑固)妄想(妄見亂想)安立。	由於你心生發生「無明」的「虛妄亂想」，迷失在「正法真理」的錯誤中，種種的「愚癡愛染」便由此發生。這種「愚癡迷昧」遍處發生後，相對的就會有「虛空之性」產生(如《楞嚴經・卷六》云：迷妄有虛空)。「愚癡迷昧」展轉變化而相續不斷，便生起「有為的世界」(如《楞嚴經・卷六》：依空立世界)。十方如微塵

	一樣多的國土之所以會變成「非無漏」的狀態(指微塵國土都不是清淨無漏的真實世界)，都是由「執迷而頑固」的「妄見亂想」所建立的。
當知「虛空」生汝「心內」，猶如片雲(一片殘雲→喻虛空)點(點綴)太清(天空→喻真心)裏；況諸世界在「虛空」耶？	你們應當知道，所有的「虛空世界」其實都是從你的「心識之體」所妄生出來的(如《楞嚴經‧卷六》云：空生大覺中)，就像一片「殘雲」(喻虛空)點綴在空廓的「天空」(喻真心)裡一樣般的渺小(如《楞嚴經‧卷六》云：如海一漚發)，何況依附於虛空的眾多「世界」，豈非更微不足道耶？(虛空乃由心識所生，只如天空中的一小片殘雲，而世界則依附於虛空，故世界乃小至微不足道也)
汝等一人發真(發明真心)歸元(回歸本元自性)。此十方空(虛空)皆悉銷殞(銷亡殞沒)，云何「空」(虛空)中所有「國土」而不振裂(振碎破裂)？	你們這些人如果有一人修道能「發明真心」而回歸「本元自性」的話，那麼由「晦昧」所成的十方虛空世界都會全部「銷亡殞沒」。更何況處在這虛空中所有的世界國土，豈有能「永恆保存」而不「振碎破裂」的道理？
汝輩修禪，飾(致力)「三摩地」，(此時便能與)十方菩薩及諸「無	由於你們這些人修習禪定，致力在「三摩地」上用功夫，只要

漏」大阿羅漢，「心精」(純精真心)通溜(或作「溜」→相通吻合)，當處「湛然」(澄湛寂然)。

能「發真歸元」，便能與十方菩薩及眾多「無漏大阿羅漢」所修得的「純精真心」相通吻合，能處於「澄湛寂然」之境界中。

一切魔王，及與鬼神、諸凡夫天，見其宮殿無故「崩裂」(崩塌裂壞)，大地振坼(振動坼裂)。水陸飛騰，無不驚慴(同「驚懾」→驚慌害怕)，凡夫昏暗(昏迷暗鈍)不覺遷訛(遷變訛動。訛古通「吪」→行動；移動)。

此時一切「欲界天」的魔王、魔民，以及鬼神、諸凡夫天(指欲界六欲天、色界四禪天，乃到外道無想諸天等)，會突然見到他們的宮殿房屋，無端地「崩塌裂壞」，大地「振動坼裂」。居於水中陸地、以及住於空中飛騰之眾生，沒有不因此而驚慌害怕(驚心攝魄)，只有一般的凡夫俗子，因「昏迷暗鈍」而不能察覺到這種「遷變訛動」的情形(甚至會誤以為是天地陰陽失調所造成的現象)。

彼等(天魔鬼神)咸得「五種神通」，唯除「漏盡」，(諸魔)戀此「塵勞」，如何令汝「摧裂」其處(他們的住處)？是故鬼神及諸天魔、魑魅、妖精，於三昧時(在你修習三昧禪定時)，僉(皆；全)來惱(惱亂破壞)汝。

那些「天魔鬼神」及「妖靈精怪」等都已得到「五種神通」(天眼通、天耳通、他心通、宿命通、神足通。彼等有這五通，只是屬於果報自然感得的「報得通力」，並非為修證所獲之「神得通力」)，只是沒有證得「漏盡通」，他們還留戀這個「塵勞煩惱」的世界，怎肯能讓你順利修成三昧？甚至因你的「發真歸

元」而造成他們的宮殿發生被「摧毀壞裂」的情形呢？所以一切的「鬼神、天魔、魑魅魍魎、妖精」，必會在你修習「三昧禪定」時，趁你「毀戒、退道心」、或生「五欲貪心」時，全部都來惱亂破壞找你麻煩，不讓你順利成就。(如《妙臂菩薩所問經·卷二》云：復次行人專注持誦，精勤不懈，雖得如願，所作成就，但一切時，恒須用意，何以故？緣彼一切極惡鬼神，以惡業故，於諸行人不欲成就)

然彼諸魔雖有「大怒」，彼(他們仍在)**「塵勞」內。**(諸魔於)**汝「妙覺」**(妙明本覺)**中**(要惱亂破壞)，(此猶)**如風吹光，如刀斷水，了不相觸**(起不了作用)。

然而那些天魔妖怪見其宮殿無故而崩壞，雖然心中懷著憤怒心要來擾害你，但他們仍然只處在「塵勞煩惱」的三界生滅法中。而你所修的妙明本覺「楞嚴大定」是不生不滅的，諸魔要惱亂破壞你就像是以「風」去吹散日月之光，以刀去砍斷水一樣，毫無著力，起不了任何的作用(以生滅的憤怒邪行，去破壞不生不滅的楞嚴大定，當然邪不勝正)。

汝如「沸湯」，彼(諸魔)**如「堅冰」，「煖氣」漸隣**(逐漸隣近堅冰)，

你所修行的「正定」就像是「沸滾的熱湯」，而諸魔的「瞋恨」就像

不日（不需等多久）銷殞ㄊ（銷亡殞沒）。徒恃「神力」（諸魔皆恃神力），但為其「客」（終不久住）。

是「堅硬的冰塊」，當「熱氣」漸漸隣近「冰水」時，冰水很快就會被「銷亡殞沒」了。這些諸魔徒然依恃著「報得」的神通力，對修行人來說，他們終究只是「過路客」，不得久住，亦不能加害這些修行人。

＊成就能破壞佛道的力量皆是五陰主人所造成

成就破亂，由汝心中「五陰主人」。「主人」若迷，「客」（諸魔）得其便。

這些由外來的「天魔妖怪」是否能「達成」（成就）破壞擾亂到你的任務，這全由你「心中」的「五陰」主人來決定。如果修行的這位主人「昏迷不悟」，那麼這些外來的魔王們便有機可乘，得其方便而擾亂你。

當處「禪那」（dhyāna），覺悟（覺悟色即是空，魔相亦是空）無惑，則彼魔事，無奈汝何。

所以當你處在「禪那」正定時，能常覺悟「色即空、魔相亦是空」而無惑，那麼這些神通魔事再厲害，也拿你無可奈何。

陰銷（陰境消除）入明（入大光明藏），則彼「群邪」（群魔邪怪）咸受「幽氣」（幽暗之氣），明能破暗。近自銷殞（銷亡殞沒），如何敢留擾亂（你的）「禪定」？

等到你修行至「五陰」之境銷除，進入「大光明藏」三昧定，則那些邪魔鬼怪只是秉受「幽暗之氣」而得以成形，而此時你的「楞嚴大定」三昧「光明正氣」便能破

	除「幽暗之氣」的「群魔邪怪」。諸魔若接近你，則其「幽暗之氣」將自動的銷亡殞沒，因此那些「群魔邪怪」又如何敢留下來擾亂你的禪定呢？
若不「明悟」(明白覺悟)，被「陰」(陰境)所迷，則汝阿難必為魔子，(將來)成就魔人。	如果不能「明白覺悟」這些魔事，而是被「五陰」諸境所迷亂的話，那麼阿難你必將成為魔王的弟子，最後將成為魔王之人。
如摩登伽(Mātaṅgī)，(地位)殊(非常;極)為「眇劣」(微細眇小低劣)。彼(摩登伽)唯咒汝(以「先梵天咒」詛咒你)破佛律儀(戒律威儀)。(在佛律的)八萬行(儀)中，秖ㄓ(同「祇ㄓ」字。只;僅)毀一戒(與女身缽吉提接觸一戒)，(你)心清淨故，尚未「淪溺」(淪陷覆溺)。	就像是摩登伽女人(缽吉提的母親)，她的身份地位其實是非常眇小低劣卑賤的，這位摩登伽只是以「先梵天咒」詛咒你，讓你破壞了佛陀所規定的戒律威儀。在佛律的八萬四千行儀中，你只毀了與女身「接觸」一戒，雖然你曾遭缽吉提的「婬躬撫摩」，但你的心體仍舊是清瑩潔淨的，並沒有「淪陷覆溺」而毀壞戒體。
此(五十陰魔)乃隳ㄏㄨㄟ(毀壞)汝「寶覺」全身，如宰臣(宰相大臣)家(喻具足法身慧命修道之人)，忽逢「籍	摩登伽女的「邪咒」是小事，但當「五十陰魔境」現前時，目的乃要毀壞你如「摩尼寶」的「妙覺

ㄐ 沒」（所錄籍登記的財産被沒收➜喻遭陰魔所劫），**宛轉「零落」**（飄零失落），**無可哀救。**

真心」全體法身，斷你的慧命（五十魔境乃為毀滅你整個法身慧命，並非只毀你與女身接觸一戒而已）。就像一位宰相大臣之家，忽然犯了王法，遭到「抄家沒收」，輾轉成為飄零失落、無可哀救一樣。

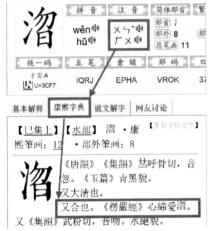

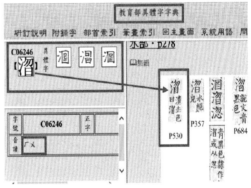

卷九【九～１０】色陰十種「內魔」→色陰滅盡則超身內之「劫濁」

原文	白話
註：「色陰」若達究竟的滅盡，則證大乘的「初信位」，或小乘的「初果位」。以上只是就「理論」來說，其中仍有「深淺」之差別，故亦非「定法」。	
阿難當知：汝坐道場，銷落（銷熔剝落）諸（妄）念，其（妄）念若盡（滅盡），則諸「離念」（遠離妄想）一切「精明」（已達真精不雜、明而不昧），動、靜不移，憶（憶想）、忘（遺忘）如一。	阿難！你應當知道，依著「大佛頂法」而修習大定時（於一切時中，行住坐臥皆專注修行「首楞嚴三昧」大定者，名為「坐道場」），當你「銷熔剝落」各種妄念，待至完全滅盡時，則所有「遠離妄想雜念」的「真性」在一切時、一切處皆能臻至「真精不雜、明而不昧」的境界。外境所有的動靜之相皆不能動移你的心性，「念頭生起」無「憶想」、「念頭滅去」亦無「忘想」的「憶忘如一」之境。
當住此處入「三摩提」，如明目人處「大幽暗」，精性（六精之性）妙淨（勝妙明淨），（真）心未「發光」（發生光明）。此則名為「色陰」	在你處在這種狀態而進入「三摩提」時，雖有定力，還未湛深，此時就好比「眼睛清明的人」處在大幽暗中，雖然「見、聞、嗅、

(含「前五根」及「六塵」)**區宇**(區域範圍)。	嘗、覺、知」六精之性已達「勝妙明淨」，但「真心之性」仍未發生光明，故所見之處，皆是一片黑暗，沒有光明(真心之性本來是周遍圓滿的，但因「色陰」未破，故心光未發，沒有光明)。這就叫做真心被「色陰」所覆蓋的區域範圍。
若目明朗(明亮朗照)，**十方洞開**(洞達開通)，**無復幽黯**(幽昧陰黯)，名「色陰」(含「前五根」及「六塵」)**盡**(滅盡)。	如果「定、慧」力愈深，心光發明，則如眼睛明亮朗照，能照徹十方內外「洞達開通」，沒有一絲的「幽昧陰黯障礙」(能內觀五臟六腑，外觀山河大地，無所隔礙)，這叫做滅盡「被色陰所覆蓋」的境界。
是人則能超越「劫濁」。觀其所由(色陰發生的原由)，**「堅固妄想」以為其本。**	「色陰」既破(正確應說「照見；觀照」色陰為空，並非「滅」色為「空」也)，此人就能超越由「能見之見精」與「所見的虛空相」；在互相「交織」下而妄成的身內「劫濁」(反觀從前仍處「幽暗」時，原是「空、見」不分之相，如今定力既深，「色、空」雙亡，才能超出「劫濁」)。**由此觀照，可知「色陰」**所發生的原因是從「堅實牢固」的「妄想」中產生(此人「欲有所見」的「妄想」非常的「堅固」，如《楞嚴經》卷二云：「**不動目睛，瞪以發勞**」。卷二又云：「**空晦暗**

❶身能出礙 ➜ 精明

能外通。由觀照力，使心精流溢，故能出礙

➜此爲「善境界」

中，結暗爲色」），這也是「色陰」及「劫濁」所生起的根本原因。

阿難！當在「此中」（此禪修中）**精研**（精細研修）**妙明**（勝妙明淨眞心），**四大「不織」**（不相交織，接近脫離之狀）。

阿難！當行者在禪修「三摩地」中，在「色陰」將破未破之際，繼續「精細研修」這個「勝妙明淨真心」，此時你四大「地水火風」的身軀已不再互相「交織」為一種羈絆。

少㪅 選（一會兒；須臾）**之間，身能「出礙」。此名「精明」**（眞精妙明心）**流溢**（流出漫溢）**前境**（現前之境）。

不久之間，這個行者的色身便可以「越出障礙、穿牆透壁」（如明‧鍾惺《楞嚴經如說‧卷九》云：窈然透過墻壁，此特定力所逼，使精妙流溢，暫得前境虛融，隨得「隨失」。不同「證果聖人」，一得「永得」。若行人無見識，輒起「證聖」之解，則魔得其便矣），這叫做「真精妙明心」能「流出漫溢」於現前的根塵之「境」而不相礙。

斯但功用（修行用功），**暫得如是，非為「聖證」。**

不過這境界只是在禪定「修行用功」時所現的一種暫時現象，並非是已證得了什麼「聖境」。

不作「聖心」（證聖之心），**名「善境界」。**

此刻如果不作「已證聖之心」解，亦不作「已成羅漢或成佛」的想

	法，那麼這種境界仍可名為是一種「善」的境界(由用功修道所現的暫時「善境界」)。
若作「聖解」(證聖之解)，即受「群邪」(群魔邪怪)。	如果認為是自己「已證聖已成佛」之解，那麼便會立即遭受種種「群魔邪怪」的擾害(如清・通理《楞嚴經指掌疏・卷九》云：若作「聖證之解」，正宗家所謂「奪弄精魂」，魔得其便，乘隙而入，故曰「即受群邪」)。
②內徹拾蟲➜精明 能內徹。由心融內徹，故蟯蛔可拾	
阿難！復以此(三昧定)心，精研(精細研修)妙明(勝妙明淨真心)，其身「內徹」(向內透徹)。	阿難！行者又以此「三昧定心」去「精細研修」這個「勝妙明淨真心」，習久功深，就能自見其身體內光明透徹。
是人忽然於其身內拾出「蟯、蛔」，身相宛然(清晰完整貌)，亦無傷毀(損傷毀壞)。	此時行者便忽然能從自己的身體內撿拾出「蟯蟲、蛔蟲」，但身體卻依舊宛然完好，沒有任何的損傷毀壞。
此名「精明」(真精妙明心)流溢(流出漫溢)形體。	這叫做「真精妙明心」能「流出漫溢」於自身的身形軀體內。
斯但「精行」(專精修行)，暫得如是，非為聖證。	這是「專精修行」時暫時獲得的一種現象，並非是已證得了什

	麼「聖境」。
不作聖心，名善境界。	此刻如果不作「已證聖之心」解，亦不作「已成羅漢或成佛」的想法，那麼這種境界仍可名為是一種「善」的境界(由用功修道所現的暫時「善境界」)。
若作聖解，即受「群邪」(群魔邪怪)**。**	如果認為是自己「已證聖已成佛」之解，那麼便會立即遭受種種「群魔邪怪」的擾害。
③精魄離合➔精魄 能內外相交。承上外溢內徹之力，故神魂互涉，所以能有所聽聞➔此爲「善境界」	
又以此(三昧定)**心，內外「精研」**(精細研修)**，其時「魂魄、意志、精神」，除執「受身」**(除了執持這個身體的作用外)**，餘皆涉入**(其餘的地方都可以互相涉入交換)**，互爲賓主**(指「魂魄、意志、精神」可互換爲賓或爲主)**。**	行者又以此「三昧定心」去「精細研修」這個「勝妙明淨真心」，達到「內身」和「外境」相感的「虛融透徹」之境。此時行者的「魂魄、意志、精神」除了能「執持這個身體」的作用外，其餘的地方都可以互相涉入交換，能將「魂魄、意志、精神」互換為賓或為主。
忽於空中聞「說法聲」，或聞	此時行者便忽然能從虛空中聽

十方同敷「密義」(深密妙義)。此名「精、魄」遞相(遞更相代)離合，成就善種。	到說法的聲音，或聽到十方世界同時在演說「深密妙義」。這叫做作「精神、魂魄」能「遞更相代」的交互離合(或精神離於本位，而合於魂魄；或魂魄離於本位，而合於精神。或「精」附於「魄」，或「魄」附於「魂」，或「意」附於「神」，或「神」附於「志」)而現出的境界，或者是前生所成就過的智慧善根(前生聽過、修習過的經典，蘊藏於阿賴耶識中)，今生因「定力」的激盪而產生「精、魄」離合現象。
暫得如是，非為聖證。	這是暫時獲得的一種現象，並非是已證得了什麼「聖境」。
不作聖心，名善境界。	此刻如果不作「已證聖之心」解，亦不作「已成羅漢或成佛」的想法，那麼這種境界仍可名為是一種「善」的境界(由用功修道所現的暫時「善境界」)。
若作聖解，即受「群邪」(群魔邪怪)。	如果認為是自己「已證聖已成佛」之解，那麼便會立即遭受種種「群魔邪怪」的擾害。
❹境變佛現 ➔ 心魂	
由上精魄，互為賓主，染此靈悟，故見佛現	

→ 此為「善境界」	
又以此(三昧定)心，澄露(澄清露水)皎徹(皎潔透徹)，內光(內心的光輝)發明(開發闡明)。十方遍作「閻浮檀」(jambūnada-suvarṇa 紫金)色，一切種類化為「如來」。	行者又以此「三昧定心」去「精細研修」這個「勝妙明淨真心」，達到心如「澄清露水」般的「皎潔透徹」，內心的光輝已「開發闡明」。此時能觀見十方無情世界皆遍作「閻浮檀」紫金之色，也能見一切有情十二類眾生，盡化為諸佛如來。
於時忽見毘盧遮那(vairocana)踞(盤坐)「天光臺」，千佛圍繞，百億國土及與蓮華俱時出現。	此時行者會忽然看見毘盧遮那佛盤坐在「天光臺」，有千佛圍繞在四周，以及百億的國土和蓮華同時呈現於前。
此名「心魂」(心內神魂)，靈悟(靈性覺悟)所染(習染)，心光(內心的光輝)研明(精細研修妙明真心)，照諸世界。	這叫做「心內神魂」所獲得的一種「靈性的覺悟」，主要是因此人前生所曾經「薰染」過經典法教，今生再假修行的「定功」，故能於禪定中能開啟「內心的光輝」；這種光輝也是在精細研修「妙明真心」下所現的境界，甚至可朗照其餘諸一切的世界。
暫得如是，非為聖證。	但這只是暫時獲得的一種現

	象，並非是已證得了什麼「聖境」。
不作聖心，名善境界。	此刻如果不作「已證聖之心」解，亦不作「已成羅漢或成佛」的想法，那麼這種境界仍可名為是一種「善」的境界(由用功修道所現的暫時「善境界」)。
若作聖解，即受「群邪」(群魔邪怪)。	如果認為是自己「已證聖已成佛」之解，那麼便會立即遭受種種「群魔邪怪」的擾害。

⑤空成寶色➜抑按

觀察過越，逼拶至極，是以虛空，忽現諸色
➜此為「善境界」

又以此(三昧定)**心，精研**(精細研修)**「妙明」**(勝妙明淨真心)**，觀察**(自心)**不停，抑按**(抑制妄心，按捺又妄想)**降伏，制止**(制止妄想)**超越**(超越雜念)。	行者又以此「三昧定心」去「精細研修」這個「勝妙明淨真心」，不斷的地去觀察自心而不暫停歇。透過抑制妄心、按捺妄想的方式，而期能達至「降伏其心」之境。行者一心想用「定力」去制止「妄想」，期能超越「雜念」，遂導致「定力」勝過了「慧力」。
於時忽然十方虛空，成七寶	此時行者會忽然看見十方虛空

色，或百寶色，同時遍滿，不相留礙(留滯隔礙)；青、黃、赤、白，各各純現(純淨而現)。	皆成為七寶顏色或百寶顏色，這些顏色同時遍滿整個虛空，但又不會互相「留滯隔礙」，所有的「青、黃、赤、白」等各種顏色，都各自純淨地顯現出來。
此名「抑按」(抑制按捺之)功力踰分(超越本分)。	這叫做以「定力」去「抑制按捺妄想」的修行功力超越了「常分」，導致「定力」勝於「慧力」所暫時獲得的一種現象(當定力作用勝於慧力時，將其心逼迫至極限，進而產生在虛空中顯現出各種色相)。
暫得如是，非為聖證。	但這只是暫時獲得的一種現象，並非是已證得了什麼「聖境」。
不作聖心，名善境界。	此刻如果不作「已證聖之心」解，亦不作「已成羅漢或成佛」的想法，那麼這種境界仍可名為是一種「善」的境界(由用功修道所現的暫時「善境界」)。
若作聖解，即受「群邪」(群魔邪怪)。	如果認為是自己「已證聖已成佛」之解，那麼便會立即遭受種種「群魔邪怪」的擾害。

⑥暗中見物➡心細

由定心澄徹，精光不亂，故於暗中，能見諸物➡此爲「善境界」

又以此(三昧定)**心，研究**(精研細究)**澄徹**(清澄透徹)**，精光**(心精之光)**不亂。**

行者又以此「三昧定心」去「精研細究」這個「勝妙明淨真心」達到「清澄透徹」，「心精之光」臻至「凝而不亂」的境界時(或譯「精光」是「慧」。「不亂」是「定」。即已能達「定慧均等」之境)。

忽於夜合(夜晚相合時。據《宋版磧砂藏》、《永樂北藏》、《高麗藏》、《乾隆藏》、《房山石經》、《頻伽藏》、《大正藏》……等均作「夜合」字，但自宋·德洪《楞嚴經合論·卷九》中開始，卻另作「夜半」字，後代著經者，亦多人從之。連圓瑛大師《楞嚴經講義》亦從之)、**在**「暗室」**內，見種種物，不殊**(不異)**白晝，而**「暗室」**物亦不除滅。**

此時行者便忽然能在「夜晚相合時」、或於黑暗的室內看見種種的物相，不異於白天所看見的物象，而暗室裡的所有物象也沒有消滅。

此名「心細」(心光細密)**，密澄**(細密澄清)**其見，所視**「洞幽」(洞徹幽暗)**。**

這叫做「心光細密」的境界，「細密」到能「澄徹」其眼力，進而能洞見幽暗中的所有事物。

暫得如是，非為聖證。

這是暫時獲得的一種現象，並非是已證得了什麼「聖境」。

不作聖心，名善境界。	此刻如果不作「已證聖之心」解，亦不作「已成羅漢或成佛」的想法，那麼這種境界仍可名為是一種「善」的境界(由用功修道所現的暫時「善境界」)。
若作聖解，即受「群邪」(群魔邪怪)。	如果認為是自己「已證聖已成佛」之解，那麼便會立即遭受種種「群魔邪怪」的擾害。
⑦身同草木 ➜ 塵併¾ 由定力排併¾，故四大虛融，燒斫無覺➜此為「善境界」	
又以此(三昧定)**心，圓入**(圓通契入)**「虛融」**(與「虛無」交融)。	行者又以此「三昧定心」去「精細研修」這個「勝妙明淨真心」，能夠「圓通契入」自身與外境「虛無」交融的境界。
四骸忽然同於草木，火燒、刀斫ಠ (割)**，曾**ಠ (乃;竟)**無所覺。又則火光不能燒**(燃燒)**爇**ಠ (焚爇)**，縱割其肉猶如「削木」。**	此時行者的四肢便忽然如同草木一樣，用火燒、刀砍，竟都沒有任何的知覺。就算熊熊大火也不能燃燒焚爇到他，即使用刀來割其肉體，也如同削木一樣。

此名(五)**塵併**之(排除;屏棄。併古通「屏」)，**排四大性**(排除了四大的知覺性能)，**一向**(一直)**入純**(純淨虛無之境)。	這就叫做將「五塵」(色、聲、香、味、觸)給併(併古通「屏」)棄，並且排除了「四大」本有的「知覺性能」而直入「純淨虛無」之境地(因「止、觀」力強，故「四大、五塵」都能屏棄，則無能執之身，故此時火燒、割截便無感受)。
暫得如是，非為聖證。	這是暫時獲得的一種現象，並非是已證得了什麼「聖境」。
不作聖心，名善境界。	此刻如果不作「已證聖之心」解，亦不作「已成羅漢或成佛」的想法，那麼這種境界仍可名為是一種「善」的境界(由用功修道所現的暫時「善境界」)。
若作聖解。即受「群邪」(群魔邪怪)。	如果認為是自己「已證聖已成佛」之解，那麼便會立即遭受種種「群魔邪怪」的擾害。
⑧遍見無礙➔欣厭 由欣厭日深，淨心功極，故十方上下，見無障礙➔此為「善境界」	
又以此(三昧定)**心，成就「清淨」**(清淨之果)**，淨心**(清淨之心)**功極**(用功至極)。	行者又以此「三昧定心」去「精細研習」這個「勝妙明淨真心」，已成就「清瑩潔淨之果」，清淨之心

亦已用功到了「極至」之時(因「止、觀」純熟，已無我執，唯存清淨觀照之心，故能達《楞嚴經‧卷六》所云「淨極光通達」之境)。

忽見大地、十方山河，皆成「佛國」，具足七寶。光明遍滿。又見恆沙諸佛如來，遍滿空界，樓殿(樓台殿宇)**華麗。下見「地獄」，上觀「天宮」，得無障礙。**

此時行者便忽然能觀見十方世界的「山河大地」都成了佛國淨土，具足七寶光明而周遍圓滿。又觀見到恆河沙一樣多的諸佛如來遍滿虛空界中，到處都是華麗莊嚴的「樓台殿宇」。向下可觀見到地獄，向上可觀見到天宮，所觀見之處皆毫無障礙。

此名「欣厭」(欣慕佛國，厭惡人間穢土)**，凝想**(凝慮思想；觀想)**日深，**(觀)**想久「化成」**(變化而成，相由心生)**。**

這叫做行者平日「欣慕」佛國、「厭惡」人間穢土，「凝慮思想」日久功深，「觀想」歷久而「變化」所成之境。

非為聖證。

並非是已證得了什麼「聖境」。

不作聖心，名善境界。

此刻如果不作「已證聖之心」解，亦不作「已成羅漢或成佛」的想法，那麼這種境界仍可名為是一種「善」的境界(由用功修道所現的暫時「善境界」)。

若作聖解，即受「群邪」(群魔邪怪)。	如果認為是自己「已證聖已成佛」之解，那麼便會立即遭受種種「群魔邪怪」的擾害。
⑨遙見遙聞➜迫心 由觀照力，迫心飛出，故多隔見➜此爲「善境界」	
又以此(三昧定)心，研究(精研細究)「深遠」(深隱幽遠之處)。	行者又以此「三昧定心」去「精研細究」這個「勝妙明淨真心」，達到「深隱幽遠」之處，「色塵」已不能為「礙」時。
忽於「中夜」(半夜)遙見遠方「市井、街巷、親族、眷屬」，或聞其「語」(語言談話)。	此時行者便忽然能於「半夜」遙遠「觀見」到遠方的「鬧市井邑、大街小巷、親戚宗族、家眷室屬」，或者「聽到」他們的語言談話，清晰明瞭，如在目前。
此名「迫心」(以定力驅迫此心)，逼極(逼壓至極)飛出(心光飛出)，故多隔(多重隔障)見(看見)。	這叫做因「禪定力」而驅迫心體，逼壓至極而「心光」飛出，因此雖有「多重隔障」，卻仍可「遙視觀見」的境地。
非為聖證。	並非是已證得了什麼「聖境」。
不作聖心，名善境界。	此刻如果不作「已證聖之心」解，

	亦不作「已成羅漢或成佛」的想法，那麼這種境界仍可名為是一種「善」的境界(由用功修道所現的暫時「善境界」)。
若作聖解。即受「群邪」(群魔邪怪)**。**	如果認為是自己「已證聖已成佛」之解，那麼便會立即遭受種種「群魔邪怪」的擾害。
⑩妄見妄說➔邪心 由邪心含魅遭魔，故有妄見妄說 前九種皆明「定力」，此第十乃言「魔事」，乃「定力」欲成，「色陰」將破，此所以為「動魔之端」➔此非為「善境界」，此是「魔擾」	
又以此(三昧定)**心，研究**(精研細究)**「精極」**(至精造極之處)**。**	行者又以此「三昧定心」去「精研細究」這個「勝妙明淨真心」，達到「至精造極」之處(行者在第十「色陰」將破而又未破之時，將使魔宮震動，諸魔惱怒後必多方來擾亂此行者。如《妙臂菩薩所問經・卷一》云：復次世間有持明行人，持誦真言求成就處，便有作障頻那夜迦，隨持誦人，伺求其便，入其身中，使持誦人心如迷醉及發諸病，如是種種而作障難)。
見善知識「形體」變移(轉變移動)**，少** **選**(一會兒；須史)**無端**(無	此時行者便忽然能觀見到自己的「善知識」(此「善知識」乃行者所歸依的對

任何原因)**種種遷改**(遷易改變)。	象，因自己生起「邪心」，由外魔力所使，故能看見自己的「善知識」變現諸相)，**其身形軀體會「毫無來由」地「轉變移動」**，在須臾之間無故的變作佛身、菩薩身、天龍鬼神身、金剛明王身……等(如果偶爾一、二次作夢，則屬例外，放下即可。若常常見之，則大有問題)，剎那之間現種種的「遷易改變」。
此名「**邪心**」(邪魔入心)，**含受「魑魅」**。(此行者)**或遭「天魔」入其心腹，**(能)**無端**(無任何原因)**說法**(乃因魑魅天魔附體而使其能說法)，(似能)**通達**(通曉明達)**妙義**。	這就叫做「邪魔入心」，已含受「魑魅精怪」於心。此行者或已遭遇「天魔」乘其不覺而暗中「入其心腹」，因此「毫無來由」的便能自行「說法」，其所說的法似乎都能「通曉明達」無上的妙義(雖是行者自己說法，其實是魔力所持使然。其所說法，看似通達無上妙義，其實含藏諸多邪見、邪慧在內，或六分真法、四分假法。或七分真，三分假……等)。
非為聖證。	這個行者常常能觀見到自己的「善知識」形體千遍萬化，這並非是自己已證得了什麼「聖境」。
不作聖心，魔事銷歇(銷亡止歇)。	此刻如果不作「已證聖之心」解，亦不作「已成羅漢或成佛」的想

	法，那麼種種「魔事」(指常常看見自己的「善知識」形體變移，或者自己無端能說出高深的法義)便會「銷亡止歇」。
若作聖解，即受「群邪」(群魔邪怪)。	如果認為是自己「已證聖已成佛」之解，那麼便會立即遭受種種「群魔邪怪」的擾害。
阿難！如是十種「禪那」(dhyāna)現境(現前境界)，皆是「色陰」用「心」交互(「正定禪觀心」與「色陰妄想心」兩相交戰，互為勝負)，故現斯事。	阿難！像這十種於「禪那」正定中所顯現出的境界，都是行者欲以「定力」突破「色陰」時，在「正定禪觀心」與「色陰妄想心」兩相交戰、互為勝負時所現出來暫時的「境界」。
眾生「頑迷」(頑鈍癡迷)，不自「忖度 量」(思忖考量)，逢此「因緣」(十種色陰變幻因緣)，迷不自識。謂言「登聖」，「大妄語」成，墮「無間獄」。	由於眾生「頑鈍癡迷」，不能以「正念」去「忖度思量」它，在逢遇這十種「色陰」的變幻因緣下迷失了自我，不能識破它，還聲稱自己已證入了「聖境」。這就是「未證言證、未得謂得」之罪，成就了「大妄語」，最終將墜入「無間地獄」，受無量苦。
汝等當依如來滅後，於末法中宣示(宣說開示)斯義，無令	你們應當依照我佛如來的教誨，在如來滅度後的「末法世代」

「天魔」得其方便。保持_(保護守持)覆護_(覆庇護衛)，成無上道。	中，宣說開示這個法義，不要讓「天魔」得其方便有機可乘。你們還要「保護守持」正道、「覆庇護衛」真正的修行者，令其遠離魔道而成就無上的「菩提道果」。

卷九【九～１１】受陰十種「內魔」➔受陰滅盡則超身內之「見濁」

原文	白話
註：「受陰」若達究竟的滅盡，則證大乘的「二信、三信」位，或小乘的「二果位」。以上只是就「理論」來說，其中仍有「深淺之差別」，故亦非「定法」。	
阿難！彼善男子，修三摩提，「奢摩他」(śmatha 止)**中，「色陰」盡**(滅盡)**者，見「諸佛心」**(吾等眾人自性之佛性真心)**如明鏡中顯現其像。**	阿難！這個修「首楞嚴三摩提」(首楞嚴三昧)的善男子，在修行「奢摩他」時，已滅盡了「色陰」，當「色陰」不再覆蓋他的真心時，便能觀見到「吾等眾人自性之佛性真心」，就如同在「明鏡」中顯現出形像般的清晰。
若「有所得」而未能「用」(雖見到自性本有佛性，似已有所得，然卻未能任運使用)**，猶如「魘」人**(發生惡夢，著魘魔者)**，手足宛然，「見聞」**(能見能聞之性)**不惑**(不迷惑)**，心**(接)**觸「客邪」**(會致人疾病的一種外來邪魔)**而不能動，此則名為「受陰」**(含「前五識」)**區宇**(區域範圍)**。**	好像見到「自性本有之佛性」，似已有所證得，但還不太確定(屬於「相似證」)，仍然未能「任運的發揮使用」(如見到鏡中之「像」一樣，似得其體，但並不能「稱體起用」)。這就像有人發生惡夢，被「魘魔」所困，雖然手足依舊宛然不缺，「能見能聞」之性亦無迷惑，但「心體」在接觸到外客而來的「邪魔」所牽制時，

四肢便動彈不得、力不從心，這就叫做真心被「受陰」所覆蓋的區域範圍。

若**魘咎**(魘魔所致的災禍)**歇**(止)，**其心離身**(心能脫離肉身之束縛而任運移動)，**反觀其面**(已可返觀見自己的顏面)，**去住自由，無復留礙**(留滯隔礙)，名「**受陰**」(含「前五識」)**盡**(滅盡)。

如果被「魘魔」所導致的災咎歇止了，其心便可脫離肉身之束縛而任運的移動，且能返觀自己的顏面，獲得「意生身」(此人「想陰」仍未滅盡，故此人可去住自由並非即指「登地菩薩」以上所獲證的三種「意生身」，因為「中陰身、劫初之人、色界、無色界、變化身、界外之變易身」皆可名為「意生身」。如明·憨山 德清《楞嚴經通議·卷九》云：得「意生身」如羅漢山壁，由之直度。如「意」速疾，故云無礙，非「地」上「三種意生身」也，以「想陰」未破故)，可以自由自在地離開色身，不再有任何的「留滯隔礙」(如明·蓮池 袾宏《楞嚴經摸象記》云：神仙家出神，與今所說意略相似，而實不同。彼「有心」求之，此「無心」得之。彼自謂「妙用」，此不作「聖心」)，這叫做滅盡「被受陰所覆蓋」的境界。

是人則能超越「見濁」。觀其所由(受陰發生的原由)，**虛明**(苦樂之受乃無實體，非真實，皆是虛有其表，虛有其明的感受)**妄想**(顛倒妄想)**以為其**

「受陰」既破(正確應說「照見；觀照」受陰為空，並非「滅」受為「空」也)，此人就能超越由「有知的見聞覺知」與「無知的身內地水火風」；在互相「交

本。

❶抑己悲生➜悲魔

內抑過分，發無窮悲

阿難！彼善男子，當在此中，得大光耀（光明輝耀），**其心發明**（開發明了）**，「內抑」**（自責不能早發願度眾生之心，故向內心壓抑）**過分。**

①**忽於其處發「無窮悲」，如是乃至觀見「蚊、虻**[2]**」猶如赤子**（自己嬰兒）**，心生憐愍**（哀憐愍惜）**，不覺流淚。**

此名功用（修行用功）**，抑摧**（抑責

織」下而妄成的身內「見濁」。由此觀照，可知「受陰」所發生的原因是以「虛妄發明」（虛有其明）的「顛倒妄想」為其根本。

阿難！那些在禪定修行中的善男子，處在「色陰」已盡，「受陰」未破之中，已得到極大的光明輝耀，無復幽暗，其心已獲得「心佛眾生本無差別」的「開發明了」，但仍未能發起「自在」之妙用，於是心內過度「抑責」自己不能早發「願度盡眾生之心」。

①此時行者便忽然於其內心深處發出無窮的悲憐。甚至觀見到「蚊蟲、馬蠅」也如同是看到自己初生的嬰兒一樣，心中產生哀憐愍惜，不知不覺流下眼淚。（如《大般涅槃經‧卷三十二》云：譬如病人，為鬼所著，「藏隱」身中，以「咒力」故（以念誦咒語的力量），（病人身上的鬼）即時「相」現。或語或喜，或瞋或罵，或啼或哭）

這個叫做在「修行用功」中，過

摧傷)**過越**(過分超越)。	分「抑責」而摧傷自己，以致成悲，此與聖人所證的「同體大悲」是不同的。
「悟」則無咎，非為「聖證」。	若能即時「覺悟」這種「暫時發生」的現象，就不會有過咎，並非是已證得了什麼「聖境」。
「覺了」(覺悟了知)**不迷，久自銷歇**(消失歇止)。	如果能如實「覺悟了知」而不迷失的話，時間一久，這些現象就會自然的消失歇止。
若作聖解，則有「悲魔」入其心腑。	如果認為是自己「已證聖已成佛」之解，那麼便會有「悲魔」得其方便而潛入他的心腑，攝持他的神識。
②**見人則悲，啼泣無限**。	②令他見到任何眾生都會產生悲傷，成天哀哭啼泣不止。
失於「正受」(samāpatti 定心離邪亂稱為「正」。無念無想而納法在心稱為「受」)，**當從淪墜**(淪陷墜落)。	這樣便會失去原本所修的「三昧正受」而成為「邪受」(此人非理而悲、非時而悲、非處而悲，然卻自以為已證「大悲增上」)，來生將隨「悲魔」而「淪陷墜落」至惡道去。
②揚己齊佛➜狂魔\n感激太過，生無限勇	

阿難！又彼定中(禪定修行中)，諸善男子見「色陰」銷(消盡)，「受陰」明白(已達虛明潔白之境)。勝相(如見佛心，鏡中現像)現前(顯現於前)，感激(感懷激動)過分。	阿難！那些在禪定修行中的善男子，觀見到「色陰」已消除滅盡，「受陰」則達「虛明潔白」之境。接著即有種種「勝相」相繼顯現於前，如觀見到「諸佛之心」如明鏡像，或親證己心和諸佛同體，此時便會過分地「感懷激動」。
①忽於其中生「無限勇」，其心猛利(勇猛銳利)，志齊(志在等齊同於)諸佛，謂三僧祇，「一念」能越。	①此時行者便忽然於其內心深處發出無限的「勇氣」，他的修道心非常「勇猛銳利」，志向在「等齊」同於諸佛，並聲稱諸佛如來需經歷三大阿僧祇劫修成，我今則於「一念」間便能超越(我能「一念不生」即如同佛，我於一生中便能超越三大阿僧祇劫的修證)。
此名功用(修行用功)，陵(陵駕)率(輕率)過越(過分超越)。	這個叫做在「修行用功」中，欲陵駕佛乘，太輕率自恃，超越過分所致。
悟則無咎，非為「聖證」。	若能即時「覺悟」這種「暫時發生」的現象，就不會有過咎，並非是已證得了什麼「聖境」。

「覺了」(覺悟了知)**不迷，久自銷歇**(消失歇止)**。**	如果能如實「覺悟了知」而不迷失的話，時間一久，這些現象就會自然的消失歇止。
若作聖解，則有「狂魔」入其心腑。	如果認為是自己「已證聖已成佛」之解，那麼便會有「狂魔」得其方便而潛入他的心腑，攝持他的神識。
②**見人則誇**(自誇貢高)**，我慢無比。**	②令他見到任何眾生都會自誇貢高，傲慢無比。
③**其心乃至上不見「佛」，下不見「人」。**	③其心可說向上傲視一切諸佛，向下不見一切眾生。
失於「正受」(samāpatti)**，當從淪墜**(淪陷墜落)**。**	由此「狂慢傲佛」，便會失去原本所修的「三昧正受」而成為「邪受」，來生將隨「狂魔」而「淪陷墜落」至惡道去。
❸定偏多憶➡憶魔 智力衰微，而為沉憶	
又彼定中(禪定修行中)**，諸善男子，見「色陰」銷**(消盡)**，「受陰」明白**(已達虛明潔白之境)**。前無新證**(前進得不到新的修行證驗)**，歸失**	那些在禪定修行中的善男子，觀見到「色陰」已消除滅盡，「受陰」則達「虛明潔白」之境。當此之際，往「前」無能獲得新的修

故居(欲歸退其後，但色陰已破，已失故居之處)。	行證驗，欲「歸」退其後，但「色陰」已盡，已失「故居」之處。
智力衰微(衰敗式微)，入中(入「色陰、受陰」進退二難之際)隳_{ㄏㄨㄟ} 地(漢字的「墮」若讀音為ㄏㄨㄟ 則通「隳」字。據《永樂北藏》、《高麗藏》、《乾隆藏》、《頻伽藏》、《房山石經》等，本處皆作「隳」字→導致俱廢之地)，迥_{ㄐㄩㄥ} (古同「迥」→甚；全)無所見(全無所見)。	此時乃智力衰敗式微的「定」強「慧」弱期，進入「色陰、受陰」進退二難中，遂導致「進、退」二念「隳壞」之地，因而「全無所見」。
①心中忽然生「大枯渴」，於一切時「沉憶」(沉靜憶念於「中隳」兩難之境)不散，將此以為「勤精進相」。	①此時行者便忽然於其內心深處生出「大枯渴」之感，如渴待水似的，於一切時都「沉靜憶念」在「中隳」兩難之境而不敢散亂，還以為這種「沉憶」愈久，必有所獲，並將此「沉憶」不散之心，誤當作為「勤修精進」之相。
此名修心(只修其心，偏重於定功)，無「慧」自失。	這個叫做在「修行用功」中，只偏重於修「定」之心，無「智慧」相資，「定」多「慧」少，導致產生種種過失。
「悟」則無咎，非為「聖證」。	若能即時「覺悟」這種「暫時發生」

	的現象，進而調整「定慧均等」的修行方式，就不會有過咎，並非是已證得了什麼「聖境」。
若作聖解，則有「憶魔」入其心腑。	如果認為是自己「已證聖已成佛」之解，那麼便會有「憶魔」得其方便而潛入他的心腑，攝持他的神識。
②旦夕撮(ㄘㄨㄛ) 心(攝取抓弄你的心)，懸在一處。	②令他的「心思」從早到晚都被攝取抓弄住，並懸掛在一個「中隳」兩難之處。
失於「正受」(samāpatti)，當從淪墜(淪陷墜落)。	這樣便會失去原本所修的「三昧正受」而成為「邪受」，來生將隨「憶魔」而「淪陷墜落」至惡道去。
④慧遍多狂➜下劣易知足魔 慧強定弱，反成卑劣	
又彼定中(禪定修行中)，諸善男子，見「色陰」銷(消盡)，「受陰」明白(已達虛明潔白之境)。「慧」力過「定」，(過)失於猛利(勇猛銳利)。	那些在禪定修行中的善男子，觀見到「色陰」已消除滅盡，「受陰」則達「虛明潔白」之境。但其「智慧力」強過於「定力」，導致「慧力」產生「勇猛銳利」的過失。

①以諸「勝性」懷於心中，自心已疑是盧舍那(vairocana)，得少為足。	①此時行者會同時將諸多「殊勝之法」懷藏於心中(如認為自己已具有如佛般的殊勝之性、自己本來即是佛、心佛一體等法)，心中「暗疑」自己已經是盧舍那佛，已不假修行了，稍得一點丁的進步，便自以為滿足。
此名「用心」(修行用心)，忘失「恆審」(恆常審察反省之過)，溺於「知見」(得少為足的邪見)。	這個叫做在「修行用功」中，忘失恆常「審察反省」自己的過失，「淪沒淹溺」於「得少為足、自以為佛」的邪知邪見中。
「悟」則無咎，非為「聖證」。	若能即時「覺悟」這種「暫時發生」的現象，就不會有過咎，並非是已證得了什麼「聖境」。
若作聖解，則有「下劣易知足魔」入其心腑。	如果認為是自己「已證聖已成佛」之解，那麼便會有「智力低下、頑劣易知足魔」得其方便而潛入他的心腑，攝持他的神識。
②見人自言：我得「無上第一義諦」。	②令他見到任何眾生都會說：我已證得「無上菩提第一義諦」之理。

失於「正受」(samāpatti)，當從淪墜(淪陷墜落)。

這樣便會失去原本所修的「三昧正受」而成為「邪受」，來生將隨「下劣易知足魔」而「淪陷墜落」至惡道去。

⑤歷險生憂 ➜ 常憂愁魔

歷覽二際，故生其憂

又彼定中(禪定修行中)，諸善男子，見「色陰」銷(消盡)，「受陰」明白(已達虛明潔白之境)。新證(新的「破受陰」修行證驗)未獲，故心(舊的「色陰」心境)已亡(盡)，歷覽(經歷遍覽)二際(色陰與受陰之邊際遊走)，自生「艱險」(自我生出求道艱難險阻想)。
(據《宋版磧砂藏》、《永樂北藏》、《高麗藏》、《乾隆藏》、《房山石經》、《頻伽藏》、《大正藏》……等均作「新」字，後代著經者皆一致如此。但圓瑛大師《楞嚴經講義》卻另作「所」字)

那些在禪定修行中的善男子，觀見到「色陰」已消除滅盡，「受陰」則達「虛明潔白」之境。新的「破受陰」修行證驗仍未獲得，而故舊的「色陰」心境已亡盡，在「經歷遍覽」前「色陰」與後「受陰」這二個「邊際」間遊走，茫茫無寄，無所適從，於是自我生出修道的「艱難險阻」怖畏想。(或譯作：此時在禪定修行中雖已得見佛心，但「新的證悟」還沒有完全獲得，而「過去的悟心」又恐忘失。在「進」不能前，「退」不能守的情況中產生「瞻前顧後、進退兩難」，無法用心修行，於是自生恐慌)

①於心忽然生「無盡憂」，(眠)如坐鐵床，(食)如飲毒藥。

①此時行者便忽然於其內心深處生出「無盡憂愁」之感，眠則「如坐鐵床」般的睡不安穩，食則「如飲毒藥」般的食不甘味。

②心不欲活，常求於人，令

②萬般痛苦，只求一死。常常希

害其命（叫人加害自己的身命），早取解脫。	望別人來「加害」自己能儘快的結束這個生命，以期望早得解脫。
此名「修行」（有心修行者），失於「方便」（智慧觀照的方便法門）。	這個叫做在「修行用功」中，雖然「有心修行」，但卻失於以「智慧觀照」的方便法門。
「悟」則無咎，非為「聖證」。	若能即時「覺悟」這種「暫時發生」的現象，就不會有過咎，並非是已證得了什麼「聖境」。
若作聖解，則有一分（一種）「常憂愁魔」入其心腑。	如果認為是自己「已證聖已成佛」之解，那麼便會有一種「常憂愁魔」得其方便而潛入他的心腑，攝持他的神識、更增其「愁悶抑鬱」的心。
③手執刀劍，自割其肉，欣（高興）其「捨壽」（捨棄壽命而自殺）。	③令他手執「刀劍」而割自己身上的肉，並欣然於這種「自殘生命」的「捨壽」行為。
④或常憂愁（憂慮愁苦），走入山林（深山窮林），不耐（不願意）見人。	④令他常生起「憂慮愁苦」心而躲進「深山窮林」，因厭世故，所以不願意見到任何人。

失於「正受」(samāpatti)，當從淪墜(淪陷墜落)。	這樣便會失去原本所修的「三昧正受」而成為「邪受」，來生將隨「常憂愁魔」而「淪陷墜落」至惡道去。
⑥覺安生喜➜好喜樂魔 覺得輕安，生無限喜	
又彼定中(禪定修行中)，諸善男子，見「色陰」銷(消盡)，「受陰」明白(已達虛明潔白之境)。處清淨中，心「安隱」(安然平穩)後。	那些在禪定修行中的善男子，觀見到「色陰」已消除滅盡，「受陰」則達「虛明潔白」之境。見自己處在「清瑩潔淨」一塵不染之中，在心體獲得「安然平穩」之後。
①忽然自有「無限喜」生，心中歡悅(歡樂喜悅)，不能自止(自我制止)。	①此時行者便忽然於其內心深處生出「無限的喜悅」，「歡樂喜悅」到不能「自我制止」。
此名「輕安」(輕爽安隱)，無慧(沒有智慧)自禁(自我禁制)。	這個叫做在「修行用功」中，行者的「定心」成就，獲得「輕爽安隱」的「善心所」法，故身心「快樂」莫可言喻(已離粗重，如釋重負，故頓覺身「輕」。已離塵勞，無有煩惱，故頓覺心「安」)。然而此時的行者卻沒有「智慧」去自我「禁制」這種過量之「喜」。
「悟」則無咎，非為「聖證」。	若能即時「覺悟」這種「暫時發生」

	的現象，就不會有過咎，並非是已證得了什麼「聖境」。
若作聖解，則有一分(一種)「好喜樂魔」入其心腑。	如果認為是自己「已證聖已成佛」之解，那麼便會有一種「好喜樂魔」得其方便而潛入他的心腑，攝持他的神識。
②見人則笑，於衢ㄑㄩˊ 路(衢巷岔ㄔㄚˋ 路)傍「自歌自舞」。	②令他見到任何眾生都會「恣情放任」的笑，在「衢巷岔路」旁還會「若無其人」地自歌自舞。
③自謂已得「無礙解脫」。	③令他自稱已證得了「無礙」的「大解脫」。
失於「正受」(samāpatti)，當從淪墜(淪陷墜落)。	這樣便會失去原本所修的「三昧正受」而成為「邪受」，來生將隨「好喜樂魔」而「淪陷墜落」至惡道去。

⑦見勝成慢 ➜ 大我慢魔

見勝，生大我慢

| 又彼定中(禪定修行中)，諸善男子，見「色陰」銷(消盡)，「受陰」明白(已達虛明潔白之境)。自謂「已足」(修行已圓滿具足)。 | 那些在禪定修行中的善男子，觀見到「色陰」已消除滅盡，「受陰」則達「虛明潔白」之境，便謂自己修行已達「功德圓滿」具足。 |

①忽有無端（無任何原因）「大我慢」(mahā-ātma-māna)起，如是乃至「慢」(māna)與「過慢」(ati-māna)及「慢過慢」(mānāti-māna)，或「增上慢」(adhi-māna)，或「卑劣慢」(ūna-māna)一時俱發。	①此時行者便「毫無來由」地生出總計七種「傲慢」來，如是乃至「慢、過慢、慢過慢、(我慢)、增上慢、卑劣慢、(邪慢)」等各種的「傲慢」同時從心中生起。
②心中尚輕十方如來，何況下位「聲聞、緣覺」？	②甚至對十方如來也生出「輕慢心」，更何況是居於佛菩薩「下位」的「聲聞、緣覺」等，則更是不看在眼裡。
此名「見勝」（見己尊勝），「無慧」自救。	這個叫做在「修行用功」中，於一切處只見到自己是「最尊勝」的，而且此人已無「智慧」去自救了！
「悟」則無咎，非為「聖證」。	若能即時「覺悟」這種「暫時發生」的現象，就不會有過咎，並非是已證得了什麼「聖境」。
若作聖解，則有一分（一種）「大我慢魔」入其心腑。	如果認為是自己「已證聖已成佛」之解，那麼便會有一種「大我慢魔」得其方便而潛入他的心腑，攝持他的神識。

③不禮塔廟，摧毀經像。謂檀越(dāna-pati 施主、布施者。人因行施而超越貧窮海)言：此(佛像)是金、銅，或是土、木，「經」(經典)是樹葉或是(古通「氎華」)花；肉身「真常」(吾人的肉身才是常住不壞的佛祖金身)，不自恭敬，卻崇土、木，實為顛倒。

③令他「驕慢」到從此不禮敬「佛塔寺廟」，乃至隨意毀壞「經典聖像」，並對那些「施主」說：這些佛像只不過是「金銀、銅鐵、土木」所雕塑的；「經書」只不過由是「樹葉」或是「氎華絹帛」所寫的文字。而我之「肉身」已達「真常」之境，是「常住不壞」的佛祖金身，你們不自來「恭敬」禮拜我的肉身，卻去崇奉那些「土木」等無常之物，實在是顛倒愚癡啊！

④其深信者，從其毀碎(毀佛碎經)，埋棄地中，疑誤(疑惑誤導)眾生，入「無間獄」。

④那些深信「被魔附者」所說的話的人，便跟隨他一起去「毀佛碎經」，將「佛像經典」都棄埋在地中。這個「被魔附者」的做法「疑惑誤導」了無量的眾生，從而使他們也一同墮入「無間地獄」去了！

失於「正受」(samāpatti)，當從淪墜(淪陷墜落)。

這樣便會失去原本所修的「三昧正受」而成為「邪受」，來生將隨「大我慢魔」而「淪陷墜落」至惡道去。

⑧慧安自足➜好輕清魔

輕清，自生滿足

又彼定中(禪定修行中)，諸善男子，見「色陰」銷(消盡)，「受陰」明白(已達虛明潔白之境)。於「精明」(真精妙明心)中圓悟(圓滿覺悟)精理(至精之理)，得「大隨順」。	那些在禪定修行中的善男子，觀見到「色陰」已消除滅盡，「受陰」則達「虛明潔白」之境。於是便在「真精妙明心」中「圓滿覺悟」了「至精之理」(指親見本具之淨性)，而獲得「大隨順心」(指能一切隨心順意)。
①其心忽生「無量輕安」，已言「成聖」得「大自在」。	①此時行者便忽然於其內心深處生出「無量」的「輕爽安隱」，並宣稱自己已成就了「聖果」，證得了「大自在」解脫。
此名「因慧」(因為慧解之緣故)，獲諸「輕清」(輕安清淨之境)。	這個叫做在「修行用功」中，因為「慧解」的緣故，而獲得「輕安清淨」的境界。
「悟」則無咎，非為「聖證」。	若能即時「覺悟」這種「暫時發生」的現象，就不會有過咎，並非是已證得了什麼「聖境」。
若作聖解，則有一分(一種)「好輕清魔」入其心腑。	如果認為是自己「已證聖已成佛」之解，那麼便會有一種「好輕清魔」得其方便而潛入他的心腑，攝持他的神識。

②自謂「滿足」(圓滿具足)，更不求進。	②令他自以為修行功德已經「圓滿具足」，更不必再求進步了。
③此等多作「無聞」比丘(指不求多聞、無聞慧之比丘。或指將來會生於「無想天」，不求「多聞、上進、得少為足」的劣智鈍根比丘)，疑誤(疑惑誤導)眾生，墮阿鼻獄(Avīci)。	③這類行者來世多做「無想天」中「無聞慧」且愚闇之「比丘」，以其常常「未證言證、未得謂得」。這個「被魔附者」的做法「疑惑誤導」了無量的眾生，從而使他們也一同墮入「無間地獄」去了！
失於「正受」(samāpatti)，當從淪墜(淪陷墜落)。	這樣便會失去原本所修的「三昧正受」而成為「邪受」，來生將隨「好輕清魔」而「淪陷墜落」至惡道去。
⑨著空毀戒➜空魔 著空，因而毀戒	
又彼定中(禪定修行中)，諸善男子，見「色陰」銷(消盡)，「受陰」明白(已達虛明潔白之境)。於「明悟」(明達覺悟)中得「虛明」(「受陰」的清虛明潔)性(體性)。	那些在禪定修行中的善男子，觀見到「色陰」已消除滅盡，「受陰」則達「虛明潔白」之境。在此「明達覺悟」的境界中，獲得了「受陰」的「清虛明潔」體性(此指「受陰」之虛明性質。此時的「受陰」望之廓然若無，然仍能覺其有物，並覺知其有作用)，故感覺似已「無法」可得。

①**其中忽然歸向「永滅」**（永久斷滅），**撥無「因果」，一向**（一意直向）**入「空」**（虛無之空），**「空心」**（斷滅空之心）**現前**（顯現於前），**乃至心生**（恆）**長「斷滅」解。**	①此時行者便忽然於其內心深處歸向永遠的「斷滅」之見，撥無因果，一意直向而入「虛無」之空。當此「斷滅空之心」顯現於前時，甚至心中生起諸法皆「恆長斷滅」的一種邪知謬解。
此名定心沉沒，失於照應。 (清·通理述《楞嚴經指掌疏·卷九》云：按「色陰」十境，及「受陰」之前八，後一，是處皆有「此名」等語。蓋攝略其相而總言之，故皆依此以立科名，唯此科獨缺，或是筆授脫漏。今準前後，攝略本科中意，而補足之。亦不敢自以為是，俟高明者更辨之。上下皆以圈隔之，使與佛語有別，令其知是補入，以避僭妄之罪。詳 CBETA, X16, no. 308, p. 306, a)	這個叫做在「修行用功」中，行者雖已得「受陰」的「清虛明潔」體性，但忽失正念，又轉而歸向「永寂、斷滅」，造成過度的「沉淪沒溺」，失去「觀慧」的「反照相應」之力。
「悟」則無咎，非為「聖證」。	若能即時「覺悟」這種「暫時發生」的現象，就不會有過咎，並非是已證得了什麼「聖境」。
若作聖解，則有「空魔」入其心腑。	如果認為是自己「已證聖已成佛」之解，那麼便會有「空魔」得其方便而潛入他的心腑，攝持他的神識。

②乃謗「持戒」名為小乘；菩薩悟「空」，有何「持、犯」？	②今他去毀謗「持戒」比丘是一種「小乘」之修，自以「大乘菩薩」自居，說菩薩既已悟解「空性」，戒相本空，哪裡會有什麼「持戒、犯戒」的「相」可得呢？所謂「大象不行於兔徑，大悟不拘於小節」之類的邪見話語。
③其人常於(佛具有)信心(之)「檀越」(dāna-pati 施主、布施者)，飲酒噉肉，廣行婬穢。	③今他常在「對三寶具有信心」的「施主檀越」之前，公然地喝酒吃肉，且廣行「婬穢」之行。所謂「飲酒食肉，無非解脫之場；貪瞋癡慢，總是菩提之道」之類的邪見話語。
④因魔力故，攝(攝受)其前人(眼前跟他在一起的這些人)不生疑謗(猜疑誹謗)。	④因他已有「魔力」加被，因此能「攝受」眼前跟他在一起的這些人，對他的「邪穢諸行」完全不會生出任何的「猜疑誹謗」(因魔力的役使，所以此人能以各種不同的「巧妙言詞」去掩飾其「破戒穢行」，並使信眾對他深信不疑)。
⑤鬼心久入，或食「屎尿」與「酒肉」等，一種(淨穢一樣同種)	⑤此行者的心因久被「魔鬼」所侵入，薰染漸深後便會開始

「俱空」。	「食屎飲尿」和「酒肉」之類的東西，因為「尿屎」與「酒肉」性質平等，「淨法、穢法」無二無別，俱歸於「斷滅空」。(行者也會將自己的「屎尿」唾成所謂「清淨的甘露」給他的信徒、弟子們受用，宣稱可增長功德，消業障兼治百病。如《雜阿含經·卷三十九》云：「天魔波旬」……即自變身，作百種「淨、不淨色」，詣佛所)
⑥破佛律儀(戒律威儀)，誤入(誤入邪途)人罪(牽人入罪)。	⑥令他破壞了佛制的「戒律威儀」，以種種邪見令人「誤入邪途」而「牽人入罪」。
失於「正受」(samāpatti)，當從淪墜(淪陷墜落)。	這樣便會失去原本所修的「三昧正受」而成為「邪受」，來生將隨「空魔」而「淪陷墜落」至惡道去。
⑩著有恣婬→欲魔 著有，由是貪婬	
又彼定中(禪定修行中)，諸善男子，見「色陰」銷(消盡)，「受陰」明白(已達虛明潔白之境)。味(玩味貪執)其「虛明」(清虛明潔)，深入「心骨」(行者的身心骨髓)。	那些在禪定修行中的善男子，觀見到「色陰」已消除滅盡，「受陰」則達「虛明潔白」之境。此時行者便玩味貪執在「受陰」的「虛明潔白」之境，並已深入行者的「身心骨髓」內。

①其心忽有「無限愛」生，「愛」極發狂，便為「貪欲」。

①此時行者便忽然於其內心深處發生「無限的愛欲」，愛到極處，情動於中，就瘋狂而不能自持，便進而行「貪婬」之欲事。

此名「定境」，安順(安樂順適)入心(入身心骨髓)，無「慧」自持(自我修持)，誤入諸「欲」。

這個叫做在「修行用功」中，於入「定境」時，發生過度的「安樂順適」，進而深入行者的「身心骨髓」內所致。此時行者缺少「慧力」，不能保持「定慧」均衡的修持，便「愛極發狂」而誤入種種的「慾望」之中。

「悟」則無咎，非為「聖證」。

若能即時「覺悟」這種「暫時發生」的現象，就不會有過咎，並非是已證得了什麼「聖境」。

若作聖解，則有「欲魔」入其心腑。

如果認為是自己「已證聖已成佛」之解，那麼便會有「欲魔」(如《雜阿含經·卷三十一》云：譬如「欲界」諸神力，「天魔波旬」為第一)得其方便而潛入他的心腑，攝持他的神識。

②一向(向來；一直)說「欲」(婬慾)為「菩提道」。

②令他一向都妄說「行淫慾」即是修「菩提正覺大道」。

③化(教化)諸「白衣」(居士)平等(共同一起)行「欲」(婬慾)。	③並以此邪法教化諸「白衣居士」,甚至不分「尊卑、親疏、男女、師徒」,皆平等共同恣行「婬慾」。
④其行婬者名「持法子」(修持正法的佛子)。	④與其共同「行婬者」,都被「美名」為「修持正法的佛子」。
⑤「神鬼力」故,於「末世」中攝(攝取)其凡愚(凡夫愚生),其數至百,如是乃至一百、二百或五、六百,多滿「千萬」。 (據《宋版磧砂藏》、《永樂北藏》、《高麗藏》、《乾隆藏》、《房山石經》、《頻伽藏》、《大正藏》……等均作「神鬼」字,後代著經者皆一致如此。但圓瑛大師《楞嚴經講義》卻另作「鬼神」字)	⑤由於此行者已有「慾魔神鬼」的加持力,因此能在末世之中,攝受「凡夫愚生」之人來做他的弟子。其數量上百,乃至一百、二百、或五、六百,乃至上千萬人,皆來與他共同「行婬」。
⑥魔心(「欲魔」之心)生厭(對「被魔附者」產生厭離時),離其「身體」(「被魔附者」的身體),威德(「被魔附者」的威德)既無,陷(身陷於)於王難(國家王法的刑罰災難)。疑誤(疑惑誤導)眾生,入「無間獄」。	⑥等到「慾魔」之心滿意足,便開始對此行者產生厭離,便離開此行者的身體。魔去之後,此行者因無魔力所持,平時又無任何的「威儀德行」,最終將身陷於「國家王法」的「刑罰災難」中(罪行暴露,被刑法控訴,官司纏訟,難逃國

法的制裁而入獄坐監)。這個「被魔附者」的做法「疑惑誤導」了無量的眾生，從而使他們也一同墮入「無間地獄」去了！

失於「正受」(samāpatti)，當從淪墜(淪陷墜落)。

這樣便會失去原本所修的「三昧正受」而成為「邪受」，來生將隨「欲魔」而「淪陷墜落」至惡道去。

阿難！如是十種「禪那」(dhyāna)現境，皆是「受陰」用「心」交互(「正定禪觀心」與「受陰妄想心」兩相交戰，互為勝負)，故現斯事。

阿難！像這十種於「禪那」正定中所顯現出的境界，都是行者欲以「定力」突破「受陰」時，在「正定禪觀心」與「受陰妄想心」兩相交戰、互為勝負時所現出來暫時的「境界」。

眾生「頑迷」(頑鈍癡迷)，不自「忖量」(思忖考量)，逢此「因緣」(十種受陰變幻因緣)，迷不自識。謂言「登聖」，「大妄語」成，墮「無間獄」。

由於眾生「頑鈍癡迷」，不能以「正念」去「忖度思量」它，在逢遇這十種「受陰」的變幻因緣下迷失了自我，不能識破它，還聲稱自己已證入了「聖境」。這就是「未證言證、未得謂得」之罪，成就了「大妄語」，最終將墜入「無間地獄」，受無量苦。

汝(阿難)等亦當將「如來語」，於我滅後傳示(宣傳開示)末法，遍令眾生開悟(開通悟解)斯義，無令「天魔」得其方便。保持(保護守持)覆護(覆庇護衛)，成無上道。	你們應當依照我佛如來的教誨，在如來滅度後的「末法世代」中，宣傳開示這個法義，務必遍令所有的眾生都能「開通悟解」這些義理，不要讓「天魔」得其方便有機可乘。你們還要「保護守持」正道、「覆庇護衛」真正的修行者，令其遠離魔道而成就無上的「菩提道果」。

卷九【九～１２】想陰十種「外魔」➔想陰滅盡則超身內之「煩惱濁」

原文	白話
註：「想陰」若達究竟的滅盡，則證大乘的「四信、五信」位，或小乘的「三果位」。以上只是就「理論」來說，其中仍有「深淺之差別」，故亦非「定法」。 **阿難！彼善男子，修三摩地，「受陰」盡**(滅盡)**者，雖未「漏盡」，心離其形**(心已可脫離身形)**，如鳥出籠，已能成就**(成就殊勝的妙用)**。從是凡身**(凡夫肉身)**，上歷菩薩六十聖位**(三種增進修行漸次＋55位菩提路＋等覺＋妙覺)**，得「意生身」**(mano-maya-kāya 依「意」所化生之身)**，隨往無礙。**	阿難！這個修「首楞嚴三摩提」(首楞嚴三昧)的善男子，已滅盡了「受陰」。雖然還沒有達到完全的「漏盡」，但他們的「真心」已漸漸可脫離色身，逐步離開自己的形體，就如同小鳥出籠一樣可獲得「來去自由」的境界，已能成就殊勝的妙用。這時以自己的凡夫肉身，往上再經歷菩薩「六十聖位」(三種增進修行漸次＋55位菩提路＋等覺＋妙覺)的修行，最終可獲「登地菩薩」以上所證得的三種「意生身」(①「三昧樂正受意生身」：通教第三、第四、第五地菩薩所證。②「覺法自性性意生身」：通教第八地菩薩所證。③「種類俱生無行作意生身」：通教第九、第十地菩薩所證)，能讓自己身體「隨意無礙」地往來一

切佛剎，沒有任何的阻礙。《如宋·思坦《楞嚴經集註·卷九》云：問：「五十五位」真菩提路，既不取「三漸次」義，今「六十聖位」何故取之？答：前據「別論」，今從「通說」。「通」中義含「外凡、相似分真」之位。若「別論」中，從「乾慧」去，方是正明「地位」之相。如明·蓮池 祩宏《楞嚴經摸象記》云：「六十聖位」，依孤山「三漸次、乾慧、十信、十住、十行、十向、四加、十地、等、妙」共六十位，此於諸說似爲「穩當」。如明·憨山 德清《楞嚴經通議·卷九》云：言「六十者」，連「三漸次」至「妙覺」也。如明·蕅益 智旭《楞嚴經文句·卷九》云：「六十聖位」者，「三漸次」爲「能」增進，「五十七位」爲「所」增進，「能、所」合稱，共成「六十」)

譬如有人，熟寐ㄇㄟˋ (熟睡)**囈ㄧˋ 言**(說囈語夢言)**，是人雖則無別所知**(不知自己曾說過什麼話)**，其言已成「音韻」**(音節韻律)**倫次**(具條理次序之言)**。令「不寐」**(在旁沒睡的醒悟者)**者，咸**(皆)**悟其語**(如明·憨山 德清《楞嚴經通議·卷九》云：如人熟寐囈語，以「悟明」圓理，但未「實證」故，如言已成音。今參禪少有開悟，未得「大徹」。故但知「解禪」，聞者雖悟，而已己實「未了」，以落憶想窠臼，乃「想陰」未破)**，此則名為「想陰」**

就像有人於熟睡中說「囈ㄧˋ 語夢言」，其人雖然不知自己曾說過什麼話(意指此時的行者雖已獲「去住自由」，然仍未入「大覺」，所以「雖起行」但卻不知「其所以然」)，但他所說的話已成為一種「音節韻律」分明、具有「倫理次序」之言(意指其所行已合於「章法」，入於正道，不再如凡愚般的隨業造作而「渾渾噩噩、語無倫次」)，能令在旁沒睡覺的「清醒者」皆能完全懂得他的「夢語」(意指此人雖未達究竟，然「如來」對此人，已能悉

（第六意識）**區宇**（區域範圍）。

知悉見。此人之所行，亦能與「佛菩薩」感應道交），這就叫做真心被「想陰」所覆蓋的區域範圍。

若「**動念**」（動蕩之妄念）**盡**（消盡），「**浮想**」（輕浮亂想）**銷除**（銷滅除絕），於「**覺明心**」（本覺妙明真心），**如去**（除）**塵垢**（塵染垢穢）。**一倫**（一切十二類眾生）**生死**（生死輪轉之理），**首尾**（首自「卵生」，尾至「非無想」）**圓照**（圓明察照），**名**「**想陰**」（第六意識）**盡**（滅盡）。

在這個境界之下，如果能將「動蕩之妄念」消盡，再把「輕浮亂想」給銷滅除絕，此時的「本覺妙明真心」就如同洗去「塵染垢穢」一樣。有關一切三界「十二倫類眾生」所有的生死輪轉之理，從最首之「卵生」到最尾的「非無想」，對其「生滅」之相皆能「圓明察照」，能知其生從何來？死歸何處的義理，這叫做滅盡「被想陰所覆蓋」的境界。

是人則能超「**煩惱濁**」。**觀其所由**（想陰發生的原由），「**融通妄想**」**以為其本。**

「想陰」既破（正確應說「照見」觀照」想陰為空，並非「滅」想為「空」也），此人就能超越由「能攀緣的第六意識」與「所攀緣的六種妄塵」；在互相「交織」下而妄成的身內「煩惱濁」。由此觀照，可知「想陰」所發生的原因是以「第六意識」去「融通」前五識所生的妄想（如《楞嚴經・卷二》云：談說醉梅，口中水出；思踏懸崖，足心酸澀）為其根本。

①貪求善巧➜怪鬼成魔

阿難！彼善男子，受陰「虛妙」(已達虛融奧妙之境)，**不遭「邪慮」**(受陰邪慮之惑)，**圓定**(圓通的妙定)**發明**(發揮闡明)。

阿難！那些在禪定修行中的善男子，「受陰」已達「虛融奧妙」之境(能離身無礙，亦具「見聞周遍」之用)，不再遭「受陰」邪思俗慮之惑，圓通的「妙定」得以發揮闡明。

三摩地中，心愛「圓明」(圓融靈明)，**(心志猛)銳**其**精思**(精神和思慮)，**貪求「善巧」**。

此時行者便於其所修的「三摩地」中，忽然失去正念，心中貪愛「圓融靈明」的境界，於是更「勇猛銳利」在他的「精神」和「思慮」上。為了快速度化眾生，便想到要用「善巧方便」來說法利生，此原屬善意，無奈此行者竟於禪定修行中生起「貪求善巧」的心，便為「天魔」有機可乘前來擾惱。(如《妙臂菩薩所問經·卷二》云：又復行人談說世俗閒事，至於農田、貨易之類，於自修行無有義利。彼作障者(指毘那夜迦)，而得其便。彼頻那夜迦入行人身，步步相隨，伺求其短(種種缺失)，作諸障難，令(行人持咒之)法不成)

爾時天魔「候得其便」(等候到侵擾的方便機會)，**「飛精」**(飛遣精魅)**附人**(附於另一他人身)，**口說「經法」**

這時「天魔」(欲界有「他化自在天魔」，色界有「魔醯首羅天魔」。如《雜阿含經·卷三十一》云：譬如「欲界」諸神力，「天魔波旬」為第一)等候到

（相似於佛經之法，似是而非。若能講真佛經義理，則非魔矣）**⊙**

（宣化上人《經典開示選輯（一）‧照妖鏡》云：「飛精附人，口說經法」有兩個講法：可以說魔是附到「另外一個人」的身上，來給這個人說法；也可以說魔附到「修定人」的身上。這兩個意思都可以存在的，不是單單一個意思）

（宣化上人《楞嚴經淺釋‧卷九》云：「飛精附人」一句，歷代諸家多解作附他人之身。但應該解作附在這個貪求善巧的修行人身才合乎情理。因為這修行人起一念非分之求，或求神通，或求知見，或求感應，故天魔才能得便，潛入其心腑，眩惑其意，使他隨魔擺佈。並不是魔附在他人身上。修行者未破五陰，稍不留神，隨時隨地都有著魔之危險。若云魔附他人，那麼這個被魔所附的第三者與這個修行人又有什麼相干呢？為何他要受此淪墮，目的只為了擾亂他人嗎？這樣解法就不合邏輯。解經要用擇法眼，要具真知灼見。因此，不管歷代經家如何說法，我則堅持是魔附此人，非他人）

侵擾的方便機會，即乘隙「飛遣精魅」而依附到「另一位行者」身上，並令其口說「似是而非」的佛經或法義。

（宋‧思坦補《楞嚴經集註‧卷九》云：飛精附人，斯必附其「可附之人」，亦修定習慧者耳。(詳 CBETA, X11, no. 268, p. 654, a)

宋‧戒環《楞嚴經要解‧卷十八》云：附人，附「他人」也。「其人」，（被魔）所附人也。「彼人」是（此）人，修定人也。(詳 CBETA, X11, no. 270, p. 873, c)

明‧一松《楞嚴經秘錄‧卷九》云：問魔既不附「行人」，云何「他人得附」之耶？答：所附之人，亦是「行人」，非無因也。但得破「色陰」，未破「受陰」，以故飛而「附」也。幾箇「人」字，一一了知，其義自易明也。(詳 CBETA, X13, no. 283, p. 185, a)

明‧交光 真鑒《楞嚴經正脈疏‧卷九》云：附人者，另附「他人」，素受邪惑者也。蓋「受」盡者，不能入其心腑，故假「旁人」惑之，轉令自亂耳。(詳 CBETA, X12, no. 275, p. 455, b)

明‧觀衡《楞嚴經四依解‧卷九》云：此四句明魔知「行人」之便可入，不自現身，「別附一人」，欲來擾亂。(詳 CBETA, D17, no. 8862, p. 1070, a9-b1)

其人不覺是其魔著，自言謂得無上「涅槃」。(被怪鬼所附者)來彼求「巧」(善巧)善男子處，敷座說法。

這個「被怪鬼魔所附者」不會察覺知道自己已被「怪鬼魔」所附身，反而自稱已修得了無上的「涅槃」之境。「被怪鬼魔所附者」便來這位生起「貪求善巧」的「善知識」行者之處，鋪座設席而為這位「行者」宣講「似是而非」的佛法，以投其所好。(如《大般涅槃經·卷七》云：佛告迦葉：我般涅槃「七百歲」後，是「魔波旬」，漸當沮壞我之正法。譬如「獵師」，身服「法衣」，「魔王波旬」亦復如是，作「比丘像、比丘尼像、優婆塞像、優婆夷像」，亦復化作「須陀洹身」，乃至化作「阿羅漢身」及「佛色身」。魔王以此「有漏」之形，作「無漏身」，壞我正法)

①其(被怪鬼所附者)形「斯須」(須臾)或作比丘，令彼人見。或為帝釋，或為婦女，或比丘尼。

「被怪鬼魔所附者」：
①他的「形體身貌」會有種種的神通變化，在須臾之間，或現作「比丘」身，令此「行者」得見，或現為「帝釋」身，或現為「婦女」身，或現「比丘尼」身。形體身貌會快速的變來變去。(如《摩訶般若波羅蜜經·卷十六》云：須菩提！「惡魔」化作「比丘」，被服來至菩薩所，語菩薩言：

汝先聞應如是「淨修六波羅蜜」……是事汝疾悔捨。如《鼻奈耶‧卷八》云：有「天魔波旬」化作「比丘僧」，擔囊盛「乾餅、石蜜」，撲持「九百葉餅」，於街巷間行。如《相應部經典‧卷四》云：時「惡魔波旬」化作「農夫」，肩扛大鋤，持趕牛棒，散髮，衣大麻粗布，足塗泥漿而詣「世尊」處。如《相應部經典‧卷四》云：時「惡魔波旬」化作一「老婆羅門相」，結髮，著羚羊背皮衣，背曲如垂木，咽喉呴呴響鳴，執「鬱雲鉢羅樹杖」，來詣諸「比丘」處)

②(被怪鬼所附者)**或寢暗室，身有「光明」。**

②或者他的形體雖處於「暗室」中，但卻能讓人看見他身上有「光明」。

③**是人**(指此行者)**愚迷**(愚癡迷惑)**，惑**(迷惑彼人)**為菩薩，信其教化**(教導感化)**，搖蕩其心**(搖惑動蕩行者原本禪修的定心)**，破佛律儀**(戒律威儀)**，潛行「貪欲」。**

③此行者一時「愚癡迷惑」不覺，便將這「被怪鬼魔所附者」迷惑為真實的菩薩現身，便接受相信他的「教導感化」，於是「被怪鬼魔所附者」便以「搖惑動蕩」的方式「收服」了這位「行者」原本禪修的定心，乃至令這位「行者」破壞了佛制的「戒律威儀」，並暗中開始從事各種「貪欲」的「婬慾苟且」諸事。

④口中好言「災祥變異」。	④這位「行者」(或說「被怪鬼魔所附者」)成為「魔眷、魔子、魔孫、魔徒」後，便開始喜歡說種種「災變妖祥、怪誕變異」的事(如《放光般若經·卷十二》云：「魔波旬」化作大小「泥犁」，一一「泥犁」中有無數億千菩薩，皆在其中受諸苦痛)。
⑤或言如來某處出世。	⑤或說「某如來」此刻正在某處出世。
⑥或言「劫火」。	⑥或說將發生「世界末日」的「地水火風」四大災劫。
⑦或說「刀兵」，恐怖於人，令其「家資」(家產資糧)無故耗散(耗損散盡)。	⑦或說將有全球性的「刀兵」戰爭之難(如將發生第三次、第四次的世界大戰)，導致聽到這些「恐怖訊息」的人心生畏懼，為了求得「消災解難」，於是便「竭誠供養」這個人。最終這些人的「家產資糧」便無緣無故的被「耗損散盡」了。
此名「怪鬼」，年老成魔，惱亂是人。厭足心生(等魔王滿足心生時)，去(離開)彼人體。弟子與	這個叫做宿世曾經貪著「身外之物」而墮為「怪鬼」(如《楞嚴經·卷八》云：若於本因，貪「物」爲罪，是人罪畢，遇

師，俱陷「王難」（國家王法的刑罰災難）。

「物」成形，名為「怪鬼」），這種「怪鬼」年老了變成為「魔」，受「魔王」的驅使，來惱亂「修定」的人。等到這位行者的「戒定慧」皆被破壞後，這位「怪鬼魔」的目的已達成，便「心滿意足」地離開「另一位行者」的身體而去。於是在「修定」中生起「貪求善巧」的「弟子」，與「被怪鬼魔所附」的「師父」，這兩種人都將身陷於「國家王法」的「刑罰災難」中（如宣化上人《楞嚴經淺釋・卷九》云：懵ㄉ懂傳懵ㄉ懂，一傳兩不懂，師父入地獄，弟子往裏拱）。（以上為此生所感召的「華報」）

汝當先覺，不入輪迴；迷惑不知，墮「無間獄」。

阿難你應當令將來末世的所有修道人都能「預先覺知」此「怪鬼魔」之事，才不至受其「迷惑」而入「生死輪迴」。如果仍然「迷惑」而不能覺知此魔事，受其惱亂，破壞戒定慧，隨順「魔教」，最終將墜入「無間地獄」，受無量苦。

（以上為來生所感召的「果報」）

⑵貪求經歷➜魃鬼成魔

阿難！又善男子，受陰「虛妙」（已達虛融奧妙之境），不遭「邪

阿難！那些在禪定修行中的善男子，「受陰」已達「虛融奧妙」之

慮」(受陰邪思俗慮之惑)，**圓定**(圓通的妙定)**發明**(發揮闡明)。	境，不再遭「受陰」邪思俗慮之惑，圓通的「妙定」得以發揮闡明。
三摩地中，心愛「遊蕩」(遊戲神通，放蕩自在)**，「飛」**(奮起)**其精思**(精神和思慮)**貪求「經歷」**(經涉遊歷諸國土)。	此時行者便於其所修的「三摩地」中，忽然失去正念，心中貪愛「遊戲神通、放蕩自在」的境界，於是更「奮起飛馳」在他的「精神」和「思慮」上。「精進修行」原屬善意，無奈此行者竟於禪定修行中生起「貪求能經涉遊歷諸國土」的心，便為「天魔」有機可乘前來擾惱。
爾時天魔「候得其便」(等候到侵擾的方便機會)**，「飛精」**(飛遣精魅)**附人**(附他人身)**，口說「經法」**(相似於佛經之法，似是而非)。	這時「天魔」(欲界有「他化自在天魔」，色界有「魔醯首羅天魔」)等候到侵擾的方便機會，即乘隙「飛遣精魅」而依附到「另一位行者」身上，並令其口說「似是而非」的佛經或法義。
其人亦不覺知魔著，亦言自得無上涅槃，(被魅鬼魔所附者)**來彼求「遊」**(遊戲神通，放蕩自在)**善男子處，敷座說法。**	這個「被魅鬼魔所附者」不會察覺知道自己已被「魅鬼魔」附身，反而自稱已修得了無上的「涅槃」之境。「被魅鬼魔所附者」便來這位生起「貪求能經涉遊歷

諸國土」的「善知識」行者之處，鋪座設席而為這位「行者」宣講「似是而非」的佛法，以投其所好。

「被魅鬼魔所附者」：

①他的形體身貌並沒有任何的改變，卻可令其來「聽法的信眾」，忽然看見自己身坐在「寶蓮華」上，全身整體都「幻化匯聚」成「紫金光」色彩，儼然已成佛道之貌。還能令「一般在座大眾」及聽講者，各各(每一個；各自)都能體驗如此境界，於是人人歡喜，都大歎「得未曾有」的驚喜！(如《出曜經‧卷十二》云：「弊魔波旬」化作「佛形像」，來至長者家，身有「三十二相、八十種好」，「紫磨金色」，圓光「七尺」……「偽佛」告曰……吾向所說「四諦」者，實非「真諦」，斯是「顛倒外道」所習)

①**自形無變，其聽法者，忽自見身坐寶蓮華，全體化成「紫金光」**(jambū-nada-prabha)**聚，一眾**(一般在座大眾)**聽**(聽法)**人，各各如是，得未曾有。**

②**是人愚迷**(愚癡迷惑)，**惑**(迷惑彼人)**為菩薩，婬逸其心**(婬縱放蕩行者原本禪修的定心)，**破佛律儀**(戒律威儀)，**潛行「貪欲」。**

②此行者一時「愚癡迷惑」不覺，便將這「被魅鬼魔所附者」迷惑為真實的菩薩現身，於是「被魅鬼魔所附者」便以「婬縱(荒淫放蕩)放逸」的方式「收服」了這位

「行者」原本禪修的定心，乃至今這位「行者」破壞了佛制的「戒律威儀」，並暗中開始從事各種「貪欲」的「婬慾苟且」諸事。

③口中好言諸佛應世，某處某人當是某佛，化身來此。某人即是某菩薩等，來化人間。

③這位「行者」(或說「被魅鬼魔所附者」)成為「魔眷、魔子、魔孫、魔徒」後，便開始喜歡說某某諸佛已來「應化」世間。某處的某人當是某佛的「化身」，某人即是某菩薩化身來人間教化眾生等等。

④其人見故，心生傾渴(傾心渴仰)，邪見(邪惡知見)密(多；稠密)興(興起)，種智(佛性種智)銷滅。
(據《宋版磧砂藏》、《永樂北藏》、《高麗藏》、《乾隆藏》、《房山石經》、《頻伽藏》、《大正藏》……等均作「傾渴」字，後代著經者皆一致如此。但圓瑛大師《楞嚴經講義》卻另作「渴仰」字)

④眾人看見「某佛某菩薩已應世」等這種「勝況」，甚至把這位「被魅鬼魔附身者」當作「佛祖再世」，心中便非常的「傾心渴仰」，從而心中的「邪見」便大大的興起。「邪惡知見」日增，「正見」日晦，最終自己的善根「菩提種智」便消失滅盡了。

此名「魅鬼」，年老成魔，惱亂是人，厭足心生(等魔王滿足心生時)，去(離開)彼人體，弟子與師，俱陷「王難」(國家王法的刑罰

這個叫做宿世曾經貪著「美色愛欲、婬愛貪染」而墮為「魅鬼」(如《楞嚴經·卷八》云：貪「色」為罪，是人罪畢，遇「風」成形，名為「魅鬼」)，這種「魅鬼」

災難）。

年老了變成為「魔」，受「魔王」的驅使，來惱亂「修定」的人。等到這位行者的「戒定慧」皆被破壞後，這位「魅鬼魔」的目的已達成，便「心滿意足」地離開「另一位行者」的身體而去。於是在「修定」中生起「貪求能經涉遊歷諸國土」的「弟子」，與「被魅鬼魔所附」的「師父」，這兩種人都將身陷於「國家王法」的「刑罰災難」中。(以上為此生所感召的「華報」)

汝當先覺，不入輪迴；迷惑不知，墮「無間獄」。

阿難你應當令將來末世的所有修道人都能「預先覺知」此「魅鬼魔」之事，才不至受其「迷惑」而入「生死輪迴」。如果仍然「迷惑」而不能覺知此魔事，受其惱亂，破壞戒定慧，隨順「魔教」，最終將墜入「無間地獄」，受無量苦。

(以上為來生所感召的「果報」)

❸貪求契合➡魅鬼成魔

又善男子，受陰「虛妙」(已達虛融奧妙之境)**，不遭「邪慮」**(受陰邪思俗慮之惑)**，圓定**(圓通的妙定)**發明**(發揮闡明)**。**

阿難！那些在禪定修行中的善男子，「受陰」已達「虛融奧妙」之境，不再遭「受陰」邪思俗慮之惑，圓通的「妙定」得以發揮闡明。

三摩地中，心愛_(心中貪愛)「綿㳠^{ㄇ一ㄣ}」_(綿密定力的吻合妙用)、「澄」_(凝虛澄寂)其精思_(精神和思慮)，貪求「契合」_(密切的契會吻合)。	此時行者便於其所修的「三摩地」中，忽然失去正念，心中貪愛「綿密的定力以吻合妙用」境界，於是更「凝虛澄寂」在他的「精神」和「思慮」上。「精進修行」原屬善意，無奈此行者竟於禪定修行中生起「貪求能以定力去契會吻合妙用」心，便為「天魔」有機可乘前來擾惱。
爾時天魔「候得其便」_(等候到侵擾的方便機會)，「飛精」_(飛遣精魅)附人_(附他人身)，口說「經法」_(相似於佛經之法，似是而非)。	這時「天魔」_(欲界有「他化自在天魔」，色界有「魔醯首羅天魔」)等候到侵擾的方便機會，即乘隙「飛遣精魅」而依附到「另一位行者」身上，並令其口說「似是而非」的佛經或法義。
其人實不覺知魔著，亦言自得無上「涅槃」，_(被魅鬼所附者)來彼求「合」_(綿密定力的吻合妙用)善男子處，敷座說法。	這個「被魅鬼魔所附者」不會察覺知道自己已被「魅鬼魔」附身，反而自稱已修得了無上的「涅槃」之境。「被魅鬼魔所附者」便來這位生起「貪求能以定力去契會吻合妙用」的「善知識」行者之處，鋪座設席而為這位「行者」宣講「似是而非」的佛法，以投

	其所好。
①**其形及彼聽法之人，外無遷變**(遷移變化)**。令其聽者「未聞法」前，心自開悟**(開通覺悟)**，念念移易**(念念之間，有能移動改變事物之妙用)**。**	「被魅鬼魔所附者」： ①他的形體及前來「聽講說法」人的形體，雖然沒有什麼「遷移變化」，但他卻可令那些「來聽法者」在還沒有聞法之前，心便能自行「開通覺悟」，甚至讓你在念念之間能「遷移變易」潛行無端，似乎有能移動改變事物之妙用。
②**或**(令其聽者)**得「宿命」。或有「他心」。或見「地獄」。**	②或能令「來聽法者」暫時獲得相似的「宿命通」，或暫時得相似的「他心通」，或暫時能見地獄極苦之相(類似「天眼通」)。
③**或知人間「好惡諸事」。**	③或能令「來聽法者」暫時能知人世間種種的好事和壞事。
④**或口「說偈」，或自「誦經」，各各歡娛，得未曾有。**	④或能令「來聽法者」暫時能從口中自然宣說經文偈頌，或暫時能自然地背誦出各種佛經，能示現出種種「類似」神通的事，能令「一般在座大眾」及聽講者各各(每一個:各自)歡喜，

都大歎「得未曾有」的驚喜！

⑤是人愚迷（愚癡迷惑），惑（迷惑彼人）為菩薩，綿愛其心（以纏綿愛染去污行者原本禪修的定心），破佛律儀（戒律威儀），潛行「貪欲」。

⑤此行者一時「愚癡迷惑」不覺，便將這「被魅鬼魔所附者」迷惑為真實的菩薩現身，於是「被魅鬼魔所附者」便以「纏綿愛染」的方式去「收服」了這位「行者」原本禪修的定心，乃至令這位「行者」破壞了佛制的「戒律威儀」，並暗中開始從事各種「貪欲」的「婬慾苟且」諸事。

⑥口中好言佛有大小，某佛先佛，某佛後佛。其中亦有真佛、假佛、男佛、女佛，菩薩亦然。

⑥這位「行者」（或說「被魅鬼魔所附者」）成為「魔眷、魔子、魔孫、魔徒」後，便開始喜歡說佛亦有大小高低等之分別，某佛是先佛，某佛是後佛。其中又有什麼「真佛、假佛、男佛、女佛」等邪說，且說菩薩也是這樣的等等話語（菩薩亦有大小、先後、真假、男女等分別）。

⑦其人見故，洗滌ㄉ（沖洗滌蕩）「本心」（行者的本元真心），易入邪悟。

⑦眾人看見及聽見這麼多的「神通妙用」諸相，便把行者原本修行的「定心」給「沖洗滌蕩」盡了。於是認邪為正，將妄作真，

改易「正悟」而入「邪悟」，墮入
天魔的邪說羅網中。

**此名「魅鬼」，年老成魔，惱
亂是人，厭足心生**(等魔王滿足心
生時)，**去**(離開)**彼人體，弟子與
師，俱陷「王難」**(國家王法的刑罰
災難)**。**

這個叫做宿世曾經貪著「誑惑
誣陷、詐詭欺誑」而墮為「魅鬼」
(如《楞嚴經‧卷八》云：貪「惑」為罪，是人罪畢，
遇「畜」成形，名為「魅鬼」)，這種「魅鬼」
年老了變成為「魔」，受「魔王」的
驅使，來惱亂「修定」的人。等
到這位行者的「戒定慧」皆被破
壞後，這位「魅鬼魔」的目的已
達成，便「心滿意足」地離開「另
一位行者」的身體而去。於是在
「修定」中生起「貪求能密切契合
定力以吻合妙用」的「弟子」，與
「被魅鬼魔所附」的「師父」，這
兩種人都將身陷於「國家王法」
的「刑罰災難」中。(以上為此生所感召
的「華報」)

**汝當先覺，不入輪迴；迷惑
不知，墮「無間獄」。**

阿難你應當令將來末世的所有
修道人都能「預先覺知」此「魅鬼
魔」之事，才不至受其「迷惑」而
入「生死輪迴」。如果仍然「迷惑」
而不能覺知此魔事，受其惱亂，
破壞戒定慧，隨順「魔教」，最終

④貪求辨析➜蠱毒魘勝惡鬼成魔	將墜入「無間地獄」，受無量苦。 (以上為來生所感召的「果報」)
又善男子，受陰「虛妙」(已達虛融奧妙之境)，**不遭「邪慮」**(受陰邪思俗慮之惑)，**圓定**(圓通的妙定)**發明**(發揮闡明)。	阿難！那些在禪定修行中的善男子，「受陰」已達「虛融奧妙」之境，不再遭「受陰」邪思俗慮之惑，圓通的「妙定」得以發揮闡明。
三摩地中，心愛「根本」(追求萬物的根本)，**窮覽**(窮究遍覽)**物化**(萬物之變化)**性之終始**(萬物本性的末終與開始)，**「精爽」**(神進爽練)**其心**(修行心志)，**貪求「辨析」**(辨別分析萬物根本之理)。	此時行者便於其所修的「三摩地」中，忽然失去正念，心中貪愛「追求萬物根本」的境界，一味的去「窮究遍覽」及探索「萬物之變化」，並參究萬物本性之末終與開始，於是更「精進爽練」在他的「修行心志」上。「精進修行」原屬善意，無奈此行者竟於禪定修行中生起「貪求辨別分析萬物根本之理」心，以致一直往外馳逐放逸，便為「天魔」有機可乘前來擾惱。
爾時天魔「候得其便」(等候到侵擾的方便機會)，**「飛精」**(飛遣精魅)**附人**(附他人身)，**口說「經法」**(相似於佛經之法，似是而非)。	這時「天魔」(欲界有「他化自在天魔」，色界有「魔醯首羅天魔」)等候到侵擾的方便機會，即乘隙「飛遣精魅」而依附到「另一位行者」身上，並令

其口說「似是而非」的佛經或法義。

其人先不覺知魔著，亦言自得無上「涅槃」，（被蠱毒魘勝惡鬼所附者）**來彼求「元」**（萬物變化之根元）**善男子處，敷座說法。**

這個「被蠱毒魘勝惡鬼魔所附者」不會察覺知道自己已被「蠱毒魘勝惡鬼魔」附身，反而自稱已修得了無上的「涅槃」之境。「被蠱毒魘勝惡鬼魔所附者」便來這位生起「貪求萬物變化之根元」的「善知識」行者之處，鋪座設席而為這位「行者」宣講「似是而非」的佛法，以投其所好。

①身有「威神」（威嚴神通）**，摧伏**（摧挫降伏）**求者**（來求法者）**，令其座下，雖「未」聞法，自然心伏。**

「被蠱毒魘勝惡鬼魔所附者」：
①他的身上具有魔力的「威嚴神通」，能夠以魔力來「摧挫降伏」來跟他「求學、求法」之人，使他們在「被蠱毒魘勝惡鬼魔所附者」之前，雖然還沒有聽到他的「講法」，便已經自然的「心悅拜伏」於他。

②是諸人等，將佛「涅槃、菩提、法身」即是現前我「肉身」上，父父子子，遞代（遞更替代）**相生**（相生相續）**，即**

②他會將佛所證的「涅槃、菩提、法身」說成就是我目前現在這個「肉身」上，而父父子子的「遞更替代」相生相續即是如來清

是「法身」常住不絕。	淨「法身」常住不絕(只要是男女傳宗接代，即是如來法身不斷)。
③都指現在即為「佛國」，無別「淨居」(佛淨土可居)及「金色相」(佛的金色相身)。	③而且都指現前所在的世間就是真實的「佛國」，不會再有什麼「清淨佛土可居」以及覺行圓滿之「金色佛身」可尋了。
④其人信受，亡失「先心」(先前所修的禪定心)，身命(身心性命)歸依，得未曾有。	④所有的信眾在接受和相信「被蠱毒魘勝惡鬼魔所附者」的說法後，皆亡失自己原先所修的禪定心，因此將「身心性命」皆「歸命依止」於他，深覺十分的殊勝，都大歎「得未曾有」的驚喜！
⑤是等愚迷(愚癡迷惑)，惑(迷惑彼人)為菩薩，推究(推索探究)其心，破佛律儀(戒律威儀)，潛行「貪欲」。	⑤此行者一時「愚癡迷惑」不覺，便將這「被蠱毒魘勝惡鬼魔所附者」迷惑為真實的菩薩現身，於是「被蠱毒魘勝惡鬼魔所附者」便以「推索探究」的方式「收服」了這位「行者」原本禪修的定心(指鬼魔乃以「投其所好」的方式去「推究」收服這位行者的心)，乃至令這位「行者」破壞了佛制的「戒律威儀」，並暗中開始從事各種「貪

欲」的「婬慾苟且」諸事。

⑥口中好言「眼、耳、鼻、舌」皆為「淨土」。男女「二根」（二生殖器）即是「菩提涅槃」真處。彼無知者信是「穢言」。

⑥這位「行者」（或說「被蠱毒魘勝惡鬼魔所附者」）成為「魔眷、魔子、魔孫、魔徒」後，便開始喜歡說「眼耳鼻舌身」這五根就是「淨土」，而男女的「二根」（二生殖器）就是「菩提涅槃」的真正所在處。褻瀆佛法，混亂真理，而那些「無知」的人（共業所感）竟也會相信這樣的「污言穢語」。

此名「蠱毒魘勝惡鬼」，年老成魔，惱亂是人，厭足心生（等魔王滿足心生時），去（離開）彼人體。弟子與師，俱陷「王難」（國家王法的刑罰災難）。

這個叫做宿世曾經貪著「凶狠殘暴、瞋恨忿怒」而墮為「蠱毒鬼」（如《楞嚴經‧卷八》云：貪「恨」為罪，是人罪畢，遇「蟲」成形，名「蠱毒鬼」），以及宿世曾經貪著「誣罔誑惑、奸詐狡計」而墮為「魘勝惡鬼」（如《楞嚴經‧卷八》云：貪罔為罪，是人罪畢，遇「幽」為形，名為「魘鬼」），這二種「鬼」年老了變成為「魔」，受「魔王」的驅使，來惱亂「修定」的人。等到這位行者的「戒定慧」皆被破壞後，這位「蠱毒魘勝惡鬼魔」的目的已達成，便「心滿意足」地離開「另一位行者」的身體而去。於是在

	「修定」中生起「貪求辨別分析萬物根本之理」的「弟子」，與「被蠱毒魘勝惡鬼魔所附者」的「師父」，這種人都將身陷於「國家王法」的「刑罰災難」中。(以上為此生所感召的「華報」)
汝當先覺，不入輪迴，迷惑不知，墮「無間獄」。	阿難你應當令將來末世的所有修道人都能「預先覺知」此「蠱毒魘勝惡鬼魔」之事，才不至受其「迷惑」而入「生死輪迴」。如果仍然「迷惑」而不能覺知此魔事，受其惱亂，破壞戒定慧，隨順「魔教」，最終將墜入「無間地獄」，受無量苦。(以上為來生所感召的「果報」)
⑤**貪求冥感➜魘鬼成魔**	
又善男子，受陰「虛妙」(已達虛融奧妙之境)，**不遭「邪慮」**(受陰邪思俗慮之惑)，**圓定**(圓通的妙定)**發明**(發揮闡明)**。**	阿難！那些在禪定修行中的善男子，「受陰」已達「虛融奧妙」之境，不再遭「受陰」邪思俗慮之惑，圓通的「妙定」得以發揮闡明。
三摩地中，心愛「懸應」(和懸遠的古聖仙靈能冥合感應)，**周流**(周密流戀)**「精研」**(精心研習)，**貪求「冥**	此時行者便於其所修的「三摩地」中，忽然失去正念，心中貪愛「和懸遠的古聖仙靈(善知識)能

感」(和懸遠的古聖仙靈能冥合感應)。	冥合感應」境界，於是更加「周密流戀」及「精心研習」在修行上的「冥合相應」。「精進修行」原屬善意，無奈此行者竟於禪定修行中生起「貪求和懸遠的古聖仙靈(善知識)能冥合感應」心，便為「天魔」有機可乘前來擾惱。
爾時天魔「候得其便」(等候到侵擾的方便機會)**，「飛精」**(飛遣精魅)**附人**(附他人身)**，口說「經法」**(相似於佛經之法，似是而非)。	這時「天魔」(欲界有「他化自在天魔」，色界有「魔醯首羅天魔」)等候到侵擾的方便機會，即乘隙「飛遣精魅」而依附到「另一位行者」身上，並令其口說「似是而非」的佛經或法義。
其人元不覺知魔著，亦言自得無上涅槃，(被癘鬼所附者)**來彼求「應」**(和懸遠的古聖仙靈能冥合感應)**善男子處，敷座說法。**	這個「被癘鬼魔所附者」不會察覺知道自己已被「癘鬼魔」附身，反而自稱已修得了無上的「涅槃」之境。「被癘鬼魔所附者」便來這位生起「和懸遠的古聖仙靈(善知識)能冥合感應」的「善知識」行者之處，鋪座設席而為這位「行者」宣講「似是而非」的佛法，以投其所好。 「被癘鬼魔所附者」：

①能令聽眾，暫見其身（指被癘鬼魔附身者）如**百千歲**，心生「愛染」，不能捨離，身為奴僕，四事（衣服、飲食、臥具、醫藥）供養，不覺疲勞。	①他的身上具有魔力，所以能夠使「聽眾」暫時間看到他雖然身形「鶴髮童顏」，但卻宛如有「百千歲」長壽久修的道人，從而對他心生「愛戀染著」而不願離開，乃至甘願做這個人的奴僕，受其驅使，並且以「衣服、飲食、臥具、醫藥」四種生活之需供養他，永不會感到任何的疲勞厭倦。
②各各令其座下人心，知是「先師」（前世的先輩師長）本（原本的）善知識，別生「法愛」（法眷情愛），粘如膠漆，得未曾有。	②這位被「癘鬼魔所附身」的邪師，還能使在他「座下」聽他「講法」的人，各各（每一個;各自）以為遇到的是「前世歸依的先輩師長」，或是「前世原本依止的大善知識」，因此對他除了有「人愛」之外，還另外產生一種前所未有的「法眷情愛」，似漆如膠，粘的不可須臾分離。於是人人歡喜，都大歎「得未曾有」的驚喜！
③是人愚迷（愚癡迷惑），惑（迷惑彼人）為菩薩，親近（親密接近）其心，破佛律儀（戒律威儀），潛	③此行者一時「愚癡迷惑」不覺，便將這「被癘鬼魔所所附者」迷惑為真實的菩薩現身，於是

行「貪欲」。

「被癘鬼魔所所附者」便以「親密接近」的方式「收服」了這位「行者」原本禪修的定心，乃至令這位「行者」破壞了佛制的「戒律威儀」，並暗中開始從事各種「貪欲」的婬慾苟且諸事。

④口中好言我於前世，於某生中先度某人，當時是我妻妾兄弟，今來相度，與汝相隨，歸「某世界」供養「某佛」。

④這位「行者」(或說「被癘鬼魔所所附者」)成為「魔眷、魔子、魔孫、魔徒」後，便開始喜歡說：我在前世的時候，在某某生中，我先度了某人，當時這些人都是我的「妻、妾」或「兄、弟」，今生「再續前緣」，所以特來相度，來世將與你們一起「回歸」到「某某淨土世界」，然後再去供養「某某佛」。

⑤或言別有「大光明天」(Para-nirmita-vaśa-vartin 他化自在天，欲界天頂接近「初禪天」的另一個魔王宮殿)，佛於中住，一切如來所「休居」(休息安居)地。彼無知者信是虛誑(虛妄欺誑)，遺失(遺漏忘失)「本心」(本元真心)。

⑤或說另有一個「大光明天」淨土(其實就是欲界天頂的「他化自在天魔王」宮殿。欲界第六天除了有「天人」在此住外，還有另一個魔宮是處在「欲界、色界初禪天」之間，專由「他化自在天魔」所住。如《瑜伽師地論‧卷四》云：「他化自在天」復有「摩羅」天宮，即「他化自在天」攝。又如《長阿含經‧閻浮提州品》云：於「他化自在天」、「梵加夷天」(指初禪天)中間，有

此名「癘鬼」，年老成魔，惱
亂是人。厭足心生(等魔王滿足心
生時)，去(離開)彼人體。弟子與
師，俱陷「王難」(國家王法的刑罰
災難)。

汝當先覺，不入輪迴，迷惑

「摩天宮」)，有「佛」就住在那裡，
那也是一切如來所「休息安居」
的地方。那些無慧無知的信徒
們(共業所感)，竟也都相信這些「虛
妄欺誑」的邪說，以至於遺漏
忘失了原本修道、修禪定的
「本元真心」。

這個叫做宿世曾經貪著「宿世
怨氣、憎嫌懷忿」而墮為「癘鬼」
(如《楞嚴經·卷八》云：貪「憶」為罪，是人罪畢，
遇「衰」成形，名為「癘鬼」)，這種「癘鬼」
年老了變成為「魔」，受「魔王」的
驅使，來惱亂「修定」的人。等
到這位行者的「戒定慧」皆被破
壞後，這位「癘鬼魔」的目的已
達成，便「心滿意足」地離開「另
一位行者」的身體而去。於是在
「修定」中生起「貪求能和懸遠的
古聖仙靈(善知識)能冥合感應」的
「弟子」，與「被癘鬼魔所附者」
的「師父」，這兩種人都將身陷於
「國家王法」的「刑罰災難」中。
(以上為此生所感召的「華報」)

阿難你應當令將來末世的所有

不知，墮「無間獄」。

⑥貪求靜謐➜大力鬼成魔

又善男子，受陰「虛妙」(已達虛融奧妙之境)，不遭「邪慮」(受陰邪思俗慮之惑)，圓定(圓通的妙定)發明(發揮闡明)。

三摩地中，心愛「深入」(深靜入謐的定境)，克己(克制自己)辛勤(辛苦勤修)，樂處「陰寂」(陰隱寂靜；陰靜幽寂)，貪求「靜謐」(寂靜寧謐的境界)。

爾時天魔「候得其便」(等候到侵擾的方便機會)，「飛精」(飛遣精魅)附

修道人都能「預先覺知」此「癘鬼魔」之事，才不至受其「迷惑」而入「生死輪迴」。如果仍然「迷惑」而不能覺知此魔事，受其惱亂，破壞戒定慧，隨順「魔教」，最終將墜入「無間地獄」，受無量苦。

(以上為來生所感召的「果報」)

阿難！那些在禪定修行中的善男子，「受陰」已達「虛融奧妙」之境，不再遭「受陰」邪思俗慮之惑，圓通的「妙定」得以發揮闡明。

此時行者便於其所修的「三摩地」中，忽然失去正念，心中「愛戀執著」更「深靜入謐」的定境，於是更加「克制自己」及「辛苦勤修」，樂於處在「陰隱寂靜」(陰靜幽寂)之境。「精進修行」原屬善意，無奈此行者竟於禪定修行中生起「貪求寂靜寧謐」心，便為「天魔」有機可乘前來擾惱。

這時「天魔」(欲界有「他化自在天魔」，色界有「魔醯首羅天魔」)等候到侵擾的方便

人（附他人身），口說「經法」（相似於佛經之法，似是而非）。	機會，即乘隙「飛遣精魅」而依附到「另一位行者」身上，並令其口說「似是而非」的佛經或法義。
其人本不覺知魔著，亦言自得無上「涅槃」，（被大力鬼所附者）來彼求「陰」（陰隱寂靜境界）善男子處，敷座說法。	這個「大力鬼魔所附者」不會察覺知道自己已被「大力鬼魔」附身，反而自稱已修得了無上的「涅槃」之境。「被大力鬼魔所附者」便來這位生起「貪求陰隱寂靜」的「善知識」行者之處，鋪座設席而為這位「行者」宣講「似是而非」的佛法，以投其所好。
①令其聽人（來聽他說法者）各知「本業」（自己前世之本業→宿業事）。	「被大力鬼魔所附者」： ①他的身上具有魔力，所以能夠令那些來「聽他說法的人」各自知道自己前世的「因果作業」 （類似宿命通）。
②或於其處語﹂一人言：汝今未死（→未來事）已作畜生，勅使一人於後踏尾，頓令其人起不能得。於是「一眾」（一般在座大眾）傾心（傾慕醉心）欽伏（欽佩敬伏）。有人起心（起	②或者在「被大力鬼魔所附者」說法的地方，他會對某人講說：你現在雖然還沒有死，但是已作了「畜牲」（畜牲相已然現前，此類似預知未來的神通）。為了證明此事，於是勅使另外一個人在此人

心動念)，**已知其「肇**ㄓㄠˋ**」**(開始→他心通事)。

③**佛律儀**(戒律威儀)**外，重加「精苦」**(精勤苦行)。

④**誹謗**(誹訾毀謗)**比丘，罵詈**ㄌㄧˋ(斥罵詛詈)**徒眾。**

⑤**訐**ㄐㄧㄝˊ**露**(攻訐揭露)**人事**(→眼耳通事)，**不避譏嫌**(譏笑嫌惡)。

的「身後」去做踩踏「尾巴」的動作，因魔力所加，頓時便令此人真的不能「起身」。於是「一般在座大眾」對他都非常的「傾慕醉心」及「欽佩敬伏」。此時的與會大眾中，如果有人對此「神異事」生起一念的「疑心」，這位「被大力鬼魔所附者」便會馬上知道他生起「疑心」的最初端倪(類似他心通)，甚至會當場斥責那個「不相信的人」，來證明他有「他心通」的能力。

③「被大力鬼魔所附者」會在佛制的「戒律威儀」外，另外增加一些與外道相似的「精勤苦行」(指外道的「戒禁取見」，如見牛狗死後生天，便學牛狗之所為，食草噉糞)。

④隨意的去誹訾毀謗「出家比丘」，以「惡語」去「斥罵詛ㄗㄨˇ詈ㄌㄧˋ」他的信眾弟子(藉以顯示出自己沒有私心)。

⑤肆無忌憚公開的去「攻訐揭露」他人的「私事秘密」(指「破和合

僧」的五逆重罪之一，此類似「眼、耳通」)，**完全不避「譏笑嫌惡」**(藉以顯示出自己心直口快)。

⑥**口中好言「未然」**(仍未發生成為事實諸事)**禍福，及至其時，毫髮無失。**

⑥其人口中喜歡講還未發生成為事實的「未來禍福」預言，其所說的預言，也常常都毫髮不差的應驗。

此「大力鬼」，年老成魔，惱亂是人，厭足心生(等魔王滿足心生時)**，去**(離開)**彼人體，弟子與師，俱陷「王難」**(國家王法的刑罰災難)**。**

這個叫做「大力鬼」，這種「鬼」年老了變成為「魔」，受「魔王」的驅使，來惱亂「修定」的人。等到這位行者的「戒定慧」皆被破壞後，這位「大力鬼魔」的目的已達成，便「心滿意足」地離開「另一位行者」的身體而去。於是在「修定」中生起「貪求寂靜寧謐」的「弟子」，與「被大力鬼魔所附者」的「師父」，這兩種人都將身陷於「國家王法」的「刑罰災難」中。(以上為此生所感召的「華報」)

汝當先覺，不入輪迴，迷惑不知，墮「無間獄」。

阿難你應當令將來末世的所有修道人都能「預先覺知」此「大力鬼魔」之事，才不至受其「迷惑」而入「生死輪迴」。如果仍然「迷

⑦貪求宿命➡「山林、土地、城隍、川嶽鬼神」成魔	惑」而不能覺知此魔事，受其惱亂，破壞戒定慧，隨順「魔教」，最終將墜入「無間地獄」，受無量苦。(以上為來生所感召的「果報」)
又善男子，受陰「虛妙」(已達虛融奧妙之境)，不遭「邪慮」(受陰邪思俗慮之惑)，圓定(圓通的妙定)發明(發揮闡明)。	阿難！那些在禪定修行中的善男子，「受陰」已達「虛融奧妙」之境，不再遭「受陰」邪思俗慮之惑，圓通的「妙定」得以發揮闡明。
三摩地中，心愛「知見」(宿命知見)，勤苦(精勤苦修)研尋(研究探尋)，貪求「宿命」(宿命知見)。	此時行者便於其所修的「三摩地」中，忽然失去正念，心中貪愛「宿命知見」的境界，於是更加的去「精勤苦修」與「研究探尋」。「精進修行」原屬善意，無奈此行者竟於禪定修行中生起「貪求宿命知見」心，便為「天魔」有機可乘前來擾惱。
爾時天魔「候得其便」(等候到侵擾的方便機會)，「飛精」(飛遣精魅)附人(附他人身)，口說「經法」(相似於佛經之法，似是而非)。	這時「天魔」(欲界有「他化自在天魔」，色界有「魔醯首羅天魔」)等候到侵擾的方便機會，即乘隙「飛遣精魅」而依附到「另一位行者」身上，並令其口說「似是而非」的佛經或法義。

其人殊不覺知魔著，亦言自得無上「涅槃」，(被山林、土地、城隍、川嶽鬼神所附者)**來彼求「知」**(宿命知見)**善男子處，敷座說法。**	這個「被山林、土地、城隍、川嶽鬼神所附者」不會察覺知道自己已被「山林、土地、城隍、川嶽鬼神魔」附身，反而自稱已修得了無上的「涅槃」之境。「被山林、土地、城隍、川嶽鬼神魔所附者」便來這位生起「貪求宿命知見」的「善知識」行者之處，鋪座設席而為這位「行者」宣講「似是而非」的佛法，以投其所好。
	「被山林、土地、城隍、川嶽鬼神魔所附者」：
①是人無端(無任何原因)**於說法處得「大寶珠」。**	①他的身上具有魔力，所以可以無緣無故地從「講法的地方」取得一顆「大寶珠」，以顯示他的神通力。
②其魔或時化為「畜生」，口銜其「珠」(寶珠)**，及雜珍寶、簡**(削竹為簡籍)**、冊**(韋編為書冊)**、符**(竹刻為符文)**、牘**ㄉㄨˊ(木片為牘函)**諸奇異物。先授**(傳授這些東西)**彼人**(被附魔者)**，後**(此鬼魔)**著**(再	②這位「山林、土地、城隍、川嶽鬼神魔」有時候會直接變化成為動物畜牲(如《相應部經典‧卷四》云：爾時，「惡魔波旬」欲令世尊，生起恐怖毛髮豎立，乃化作「大象王」，來詣世尊前。如《雜阿含經‧卷三十九》云：「魔波旬」……化作「大牛」，

附著)**其體**。	往詣佛所），口中含著「珠寶」及「雜色珍寶」，或是古代的「簡籍、書冊、竹符、牘函」等眾多的「奇珍異物」，然後將這些東西傳授給「被魔附身者的行者」，之後再「附著」到這位「行者」身上。
③**或誘**(誘導)**聽人**(來聽他說法者)，**藏於地下有「明月珠」照耀**(照徹耀亮)**其處。是諸聽者得未曾有**。	③「被山林、土地、城隍、川嶽鬼神魔所附者」便開始誘惑來「聽他講法」的人，並說某地方中藏有「明月寶珠」，有閃閃的珠光「照徹耀亮」在那裡，使得所有來「聽講者」各個歡喜，都大歎「得未曾有」的驚喜！
④(被魔所附身者)**多食「藥草」，不湌**吞 (古同「餐」)**嘉膳**ㄕㄢ (嘉膳美饌쵀) 。	④「被山林、土地、城隍、川嶽鬼神魔所附者」多半以「藥草」為食，不吃精美的「嘉膳美饌」。
⑤**或時日餐「一麻一麥」，其形「肥充」**(肥滿充盈)**，魔力持故**。	⑤或者有時一天只吃「一麻一麥」，但其身體依然「肥滿充盈」，這是由於「魔力」加持的緣故。
⑥**誹謗**(誹訾毀謗)**比丘，罵詈**ㄌㄧˋ (斥罵詛詈)**徒眾，不避譏嫌**(譏	⑥會隨意的去誹訾毀謗「出家比丘」，以「惡語」去「斥罵詛詈

笑嫌惡）。	么」他的信眾弟子（藉以顯示出自己沒有私心），完全不避「譏笑嫌惡」（藉以顯示出自己心直口快）。
⑦口中好言他方「寶藏」，十方「聖賢」潛匿（隱潛藏匿）之處，隨其後者，往往見有「奇異之人」。	⑦嘴上喜歡說某個他方處有「寶藏」，或說某地方是十方聖賢所「隱潛藏匿」之處，然後跟隨他前去「查看」及親近供養，往往就真的會見到那邊的「奇異之人」，所以大家都很相信他。
此名「山林、土地、城隍、川嶽鬼神」，年老成魔。	這個叫做「山林、土地、城隍、川嶽鬼神」的一種「怪鬼」，這種「鬼」年老了變成為「魔」，受「魔王」的驅使，來惱亂「修定」的人。
⑧或有宣「婬」，破佛戒律。	⑧這些「山林、土地、城隍、川嶽鬼神魔」專門「附身於人」而宣說「淫穢」之事，來破壞佛制的「戒律威儀」。
⑨與「承事者」（跟他承事學習者）潛行「五欲」（財色名食睡）。	⑨然後與「跟他承事學習者」（侍者及弟子們）一起暗中進行「財色名食睡」五欲的享樂。
⑩或有（邪）精進，純食「草	⑩或者教人純粹只吃「藥草、樹

木」，無定行事（沒有一定的行事規則），惱亂是人。

根、樹木」的「邪精進」用功方式，時瞋時喜、時勤時惰，沒有一定的行事規則，以種種「外道方式」來惱亂修道人。

厭足心生，去彼人體，弟子與師，俱陷「王難」（國家王法的刑罰災難）。

等到這位行者的「戒定慧」皆被破壞後，這位「山林、土地、城隍、川嶽鬼神魔」的目的已達成，便「心滿意足」地離開「另一位行者」的身體而去。於是在「修定」中生起「貪求宿命知見」的弟子」，與「被山林、土地、城隍、川嶽鬼神魔所附」的「師父」，這兩種人都將身陷於「國家王法」的「刑罰災難」中。（以上為此生所感召的「華報」）

汝當先覺，不入輪迴，迷惑不知，墮「無間獄」。

阿難你應當令將來末世的所有修道人都能「預先覺知」此「山林、土地、城隍、川嶽鬼神魔」之事，才不至受其「迷惑」而入「生死輪迴」。如果仍然「迷惑」而不能覺知此魔事，受其惱亂，破壞戒定慧，隨順「魔教」，最終將墜入「無間地獄」，受無量苦。

⑧貪求神力➡天地大力「山精、海精、風精、河

（以上為來生所感召的「果報」）

精、土精」五精成魔	
又善男子，受陰「虛妙」（已達虛融奧妙之境），不遭「邪慮」（受陰邪思俗慮之惑），圓定（圓通的妙定）發明（發揮闡明）。	阿難！那些在禪定修行中的善男子，「受陰」已達「虛融奧妙」之境，不再遭「受陰」邪思俗慮之惑，圓通的「妙定」得以發揮闡明。
三摩地中，心愛「神通」（神妙莫測通達無礙）種種變化，研究「化元」（神通變化發生之根元），貪取「神力」。	此時行者便於其所修的「三摩地」中，忽然失去正念，心中貪愛「神妙莫測通達無礙」的種種變化境界，於是更加「精研深究」神通變化發生之根元。「精進修行」原屬善意，無奈此行者竟於禪定修行中生起「貪求獲取神通的威力」心，便為「天魔」有機可乘前來擾惱。
爾時天魔「候得其便」（等候到侵擾的方便機會），「飛精」（飛遣精魅）附人（附他人身），口說「經法」（相似於佛經之法，似是而非）。	這時「天魔」（欲界有「他化自在天魔」，色界有「魔醯首羅天魔」）等候到侵擾的方便機會，即乘隙「飛遣精魅」而依附到「另一位行者」身上，並令其口說「似是而非」的佛經或法義。
其人誠不覺知魔著，亦言自	這個「被天地大力五精鬼魔所

得無上「涅槃」，(被天地大力五精，山精、海精、風精、河精、土精等所附者)來彼求「通」(神通)善男子處，敷座說法。

「附者」不會察覺知道自己已被「天地大力五精鬼魔」附身，反而自稱已修得了無上的「涅槃」之境。「被天地大力五精鬼魔所附者」便來這位生起「貪求神通威力」的「善知識」行者之處，鋪座設席而為這位「行者」宣講「似是而非」的佛法，以投其所好。

是人(被魔附身者)或復：

①手執「火光」，手撮(撮弄抓取)其光，分於所聽(在場所有聽眾)四眾(比丘、比丘尼、優婆塞、優婆夷)頭上。是諸聽人(來聽他說法者)頭上火光皆長數尺，亦無「熱性」，曾(竟然)不焚燒(焚灼燃燒)。

②或水上行，如履平地。

「被天地大力五精鬼魔所附者」：

①可以用手就可直接「執取」大火光，或用手指撮取「火光」，再分別置放「在場聽法」的所有四眾弟子的「頭頂」上。這些聽眾的頭上「火光」都長達數尺，但卻感覺不到半點熱火，竟也不會焚灼燃燒身體。

②或可在水上行走，就如履平地般的自在(表示於水火中已得「自在」之神通。如《根本說一切有部毘奈耶雜事‧卷二十六》云：「魔王波旬」即便化作晡刺拏(外道之名)形，往末羯利瞿舍梨子(古印度「六師外道」之一)處，即於其前現諸「神變」，身出「水火」，降雨雷電)。

③或於空中，安坐不動。	③或可以在「虛空」中安坐不動。
④或入瓶內。	④或可以把自己裝在「瓶」內。
⑤或處囊(囊袋)中。	⑤或可以處在「囊袋」中。(似乎已得大小無礙的神通。如《中阿含經·卷三十》云：彼時，魔王化作「細形」，入尊者大目揵連腹中)
⑥越牖ㄧㄡˇ(穿越窗戶)透垣ㄩㄢˊ(透過城墻)，曾ㄗˊ(竟然)無障礙。	⑥或可以穿越窗戶、穿牆透壁，竟無任何的障礙。
⑦唯於「刀兵」，不得自在。	⑦但是唯有在「刀兵武器」之前是無能為力，且不得自在(因雖有神通，但欲念尚存，身執猶在，故仍怕受傷)。
⑧自言是佛，身著「白衣」受「比丘」禮。	⑧這人竟稱自己已是「佛」，穿著白衣俗人的衣服，還接受「比丘們」的禮敬參拜。(如《大般若波羅蜜多經·卷三○四》云：有諸「惡魔」，化作「佛像」，「苾芻」圍遶，宣說法要，菩薩見之，深生「愛著」……當知是為菩薩魔事……有諸「惡魔」化作「菩薩」摩訶薩像……菩薩見之，深生「愛著」……當知是為菩薩魔事)
⑨誹謗(誹訾毀謗)禪律(禪定和戒律)，罵詈ㄌㄧˋ(斥罵詛詈)徒眾。	⑨隨意的去誹訾毀謗「禪定和戒律」，以「惡語」去「斥罵詛詈」

	他的信眾弟子(藉以顯示出自己沒有私心)。
⑩訐_{ㄐㄧㄝ}露(攻訐揭露)**人事，不避讖嫌**(譏笑嫌惡)。	⑩肆無忌憚公開的去「攻訐揭露」他人的「私事秘密」(指「破和合僧」的五逆重罪之一，此類似「眼、耳通」)，完全不避「譏笑嫌惡」(藉以顯示出自己心直口快)。
⑪**口中常說「神通自在」。**	⑪這人口中常愛談說他已得「神通自在」。
⑫**或復令人旁見「佛土」。「鬼力」惑人，非有真實。**	⑫或者使他身邊的人親眼見到「佛國淨土」，以證明他自己已是「佛」。其實這些都是由於「天地大力五精鬼魔的神力」迷惑了無知的人，並非是此人真正實在具有「神通」的本領。
⑬**讚歎行婬，不毀**(毀棄)**麁_{ㄘㄨ}行**(麤陋鄙穢的惡事)**，將諸「猥_{ㄨㄟ}媟_{ㄒㄧㄝ}」**(猥褻婬媟)**以為傳法。**	⑬有時又稱揚讚歎男女「行婬」之法，說是可以使「法身」常住不絕，或快速一生成佛。他不但「不毀棄」這種「麤陋鄙穢」的犯戒惡法行為，竟還將這種最「猥褻婬媟、卑鄙骯髒」的東西，作為「傳道、傳法」的法器，

稱說可令「佛種」不斷。

此名「**天地大力，山精、海精、風精、河精、土精**」一切草木，積劫（積累多劫）「**精魅**」。或復「**龍魅**」，或壽終「**仙**」，再活為「**魅**」。或仙期終（壽終），**計年應死，其形不化，他怪所附。**

這個叫做「天地大力鬼，山精、海精、風精、河精、土精」，以及一切攀草附木之「鬼靈」，受天地之靈氣，吸日月之精華，積累多劫的時間後便成為「精魅精怪」。或是守護「天宮」、守衛「伏藏」之「龍」，年久成了「魅」，叫做「龍魅」。或已壽終的仙人，再轉活為「魅」。或「神仙」的壽命期已經終了，計年應當一死，但其形骸不化，而又為其他「鬼怪」所附身。

年老成魔，惱亂是人。厭足心生（等魔王滿足心生時），**去**（離開）**彼人體，弟子與師，多陷「王難」**（國家王法的刑罰災難）**。**

這些「鬼」年老了變成為「魔」，受「魔王」的驅使，來惱亂「修定」的人。等到這位行者的「戒定慧」皆被破壞後，這位「天地大力五精鬼魔」的目的已達成，便「心滿意足」地離開「另一位行者」的身體而去。於是在「修定」中生起「貪求神通威力」的「弟子」，與「被天地大力五精鬼魔所附者」的「師父」，這兩種人都將身陷於「國家王法」的「刑罰災難」中。

	(以上為此生所感召的「華報」)
汝當先覺，不入輪迴，迷惑不知，墮「無間獄」。	阿難你應當令將來末世的所有修道人都能「預先覺知」此「天地大力五精鬼魔」之事，才不至受其「迷惑」而入「生死輪迴」。如果仍然「迷惑」而不能覺知此魔事，受其惱亂，破壞戒定慧，隨順「魔教」，最終將墜入「無間地獄」，受無量苦。(以上為來生所感召的「果報」)
【9】貪求深空➜芝草麟鳳龜鶴精靈成魔	
又善男子，受陰「虛妙」(已達虛融奧妙之境)，不遭「邪慮」(受陰邪思俗慮之惑)，圓定(圓通的妙定)發明(發揮闡明)。	阿難！那些在禪定修行中的善男子，「受陰」已達「虛融奧妙」之境，不再遭「受陰」邪思俗慮之惑，圓通的「妙定」得以發揮闡明。
三摩地中，心愛「入滅」(入於寂滅之境)，研究「化性」(如何化「有」歸「無」之性)，貪求「深空」(指身境俱空，「存」與「沒」皆得自在的一種「深空」)。	此時行者便於其所修的「三摩地」中，忽然失去正念，心中貪愛「入於寂滅的深空」境界，於是更加的去「精研深究」萬物變化的體性(如何能將萬物化「有」歸「無」之性)，貪求「身境俱空，存與沒皆得自在的一種深空」之理。「精進修行」原屬善意，無奈此行者竟於

禪定修行中生起「貪求入於寂滅的深空」心，便為「天魔」有機可乘前來擾惱。

爾時天魔「候得其便」(等候到侵擾的方便機會)**，「飛精」**(飛遣精魅)**附人**(附他人身)**，口說「經法」**(相似於佛經之法，似是而非)**。**

這時「天魔」(欲界有「他化自在天魔」，色界有「魔醯首羅天魔」)等候到侵擾的方便機會，即乘隙「飛遣精魅」而依附到「另一位行者」身上，並令其口說「似是而非」的佛經或法義。

其人終不覺知魔著，亦言自得無上「涅槃」，(被芝草麟鳳龜鶴精靈所附者)**來彼求「空」**(指身境俱空之定境)**善男子處，敷座說法。**

這個「被芝草麟鳳龜鶴精靈鬼魔所附者」不會察覺知道自己已被「芝草麟鳳龜鶴精靈鬼魔」附身，反而自稱已修得了無上的「涅槃」之境。「被芝草麟鳳龜鶴精靈鬼魔所附者」便來這位生起「貪求入於寂滅深空」的「善知識」行者之處，鋪座設席而為這位「行者」宣講「似是而非」的佛法，以投其所好。

「被芝草麟鳳龜鶴精靈鬼魔所附者」：

①於大眾內，其形「忽空」(→指「即有而空」)**，眾無所見。還**

①他的身上具有魔力，能在眾人之中忽然「身隱而滅」(以顯其具

從虛空，突然而出(→指「即空而有」)，「存、沒」自在。	有「即有而空」的神力)，眾人皆不見其蹤影，然後又從「虛空」中突然現身而出(以顯其具有「即空而有」的神力)，似乎具有「隱、顯」自如，「存、沒」隨意自在的能力(以顯其具有「真空即妙有、妙有即真空」之神力)。
②或現其身，洞(洞徹清明)如瑠璃。	②或顯現自己的身體如同「洞徹清明」般的瑠璃(以顯其具有「色即是空」自在之神力)。
③或垂手足，作「旃檀」(chandana)氣。	③或是「舉手投足」皆能散發出「檀香」氣味(以顯其具有「香塵自在」的神力)。
④或大小便，如厚石蜜(甘蔗煉成的糖；甜蜜的冰糖)。	④或者能令排泄出的「大小便」皆如「甜蜜冰糖」般的香味(以顯其具有「味塵自在、即染而淨」的神力)。
⑤誹毀(誹訾毀謗)戒律，輕賤出家。	⑤這人自持魔力，便去誹訾毀謗佛制的「戒律威儀」，輕視出家比丘，謂出家是為無益的修行。
⑥口中常說「無因無果」，一死永滅，無復「後身」及諸	⑥口中常說一切法皆「無因無果」，一切眾生死後即是「永遠

凡聖。	的斷滅」，並沒有什麼業報「後身」及「六凡四聖」十法界之差別，一切皆無。
⑦雖得「空寂」(vivkta)，潛行貪欲。	⑦雖然自己宣稱已證得「空寂」，卻暗中開始從事各種「貪欲」的「婬慾苟且」諸事。
⑧受其欲者(與他共行婬慾者)亦得「空心」(空心的感覺和享受)，撥無因果。	⑧與他共同行婬慾者，也可證得最高的「空性之心」(因為「色即是空；欲是即空；婬即是空」)，既證「空性」，就不會有任何的「因果業報」。
此名「日月薄蝕」(指日食或月食，互相掩食)精氣，(附著於)金玉(靈)芝草、「麟、鳳、龜、鶴」，經千萬年，不死為「靈」，出生國土。	這個叫做利用「日月」互相「薄蝕」(指日食或月食)時所發出的「精氣」之力，而附著於珍貴的「靈芝草」及「麟、鳳、龜、鶴」上，得彼「精氣」滋養後，即可經千萬年不死，而成為「精靈」，待出生至此世間，再成為「物仙、禽仙、獸仙」……等。
年老成魔，惱亂是人。厭足心生(等魔王滿足心生時)，去(離開)彼人體，弟子與師，多陷「王難」(國家王法的刑罰災難)。	這些「精靈鬼」年老了變成為「魔」，受「魔王」的驅使，來惱亂「修定」的人。等到這位行者的「戒定慧」皆被破壞後，這些「芝

草麟鳳龜鶴精靈鬼魔」的目的已達成，便「心滿意足」地離開「另一位行者」的身體而去。於是在「修定」中生起「貪求入於寂滅深空」的「弟子」，與「被芝草麟鳳龜鶴精靈鬼魔所附者」的「師父」，這兩種人都將身陷於「國家王法」的「刑罰災難」中。(以上為此生所感召的「華報」)

汝當先覺，不入輪迴，迷惑不知，墮「無間獄」。

阿難你應當令將來末世的所有修道人都能「預先覺知」此「芝草麟鳳龜鶴精靈鬼魔」之事，才不至受其「迷惑」而入「生死輪迴」。如果仍然「迷惑」而不能覺知此魔事，受其惱亂，破壞戒定慧，隨順「魔教」，最終將墜入「無間地獄」，受無量苦。(以上為來生所感召的「果報」)

⑩貪求永歲 ➜ 他化自在天魔（欲界第六天）

又善男子，受陰「虛妙」(已達虛融奧妙之境)，**不遭「邪慮」**(受陰邪思俗慮之惑)，**圓定**(圓通的妙定)**發明**(發揮闡明)**。**

阿難！那些在禪定修行中的善男子，「受陰」已達「虛融奧妙」之境，不再遭「受陰」邪思俗慮之惑，圓通的「妙定」得以發揮闡明。

三摩地中，心愛「長壽」，辛苦研幾(同「研機」→窮研精微、細微之理)，貪求「永歲」，棄「分段生死」(分段生死→三界內有形的生死)，頓希(望)「變易」(變易生死→三界外無形的生死)細相(細微的壽命之相)常住。	此時行者便於其所修的「三摩地」中，忽然失去正念，心中貪愛「長壽不死」境界，於是更加「辛勤勞苦」的去窮研機微(細微)長壽之理，貪求「永世之歲壽」，而極欲摒棄「三界內有形的分段生死」，頓即希望獲得「三界外無形的變易生死」，且欲此「微細的壽命之相」作為「永恒常住」的壽命，於是此行者竟於禪定修行中生起「貪求長壽不死」心，便為「天魔」有機可乘前來擾惱。
爾時天魔「候得其便」(等候到侵擾的方便機會)，「飛精」(飛遣精魅)附人(附他人身)，口說「經法」(相似於佛經之法，似是而非)。	這時「天魔」(欲界有「他化自在天魔」，色界有「魔醯首羅天魔」)等候到侵擾的方便機會，即乘隙「飛遣精魅」而依附到「另一位行者」身上，並令其口說「似是而非」的佛經或法義。
其人竟不覺知魔著，亦言自得無上「涅槃」，(被「住世自在天魔」所附者)來彼求「生」(永生長壽)善男子處，敷座說法。	這個「被他化自在天魔所附者」不會察覺知道自己已被「他化自在天魔」附身，反而自稱已修得了無上的「涅槃」之境。「被他化自在天魔所附者」便來這位生起「貪求永生長壽不死」的「善

知識」行者之處，鋪座設席而為
這位「行者」宣講「似是而非」的
佛法，以投其所好。

「被他化自在天魔所附者」：
①他的身上具有魔力，喜歡說
　自己就算處在萬里之遙的「他
　方世界」，也能無遮障、無滯礙
　的隨意來往。

①**好言他方**（在他方世界中）**往還
無滯**（沒有滯礙）**。**

②**或經「萬里」**（萬里之遠）**，瞬息
再來。皆於彼方**（萬里之遠的彼
方）**取得其物**（取得可徵信之物回
來）**。**

②或者就算遊走經過「萬里遠」
　之外，也能在瞬息之間「回來」。
　也可從萬里之遠的彼方取得
　「可徵信之物」回來（此為顯其有「行遠
　若近」的神力）。

③**或於一處在一宅中，數步
之間，令其從東詣至西壁，
是人急行，累年不到。因
此心信**（心生敬信）**，疑「佛」現
前**（顯現在前）**。**

③或處在某處的一個住宅中，
　在只有「數步之大」的短距離空
　間裡，可令一個人從東壁走到
　西壁，那人就算「急行」多少年
　都走不到（此為顯其有「令近若遠」的神力）。
　於是所有「聽他講法的大眾」對
　他「心生敬信」，甚至懷疑是「真
　佛」已顯現在面前。

④**口中常說，十方眾生皆是**

④這人口中又常說「十方的眾

吾子。我生諸佛，我出世界。我是元佛(最根本的元佛)，出世自然(自然而然出現於世)，不因修得。

生」都是我的子孫，諸佛都是由我生的，我是生出這個世間的佛。我是第一個最根本的「元始佛」，壽命長久，無人可及。我是「自然而然」的出世及成佛，不必靠任何修行而得的。

此名住世「自在天魔」(Para-nirmita-vaśa-vartin 他化自在天魔→欲界第六天魔)，使其眷屬如「遮文茶」(Cāmuṇḍā 遮悶拏；遮文茶)及「四天王」(Catur-mahā-rājika-deva。欲界六天中之第一天)毘舍童子」(Piśāca 畢舍遮鬼)。

這是住於世間(住持世界)的欲界「他化自在天魔」(欲界第六天除了有「天人」在此住外，還有另一個魔宮是處在「欲界、色界初禪天」之間，專由「他化自在天魔」所住。如《瑜伽師地論·卷四》云：「他化自在天」復有「摩羅」天宮，即「他化自在天」攝。又如《長阿含經·閻浮提州品》云：於「他化自在天」、「梵加夷天」(指初禪天)中間，有「摩天宮」)，勅使其眷屬弟子，如「遮文茶」(使役鬼)及由「四天王」所管轄的「毘舍遮童子」(噉精氣鬼)等等(以上兩類鬼，如果能發心皈依三寶，便當作佛教的護法神。如果沒發心皈依三寶者，就成為害人鬼，受魔王的驅使，專門來擾亂修行人)。

⑤未「發心」者(已發心者→護人。未發心者→害人)，利(利誘)其「虛明」(內心清虛明潔但貪求長壽的修行者)，食彼「精氣」。

⑤這幾類「沒有發心」皈依三寶的「鬼神」，會去利誘「內心雖然清虛明潔但貪求長壽不死的修行者」，去吸食他的「精氣」來

滋養其魔軀。(如《大般涅槃經‧卷十九》云：大王！有「曠野鬼」，多害眾生。如來……至「曠野村」爲其說法。時「曠野鬼」聞法歡喜……然後便發「阿耨多羅三藐三菩提心」。如《維摩詰所說經‧卷三》云：未來世中，當有善男子、善女人，及「天、龍、鬼神、乾闥婆、羅刹」等，發阿耨多羅三藐三菩提心，樂于大法)

⑥**或不因師**(甚至也可不需「被魔附身」之師)，**其修行人「親自觀見」**(魔王)。**稱「執金剛」**(宣稱持有堅固不壞如金剛的長生不死之術)**與汝「長命」。**

⑥此時或已不需「另一位被魔附身的師父」(想陰十魔的最後一位「他化自在天魔」已可以直接化現各種身形，不必再「附身」於他人)，這位「貪求長壽不死的修行者」已可親自見到「魔王」的現身，「魔王」將宣稱持有「堅固不壞」如金剛的長生不死之術(或說魔王自稱為「執金剛大菩薩」)，可令你長壽不死。

⑦**現「美女身」**(魔王直接變現爲美女)**盛行「貪欲」**(與此修行人婬樂縱慾)，**未逾⌐年歲**(一年半載)**肝腦**(借指身體或生命)**枯竭**(枯乾消竭)。

⑦「魔王」也可直接變現為「美女身」，並與此行者修習「婬樂縱慾」的雙身大法，未及一年半載，「魔王」便吸盡此行者的精氣，使他的肝腦枯乾、精血消竭了。(如《雜阿含經‧卷三十九》云：時「三魔女」自相謂言：「士夫」有種種「隨形愛欲」，今當各各變化，作百種「童女色」、作百種「初嫁色」、

作百種「未產色」、作百種「已產色」、作百種「中年色」、作百種「宿年色」，作此種種形類，詣「沙門瞿曇」所，作是言：今悉「歸」尊足下，供給「使令」）

⑧口兼獨言（獨言傳法），聽若「妖魅」（聽來盡是些妖魅惑眾之言），前人未詳（不能詳解其意），多陷王難（國家王法的刑罰災難）。

⑧這些「魔王」還常會對你「獨言傳法」（其實是與魔在對話），聽來盡是些「妖魅惑眾」之言，被魔所迷惑的這些人根本不能分辨這些「妖言」而信服他。一旦「魔王」離體而去，這些人最終多遭「國家王法」的「刑罰災難」懲罰。

⑨未及遇刑（刑戮處決），先已乾死（精血耗盡而乾委枯死），惱亂彼人，以至殂殞（天殂命殞）。

⑨甚至在還沒有遭到國家王法的「刑罰災難」之前，此行者便已「精血耗盡」而「乾委枯死」。「魔王」如此的惱亂，最終至使此人早早夭殂命殞。（以上為此生所感召的「華報」）

汝當先覺，不入輪迴，迷惑不知，墮「無間獄」。

阿難你應當令將來末世的所有修道人都能「預先覺知」此「他化自在天魔」之事，才不至受其「迷惑」而入「生死輪迴」。如果仍然「迷惑」而不能覺知此魔事，受

其惱亂，破壞戒定慧，隨順「魔教」，最終將墜入「無間地獄」，受無量苦。(以上為來生所感召的「果報」)

阿難當知：是十種魔(想魔)**於末世時在我法中，出家修道。或「附人體」，或「自現形」，皆言已成「正遍知覺」。**

阿難你應當知道這「想陰」所現的十種「魔事」，在末法世中，將「隱藏」在我佛法中，或現於「出家修道」的人群中，實則企圖破壞佛教。或依附於「人體」中。或親自化現各種「身形」(如想陰十魔的最後一位「他化自在天魔」已可以直接化現各種身形，不必再「附身」於他人)，都說自己成就了「正遍知覺」的「無上涅槃」佛果。(如《菩薩瓔珞經·卷十一》云：「弊魔波旬」化作「佛形」，來至菩薩所。如《光讚經·卷四》云：「弊魔波旬」化作「佛像」，而即往詣菩薩摩訶薩所，而抑制之，令「不修學」六波羅蜜)

讚歎「婬欲」，破佛律儀(戒律威儀)**，先惡魔師**(先前所說的十種想陰惡魔諸師)**與魔弟子，「婬婬」**(貪婬穢婬)**相傳。**

他們會破壞佛的「戒律威儀」而去稱揚讚歎「婬慾邪惡」的穢法，之前所說的十種「想陰惡魔」所附身下的「師父」與在「修定」中生起「貪求」的「弟子」們，將以「貪婬穢婬」作為他們相傳的無上「法要」。

如是「邪精」（邪魔鬼精）魅其心腑（魔亏 魅了修道人的心腑），近則九生（約九百年，佛滅度後九百年），多踰百世（約三千年，佛滅度後三千年），令「真修行」總為「魔眷」（魔王眷屬）。命終之後，必為「魔民」，失正遍知，墮「無間獄」。

像這些「想陰」的十種「邪魔鬼精」將會「魘魅」修道人的「心腑」，時間之長，近則約「九百年」（佛滅度後九百年），多則約「三千年」（佛滅度後三千年），令本來發心要修道的「真修行人」，每每墮落為魔王的眷屬。這些人在命終之後，必淪為魔的子民，成為「魔子魔孫」，亡失了「正遍知覺」之佛性，而墮「無間地獄」，受無量苦。

(如明・憨山 德清《楞嚴經通議・卷九》云：昔佛住世，諸魔壞法，佛神力故，皆不能壞。魔作誓言：我於如來滅後，依教出家，破壞佛法。佛即墮淚曰：無奈汝何，譬如獅子身中蟲，自食獅子身中肉。是知末世「壞法比丘」皆「魔屬」也。九生九百年，正法一千年，此將盡時也。一世三十年，百世三千年。末法之初，正魔強法弱之時也。如明・蕅益 智旭《楞嚴經文句・卷九》云：近則九生者，百年為一生，九百年後，正法將滅時也。多踰百世者，三十年為一世，三千年後，正屬末法時也。嗚呼！讀經至此，而不痛哭流涕，撫昔傷今，思一振其頹風者，其真魔家眷屬也已)

汝（阿難）今未須先取「寂滅」（涅槃寂滅），縱得「無學」，留願入彼「末法」之中，起大慈悲，

阿難啊！你既發願學做「菩薩」，現在不必急於先取得「涅槃寂滅」之道，縱然你將來能證得四

救度「正心深信眾生」，令不著魔，得正知見。	果羅漢「無學」果位，也得要發「菩薩願行」，不入「涅槃」而留住於「末法世」中，起大慈悲心懷，去救度那些「正心正意、深信佛法」的眾生，使他們不被「天魔」侵擾，而修得「正知正見」。
我今度汝已「出生死」，汝遵佛語，名「報佛恩」。	阿難啊！我今天已將你度出「生死苦海」，你一定要遵循佛的囑咐，勿急取「涅槃」，將「想陰十魔」之理傳示於末法眾生，這就叫做是真正的「報佛恩」了。
阿難！如是十種「禪那」(dhyāna)**現境，皆是「想陰」用「心」交互**(「正定禪觀心」與「想陰妄想心」兩相交戰，互爲勝負)**，故現斯事。**	阿難！像這十種於「禪那」正定中所顯現出的境界，都是行者欲以「定力」突破「想陰」時，在「正定禪觀心」與「想陰妄想心」兩相交戰、互為勝負時所現出來暫時的「境界」。
眾生「頑迷」(頑鈍癡迷)**，不自「忖量」**(思忖考量)**，逢此「因緣」**(十種想陰變幻因緣)**，迷不自識。謂言「登聖」，「大妄語」成，墮「無間獄」。**	由於眾生「頑鈍癡迷」，不能以「正念」去「忖度思量」它，在逢遇這十種「想陰」的變幻因緣下迷失了自我，不能識破它，還聲稱自己已證入了「聖境」。這就是「未證言證、未得謂得」之罪，

	成就了「大妄語」，最終將墜入「無間地獄」，受無量苦。
汝(阿難)等必須將「如來語」，於我滅後傳示(宣傳開示)末法，遍令眾生開悟(開通悟解)斯義，無令「天魔」得其方便。保持(保護守持)覆護(覆庇護衛)，成無上道。	你們應當依照我佛如來的教誨，在如來滅度後的「末法世代」中，宣傳開示這個法義，務必遍令所有的眾生都能「開通悟解」這些義理，不要讓「天魔」得其方便有機可乘。你們還要「保護守持」正道、「覆庇護衛」真正的修行者，令其遠離魔道而成就無上的「菩提道果」。

卷十【十～1】行陰十種「邪見心魔」與「外道」→
行陰滅盡則超身內之「眾生濁」

原文	白話
註：「行陰」若達究竟的滅盡，則證大乘的「六信、七信」位，或小乘的「四果位」。以上只是就「理論」來說，其中仍有「深淺」之差別，故亦非「定法」。	(明‧憨山 德清《楞嚴經通議‧卷十》云：此(行)陰所以不盡者，以「幽隱妄想」而爲其本也，「七識」乃「八識」之「見分」，「幽深難知」故云「幽隱」。(詳 CBETA, X12, no. 279, p. 647, b)。 明‧觀衡《楞嚴經四依解‧卷十》云：「波瀾」滅，化爲澄水。上句喻「行陰」盡，即「七識」浪滅。下句喻歸「識陰」，即「八識」體現。(詳 CBETA, D17, no. 8862, p. 1098, a)。 明‧通潤《楞嚴經合轍‧卷十》云：即「行陰」已盡之相，亦是轉「第七識」爲「平等性智」時也。(詳 CBETA, X14, no. 289, p. 433, c)。 清‧通理《楞嚴經指掌疏‧卷十》云：「生滅根元」即「第八識」中所含「七識」種子，以有「微細生滅」名爲「根本行陰」(詳 CBETA, X16, no. 308, p. 318, c)。 清‧通理《楞嚴經指掌疏‧卷十》云：「熠熠」者，光如焰，以是「七識種」故。(詳 CBETA, X16, no. 308, p. 319, a8)。 清‧通理《楞嚴經指掌疏‧卷十》云：回觀「行陰」之所由生，蓋即「第八識」中七種，幽深隱微，生滅妄想，故曰「幽隱妄想」以爲其本。(詳 CBETA, X16, no. 308, p. 319, b))

阿難！彼善男子，修三摩地，「想陰」盡(滅盡)者，是人平常「夢想」銷滅，寤ㄨ 寐ㄇㄟ(醒睡)恆一。「覺明」(本覺妙明之心)虛靜，猶如晴空，無復麁重「前塵影事」。

阿難！這個修「首楞嚴三摩提」(首楞嚴三昧)的善男子，已滅盡了「想陰」，當「想陰」不再覆蓋他的真心時，此人在日常生活中的「顛倒妄想」皆已銷亡滅盡(寤時無想、寐時無夢)，無論清醒或睡覺時都能保持「清明」恒一的狀態。「本覺妙明之心」已達「清虛寂靜」，就像晴朗的天空一樣，不再有各種大大小小麁重的「前塵影事」(前五塵所落謝的影子➜法塵。此為第六意識所攀緣的對象，想陰盡，第六意識亦滅，法塵亦無所依也)。

觀諸世間大地山河，如鏡鑑明(如明鏡照鑑一樣明亮)，來無所粘(物象來，鏡無所粘著)，過無蹤跡(物象過，鏡亦無留跡)。虛受「照應」(照映顯應)，了(完全)罔ㄨㄤ(沒有)陳習(陳舊業習)，唯一「精真」(純精真心)。

此時行者觀見世界中的大地山河，如同「明鏡」鑑照般的清晰明白，物象來現時，鏡中無所粘著；物象過去時，鏡中亦無蹤跡可得，來去自由自在，無所掛礙，不留痕跡。此時行者的心已如「鏡」，對物象只是虛受它的「照映顯應」而已，完全沒有留下一點過去所造作的「陳舊業習」，只剩唯一的第八阿賴耶識「純精真心」。(如明·憨山 德清《楞嚴經通議·卷十》云：故「八識」，唯一精真。如明·錢謙

益《楞嚴經疏解蒙鈔‧卷十》云：「唯一精真」者，唯一「識陰」也。如下文云：則湛了內，罔象虛無，微細精想。以對「行陰」，故云「精真」也。如清‧通理《楞嚴經指掌疏‧卷十》云：「唯一精真」，蓋是對六說一，對雜說精，對妄說真，其實惟是「第八本識」）

生滅根元（三界萬物的生滅根元），從此披露（披陳表露）。見諸十方十二眾生，畢（畢竟；全部）殫（ㄉㄢ ）（窮盡）其類（十二種類眾生），雖未通其各命（各種生命）由緒（來由端緒，此喻第八識），見「同生基」（此喻行陰末那識，眾生皆同依行陰而遷流生滅）。

於是三界萬物的「生滅根元」，從此而得「披陳表露」。可以「觀見」十方世界中「十二類眾生」，還能完全「窮盡」這十二類眾生的差別現象，雖然還未通達他們各各（每一個；各自）「受命」（此喻識陰第八識）的「來由端緒」（來龍去脈），但已見到他們共同的「生死根基」（此喻行陰末那識，眾生皆同依行陰而遷流生滅）。

猶如「野馬」，熠ㄧˋ 熠（鮮明閃爍貌）清擾（既清明又擾動搖曳）。

就像「飄浮的灰塵」在太陽的照射下，遠遠望去就會產生「似水若霧、如雲似水」的陽焰「野馬」景象，其體「鮮明閃爍」、既清明又擾動搖曳（此喻「行陰」體性的「輕清」，既沒有「想陰」之粗濁，亦無「識陰」之澄湛，故曰「清擾」）。

（行陰末那識）為「浮根塵」（浮根四塵）

「行陰末那識」為一切眾生「浮根

究竟樞穴(樞紐竅穴)**，此則名為「行陰」**(除「色、受、想、識」外之一切有為法，都屬「行陰」範圍，與唯識「五遍行心所」中的「思心所」相當。雖然八個識皆有「遷流變化造作」，然以「第七末那識」為「恆審思量」最強)**區宇**(區域範圍)。

「四塵」(色香味觸四塵)所成之根身，亦是眾生究竟流轉與解脫的關鍵「樞紐」及「竅穴」之處。這就叫做真心被「行陰末那識」所覆蓋的區域範圍。

若此清擾(既清明又擾動搖曳)**熠一熠一**(鮮明閃爍貌)**元性**(本元體性→喻第七識行陰)**，性入「元澄」**(更進一步入於「本元清澄」之境→喻識陰第八識)。**一澄**(一旦澄清)**元習**(元來的習氣)**，如「波瀾」**多**滅，化為「澄水」**(識陰第八識)**，名「行陰」**(末那識)**盡**(滅盡)。

如果這個既清明又「擾動搖曳、鮮明閃爍」的「行陰末那識」本元體性，能更進一步入於「本元清澄之境」(此喻第八識「識陰」)，一旦澄清「元來的習氣」，就如同翻動的「波瀾」(此喻第七識)之浪息滅時，便化為「澄靜之水」(此喻第八識)，這叫做滅盡「被行陰所覆蓋」的境界。

是人則能超「眾生濁」。觀其所由(行陰發生的原由)**，「幽隱**(幽深隱微)**妄想」以為其本。**

「行陰」既破(正確應說「照見：觀照」行陰為空，並非「滅」行為「空」也)，此人就能超越由「第七識我執知見的妄心」與「輪轉遷徙的妄身」；在互相「交織」下而妄成的身內「眾生濁」。由此觀照，可知「行陰」所發生的原因是以「第八識」中「七識種子」的「幽深隱微、生滅妄想」為其根本。

想陰喻如粗大的巨波浪
行陰喻如微細的小波浪
識陰喻如無波浪的大海

①第一種外道➡立無因

論

阿難當知：是得正知「奢摩他」(śmatha 止)**中，諸善男子，凝明**(凝住於禪定光明)**正心**(正心不邪)**，十類天魔**(想陰十魔)**不得其便，方得「精研」**(精心研習)**窮生類本**(窮究十二類眾生的生滅根本)**。**	阿難你應當知道，這位得「正知正定」、在「奢摩他」中修行的善男子，「想陰十魔境」已破，內心凝住於禪定光明，正心不邪，不起任何的「貪求」，因此十類「想陰」天魔已不能在他身上得破壞之便。這時他方得開始「精心研習」妙明真心，去窮究十二種眾生類的「行陰」生滅根本。
於本類(本人道類中)**中，生元**(生滅遷流的根元)**露者**(開始顯露)**。觀彼「幽清」**(行陰末那識的幽隱輕清)**，圓**(圓密)**擾動元**(紛擾變動的根元)**。**	從行者自身本來的「人道」類中開始修習，直到其「生滅遷流」的「行陰」根元開始「顯露」為止。再觀察「行陰」的「幽隱輕清」現象，進而了知所有「十二類眾生」的「行陰」都具有圓密的「紛擾變動」根元現象。
於「圓元」(圓擾動元→指具有圓密的「紛擾變動」行陰根元)**中起「計度」**(邪計測度)**者，是人墜入「二無因論」。**	此時行者若於行陰「圓擾動元」(指具有圓密的「紛擾變動」行陰根元)的現象中生起「虛妄」的「邪計測度」(指將「行陰」的「紛擾變動」生滅現象執著為諸法「最究竟」的根本處，不知還有一個「無擾無動」的真如自性)，是人則將墜入外道「二種無

1 計本無因
（過去無因惡見）

一者：是人見本「無因」（無因而生）**。何以故？是人既得**（行陰）**「生機」**（生滅之機）**全破**（全顯將破之期）**。乘**（乘藉）**于眼根「八百功德」，見「八萬劫」所有眾生，業流**（善惡業行的遷流）**灣環**（一灣流水之迴環往復）**，死此生彼。**

因」（本無因、末無因）的邪見中。

第一種是：此行者見此「行陰」的生滅之根，誤以為本是「無因而起」。為什麼他會有如此的「知見」呢？因為此人已觀破「行陰」生滅之機，達到「全顯將破」之期。於是乘著清淨「眼根」所獲得「八百功德」，而得以觀見「八萬劫內」所有眾生的「行陰」之境，例如其「善惡業行」的遷流變化，就像一灣流水之「迴環往復」，死而在此，生而趨彼。

祇蟲（同「祇」蟲字。只；僅）**見眾生輪迴其處，八萬劫外**（之前）**，冥無**（渺冥無解）**所觀。**

但只見到眾生在「八萬劫」中的「生死輪迴」處，而「八萬劫」之外（之前），卻仍然「冥然」無所觀見。

便作是解：此等世間十方眾生，八萬劫來「無因自有」。

於是此行者便作如是「邪解」妄計：以為所有世界十方眾生，於八萬劫以來，都是「無因」而自然有。

由此計度豪（邪計測度）**，亡「正遍知」，墮落外道，惑「菩提性」。**

由於這個「心魔」（行陰十魔後面的經文有云：「無令心魔自起深孽」）的作祟而「邪計測度」，便亡失了如來所教導的

2 計末無因
（未來無因惡見）

二者：是人（想陰已破盡者）**見末「無因」**（無因而生）**。何以故？是人於生，既見其根**（八萬劫前本無根），**知人生人**（人只能生人），**悟鳥生鳥，烏從來黑，鵠從來白，人天本豎**（豎形而立），**畜生本橫**（橫伏而走），**白非「洗成」**（用洗的才成白），**黑非染造。**

「正遍知見」，墮落到外道的「無因無果」論中，從而也惑亂了「菩提真性」。

第二種是：此行者見此「行陰」的生滅「本是無因而起」，於是見「未來」亦是「無因而起」，為什麼他會有如此的「知見」呢？這人對於「十二類眾生」自認為已經觀見到它們「八萬劫之前」的「行陰生滅根元」皆是「無因而有」。知道人類自然而生人（沒有他因，皆是無因而有），悟到鳥自然而生鳥，烏鴉從本以來自然就是黑的，鴻鵠從本以來自然就是白的，「人道」和「天道」眾生從本以來自然就是「豎立而活」，「畜牲道」眾生從本以來自然就是「橫伏而行」。白色並非是用洗的才變成白的，黑色也並非是用染的才變成黑。

從八萬劫（從八萬劫以來），**無復改移**（無任何的改變移易過）**。**

這些從「八萬劫」以來，並沒有什麼「改變移易」，可見其各各（每一個；各自）自生，沒有不同的因，以此而知。

今盡此形（盡未來際形）**亦復如是。而我本來**（在八萬劫之前）**不見菩提，云何更有成菩提事？當知今日一切物象皆本「無因」。**

我從今以後，盡未來際形，永遠都是這樣。我還觀見在「八萬劫」之前，所有「十二類眾生」沒有一位是從「菩提」性中而生的（此為因中無菩提），怎麼能說這「十二類眾生」在八萬劫之後，會有人得成「菩提道果」的事呢（此為果中無菩提）？由此當知今日所有的一切物象，從八萬劫以來都是「無因而生、無因無果」的。

由此計度（邪計測度），**亡「正遍知」，墮落外道，惑「菩提性」。是則名為第一外道，立「無因論」。**

由於這個「心魔」的作祟而「邪計測度」，便亡失了如來所教導的「正遍知見」，墮落到外道的「無因無果」邪見中，從而也惑亂了「菩提真性」。這就叫做第一種外道所立的兩種「無因論」邪見（本無因、末無因）。

②第二種外道➡立圓常論

阿難！是三摩中，諸善男子，凝明（凝住於禪定光明）**正心**（正心不邪），（想陰十）**魔不得便，窮生類本**（窮究十二類眾生的生滅根本）**。觀彼「幽清」**（行陰末那識的幽隱輕清），**常擾**（恆常擾擾）**動元**（為一切變

阿難你應當知道，這位在「三摩地」中修行的善男子，內心凝住於禪定光明，正心不邪，不起任何的「貪求」，因此十類「想陰」天魔已不能在他身上得破壞之便。這時他方得開始「精心研習」

動根元）。

妙明真心，去窮究十二種眾生類的「行陰」生滅根本，觀察十二類眾生「行陰末那識」的「幽隱輕清」及「恆常紛擾變動」的根元。

於「圓常」(將「行陰」的「紛擾變動」生滅現象執著爲永恒的「圓遍常住」性)中，起「計度」(邪計測度)者，是人墜入「四遍常」論。

此時行者若將「行陰」的「紛擾變動」生滅現象執著為永恒的「圓遍常住」性，並於其中生起「虛妄」的「邪計測度」，是人則將墜入外道「四種遍常」的邪見中。

1 計「心境為常」惡見

一者：是人窮「心、境」性(窮研內心與外境生起之性因)，二處「無因」。

第一種是：此行者窮研「內心」與「外境」的生起性因，待窮至無所觀處，則發現「心、境」二處皆「無所從生之因」(即無物能生「心、境」)。

修習能知二萬劫中，十方眾生所有「生滅」(生滅現象)，咸皆循環(循復迴環)，不曾散失(流散遺失)，計以為「常」(常住不變)。

在此修習中能夠知道「二萬劫」中的十方眾生，其「心」與「境」的生滅現象都是反覆的「循復迴環」不已，不曾流散遺失，永遠生生不息。因此便邪計「心、境」二性都是恒常不滅的。

2 計「四大是常」惡見

二者：是人窮(窮究)**四大元**(地水火風四大根元)**。「四性」**(地水火風之本元根性)**常住**(永恆常住)**。**

第二種是：此行者窮究「地水火風」內外四大根元，見眾生「身根」這「內四大」與「器世界」的「外四大」，其本元根性都是永恒常住不失的。

修習能知四萬劫中，十方眾生所有「生滅」，咸皆體恆(體性永恆)**，不曾散失**(流散遺失)**，計以為「常」**(四大之性能為永恆常住)**。**

在此修習中能夠知道「四萬劫」中的十方眾生，其「四大」的生滅現象，都是體性「永恆」而不會有任何的流散遺失，故眾生得以生滅相續不斷。因此便邪計「四大之性」都是永恆常住的。

3 計「八識為常」惡見

三者：是人窮盡六根(前六識)**、末那**(manas 第七識)**、執受**(末那識所「執受」為「我」之第八識；第八執受識)**。心**(第八識)**、意**(第七識)**、識**(前六識)**中，**(根)**本元由處**(生起處)**，性常恆故。**

第三種是：此行者「想陰」已破，於禪定中已窮盡六根所攝之「前六識」、第七恒審思量的「末那識」、執受「根身、器界、種子」之「第八阿賴耶識」。此行者便以為「第八識(心)、第七識(意)、前六識(識)」的「根本元由」生起之處都是永恒常住的，而不知道這只是「行陰」的一種相續之相。

修習能知八萬劫中，一切眾生循環(循復迴環)**不失**(流散遺失)**，本來常住。窮**(窮究)**不失性**(循

在此修習中能夠知道「八萬劫」中的十方眾生，其「心、意、識」的生滅現象，都是反覆的「循復

環不失之常性)，**計以為「常」。**

迴環」、「永恆」而不會流散遺失，從本以來皆常住不滅。復窮究此「循環不失」的永恒「常性」性，因此便邪計「心、意、識」都是永恆常住的。

4 計「想陰盡為常」惡見

四者：是人既盡(滅盡)**想元**(想陰的根元)，**生理**(生滅之理)**更無**(邊)**流、**(息)**止、運**(行)**、轉**(變)**，生滅**(妄)**想心，今已永滅。**

第四種是：此行者已滅盡了「想陰」的根元，並認為有關「想陰」的「生滅」之理已更無有任何「遷流、息止、運行、轉變」的微細變化，有「生滅」的「妄想之心」，今已永遠滅盡。

理中(在理性中)**自然成「不生滅」。因心**(心量)**所度**多(測度)**，計以為「常」。**

按「理」而言(在他個人的「理體」上來說)，他似乎自然已經成就了「不生不滅」的法體(然而他的「行陰」仍未滅盡，故仍有「行陰」的微細「流注生滅」之相，因此他並未真實達到「不生不滅」之境)。不過因他個人內心的籌量測度，便邪計「行陰」是永遠恒常「不滅」的。

由此計「常」，亡「正遍知」，墮落外道，惑「菩提性」。是則名為第二外道，立「圓常」論(將行陰的生滅相續之理以為是「永恆之圓遍常住性」)**。**

由於這個「心魔」的作祟而「邪計測度」所謂的「四大、八識」都是「永恒常住」的(此行者不達達「諸法無我」)，便亡失了如來所教導的「正遍知見」，墮落到外道的「圓常」

③第三種外道➡立一分常，一分無常論

又三摩中，諸善男子，「堅凝」(堅固凝然不動)正心(正心不邪)，(想陰十)魔不得便，窮生類本(窮究十二類眾生的生滅根本)，觀彼「幽清」(十二眾生之行陰末那識的幽隱輕清)，常擾(恆常擾擾)動元(為一切變動根元)。

於「自他」(自我和他境)中，起「計度」(邪計測度)者。是人墜入「四顛倒見」，一分「無常」，一分「常」論。

1計「我為常，他人為無常」之邪見

一者：是人觀「妙明心」(勝妙明淨真心)遍十方界，湛然(澄湛寂然的真心)以為究竟

邪論中，從而也惑亂了「菩提真性」。這就叫做第二種外道所立的「圓常」邪論(將行陰的生滅相續之理以為是「永恆之圓遍常住性」)。

這位在「三摩地」中修行的善男子，內心堅固於凝然不動的禪定光明中，正心不邪，不起任何的「貪求」，因此十類「想陰」天魔已不能在他身上得破壞之便。這時他方得開始「精心研習」妙明真心，去窮究十二種眾生類的「行陰」生滅根本，觀察十二類眾生「行陰末那識」的「幽隱輕清」及「恆常紛擾變動」的根元。

此時行者若於「自我」與「他境」中生起「虛妄」的「邪計測度」，是人則將墜入外道「四種顛倒」的邪見，計執諸法皆是一分(一半)「無常」，而另一分(另外一半)是「恒常」的邪論。

第一種是：此人在觀察「行陰」的「幽清常擾動元」後，竟誤以為「行陰末那識」就是「勝妙明淨

「神我」(puruṣa)。	的真心」，是周遍十方法界的，於是便將「行陰末那識」認作是「澄湛寂然的真心」，並以為這是最殊勝究竟的「神我」。
從是則計「我」遍十方，凝明(凝住於光明)**不動。**	從這裡則妄計「神我」是「永恒」的周遍於十方法界，永遠凝住於光明而如如不動。
一切眾生於我心中自生自死，則我「心性」名之為「常」。彼生滅者，真「無常」性。	一切眾生在我心中乃「自生自死、有生有滅」的「無常」，而我凝明不動的「神我」心性，則名為「永恆的常」。那些「自生自死」的眾生則是真正的「無常性」。(此計「我」是「恒常」，眾生於我心中則為「生滅、無常」)
2 計「國土為無常與究竟常」之邪見 **二者：是人「不觀」其心**(自心)**，遍觀「十方」恆沙國土。見「劫壞處」**(三禪天以下將遭「水火風」三災之壞)**名為「究竟無常」種性；「劫不壞」**(不受劫運影響破壞)**處名「究竟常」。**	第二種是：此人不再觀照其「自心」(因他已計執自心就是一種「神我」真常性)，只去周遍觀察十方恆沙國土。見到為「劫末三災」(火水風)所壞之處，彼即名此世界為「究竟的無常種性」(彼不知世界於「空劫」後仍有「成、住、壞劫」)；若見到不為「劫末三災」所壞之處，則稱之為「究竟的常」(此人計「外器界」已壞者為「無常」，未壞者則為「恆

	常」)
3 計「心為常、生死為無常」之邪見	
三者：是人別觀(個別觀察)**「我心」，精細微密**(精細微密)**猶如微塵，流轉**(遷流輪轉)**十方，**(我心)**性**(雖)**無移改**(移動改變)**，能令此身即生即滅。**	第三種是：此人個別觀察「自心」，見「行陰」有如「微塵」一樣的「精細微密」，自身依此「行陰」起惑造業，而「遷流輪轉」於十方世界，然其「本性」並沒有任何的移動改變(微塵能於剎那間流轉於十方，但微塵之性並未有任何的改變)，但因業力之故，卻能令此身剎那變壞而有「即生即滅」的「無常」現象。
其「不壞性」(不壞不滅的自性)**名「我性常」**(我性常存)**。一切死生**(身體的死生變化)**從我流出，名「無常性」。**	所以看似沒有改變的「不壞不滅自性」就名為永恒的「我性常存」。而一切身體上的「死生變化」現象，從我自身所流出的，就名為「無常性」(此計「自心」是「恆常」，而「身體」卻為「無常」)。
4 計「行陰為常，前三陰為無常」之邪見	
四者：是人知「想陰」盡(滅盡)**，見「行陰」流**(遷流變化)**，行陰常流**(常常遷流)**，計為「常性」。「色、受、想」等，今已滅盡，名「無常性」。**	第四種是：此人知道自己的「想陰」已滅盡，便見「行陰」的「遷流變化」相。因為「行陰」有「常常遷流」的現象，故而妄計「行陰」為永恒的「常性」。之前的「色、受、想」等三陰皆已「滅盡」，故而妄計彼名為「無常性」(此計已滅盡

之「色、受、想」三陰為「無常」，未盡滅之「行陰」為「恆常」）。

由此計度（邪計測度），**一分「無常」，一分「常」故，墮落外道，惑「菩提性」，是則名為第三外道，「一分常」論。**

由於這個「心魔」的作祟而「邪計測度」一分（一半）是「無常」，另一分（另一半）是「恒常」，墮落到外道的「四種顛倒妄執」惡見中，從而也惑亂了「菩提真性」。這就叫做第三種外道所立的「一分常」邪論。

④第四種外道➜立一分有邊，一分無邊論

又三摩中，諸善男子，「堅凝」（堅固凝然不動）**正心**（正心不邪），（想陰十）**魔不得便，窮生類本**（窮究十二類眾生的生滅根本），**觀彼「幽清」**（十二眾生之行陰末那識的幽隱輕清），**常擾**（恆常攪擾）**動元**（為一切變動根元）**。**

這位在「三摩地」中修行的善男子，內心堅固於凝然不動的禪定光明中，正心不邪，不起任何的「貪求」，因此十類「想陰」天魔已不能在他身上得破壞之便。這時他方得開始「精心研習」妙明真心，去窮究十二種眾生類的「行陰」生滅根本，觀察十二類眾生「行陰末那識」的「幽隱輕清」及「恆常紛擾變動」的根元。

於「分位」（事物產生變化之「時分」與「地位」，有「三際、見聞、彼我、生滅」四種分位）**中，生計度**（邪計測度）**者，是**

此時行者若於「事物」產生變化之四種「時分」與「地位」（有「三際、見聞、彼我、生滅」四種分位）中生起「虛妄」

人墜入「四有邊」論。	的「邪計測度」，是人則將墜入外道「四種有邊無邊」的邪見惡論。
1 計「過去未來有邊，相續心無邊」之邪見	
一者：是人心計「生元」（行陰末那識爲眾生的生滅根元），流用（遷流業用）不息。計「過、未」者名為「有邊」，計相續心（相續不斷的心）名為「無邊」。	第一種是「三世」分位：此人於禪定中觀見「行陰」相後，心中計「行陰末那識」為眾生的「生滅」根元，又觀察到「行陰」種種的「遷流業用、循環不息」的情形，於是便妄計「過去心已滅、未來心未至」的「無相續心」為「有邊」之法(有限之法)，妄計「現在」的「有相續心」為「無邊」之法(無限之法)。
2 計「八萬劫前無邊，眾生界有邊」之邪見	
二者：是人觀八萬劫（八萬劫以來），則見眾生；八萬劫前，寂無（寂然全無）聞見，無「聞見」處，名為「無邊」。（八萬劫內）有眾生處，名為「有邊」。	第二種是「見聞」分位：此人於禪定中觀見從「八萬劫」以來有「眾生」存在，生滅不息；於「八萬劫」之前則是「沉寂寧靜」的，全無眾生可聞可見。於是此人便妄執「八萬劫前沒有眾生可見可聞之處」名為「無邊」之性(無眾生存在的範圍)，邪計「八萬劫內有眾生可見可聞之處」名為「有邊」之性(有眾生存在的範圍)。
3 計「我知性無邊，他知性有邊」之邪見	
三者：是人計「我遍知」（我能	第三種是「自他」分位：此人於

遍知一切），得「無邊性」。彼一切人現我知（顯現在我的能知範圍）中，我曾（何曾）不知「彼之知性」，名彼不得「無邊」之心（別人都不能達到「無邊」的全知性能），但「有邊」性（只能具有「有邊」之知性罷）。

禪定中觀見自己的「行陰」相後，便妄計此「行陰末那識」便是「真我」，且我已能「周遍了知一切」，我於諸法中已得「無邊無限之全知性能」。此人又見「彼一切人」皆顯現在我自己的「能知範圍」中，我又何曾不知道「彼一切人」只具「有邊有限之知性」而已呢！故我稱名「彼一切人」皆不能獲得「無邊無限的全知性能」之心，但只能具「有邊有限的知性」罷了。（那些眾生雖然顯現在我的「知性」中，但他們究竟不能知道我「無邊無限的全知性能」，於是便認為那些眾生不能得到「無邊」之性，只能叫做「有邊」的心性）

4 計「一切依報正報皆半有邊、半無邊」之邪見

四者：是人「窮」（窮究）行陰空（空盡），以其所見，心路（心意思路）籌（籌謀計度）度：一切眾生（於）一身之中，計其咸皆「半生半滅」（一半是生起，一半是消滅的）。明（判）其世界一切所有，一半「有邊」，一半「無邊」。

第四種是「生滅」分位：此人之「想陰」已滅盡，「行陰」現前，故以三昧禪定力去窮究「行陰」，欲盡其空。在禪定時，覺得「行陰」已滅，而出定後，覺得「行陰」又生。於是他便以為「行陰」是滅了之後又再生起，「行陰」有「時生時滅」的現象。於是就用自己修行的「心路歷程」去籌謀計度：妄計一切眾生，於一身中

都是「時生時滅、半生半滅」的狀態。眾生既然如此，則可「明判」世界所有的一切，亦皆是一半「有邊」，一半「無邊」。「生起」時，便執著為「有邊」；「消滅」時，便執著為「無邊」。

由此計度𡚥（邪計測度）**「有邊、無邊」，墮落外道，惑「菩提性」，是則名為**第四外道，立**「有邊」**論。**

由於這個「心魔」的作祟而「邪計測度」諸法為「有邊無邊」的戲論，墮落到外道的「四種有邊無邊」邪見惡論中，從而也惑亂了「菩提真性」。這就叫做第四種外道所立的「四種有邊無邊」邪見惡論。

⑤第五外道➡立四顛倒的遍計虛論

又三摩中，諸善男子，「堅凝」（堅固凝然不動）**正心**（正心不邪），（想陰十）**魔不得便。窮生類本**（窮究十二類眾生的生滅根本），**觀彼「幽清」**（十二眾生之行陰末那識的幽隱輕清），**常擾**（恆常攪擾）**動元**（為一切變動根元）。

這位在「三摩地」中修行的善男子，內心堅固於凝然不動的禪定光明中，正心不邪，不起任何的「貪求」，因此十類「想陰」天魔已不能在他身上得破壞之便。這時他方得開始「精心研習」妙明真心，去窮究十二種眾生類的「行陰」生滅根本，觀察十二類眾生「行陰末那識」的「幽隱輕清」及「恆常紛擾變動」的根元。

於「知見」(所知所見)中，生計度（邪計測度）者，是人墜入「四種顛倒」不死矯亂（外道計「無想天」為「不死天」，就矯詐亂說另有一個「不死」的存在），「遍計」虛論（起了周遍計度的虛妄謬論）。	此時行者若於「所知所見」中生起「虛妄」的「邪計測度」，是人則將墜入外道的「四種顛倒」論，追求「無想天」的「不死」果報，矯詐亂說另有一個「不死」的存在，生起周遍計度的「虛妄謬論」。
1 計「八亦」之矯亂論 **一者：是人觀變化元**(觀察變化的根元)，	第一種是：此人之「想陰」已滅盡，「行陰」現前，故以三昧禪定力去觀察「行陰」變化的根元。於是在「行陰」的「生滅相」中產生八種的「邪見」。
①**見「遷流」**(邊變流轉)**處，名之為「變」。**	①當他觀見「行陰」之「遷變流轉」處，便稱「行陰」為「無常」的「變異之相」。
②**見「相續」**(相續運行)**處，名之為「恆」。**	②當他觀見「行陰」之「相續運行」處，便稱「行陰」為「恒常之相」。 (以上兩種屬於「變恒」相對)
③**見「所見」處**(指八萬劫內諸事)，**名之為「生」。**	③當他能觀見「八萬劫」內有眾生存在，便稱「眾生」為「生起」。
④**不見「見」處**(指八萬劫外諸事)，	④當他不能觀見「八萬劫」以外

名之為「滅」。	的眾生存在，便稱「眾生」為「消滅」。(以上兩種屬於「生滅」相對)
⑤相續之因，(行陰的遷流)性「不斷」處(不間斷之處)，名之為「增」。	⑤當他觀見到前面的「行陰」已滅，而後面的「行陰」尚未生起，這中間必定有個令「前後銜接」起來的「相續之因」存在(此時的行者並不了解在「行陰」的後面還有一個「識陰阿賴耶」)，他只見到在「行陰」的「遷流性」中還有一個「不間斷」之處，似乎多出了一個「法」，便稱這種現象為「增」。
⑥正相續中，中所「離處」，名之為「滅」。	⑥當他觀見到前後的「行陰」處於「正在生滅相續」的「中間」時，這個「中間」的「分離」處好像缺少一個「法」(此時的行者並不了解在「行陰」的後面還有一個「識陰阿賴耶」，只見有個「分離處」)，便稱這種現象為「滅」。(以上兩種屬於「增減」相對)
⑦各各「生處」(能觀察到每一眾生的生滅根元及生處)，名之為「有」。	⑦當他觀見到眾生，各各(每一個;各自)都有其不同的「生起之處」，他便稱這種現象為「有」。
⑧互互(交互彼此)「亡處」(見到每位	⑧當他觀見到眾生，各個都有

眾生的死亡消滅之處），**名之為「無」**。	其不同的「死亡消滅之處」，他便稱這種現象為「無」。(以上兩種屬於「有無」相對)
以理都觀(用行陰末那識之理，大都去統而觀之)，**用心別見**(用心觀察而發生差別的知見)。	以上八種「相對」的法，都是行者以「行陰」之理大都(大概)去「統而觀之」的，但因行者「用心」有差別，遂導致發生前後不一的「各別邪見」，沒有獲得「正知正見」。
有求法人來問其義，答言：我今「亦生亦滅、亦有亦無、亦增亦減」(包括「亦變亦恆」之句)。**於一切時皆亂其語，令彼「前人」**(指求法人)**遺失**(遺漏忘失)**「章句」**(剛剛所要提問的章法句義)。	此時若有欲求「佛法解答」的人，來問其所證之義。此人便回答說：我現在是「亦生亦滅、亦有亦無、亦增亦減」。在任何時候，他的話語都是「混亂不清」的，使得來「請法的人」弄不清楚他到底說的是什麼，以至遺漏忘失剛剛所要提問的「章法句義」，令人知見混亂，無所適從。
2 計「唯無」之矯亂論 **二者：是人諦觀**(審諦觀照)**其心，互互**(交互彼此)**「無」處，因「無」得證。有人來問，唯答一字，但言其「無」，除「無」之餘，**	第二種是：此人於禪定中審諦觀照「行陰」當前的心，當他見到「行陰」的「生相」與「住相」都滅時，便妄計一切諸法皆「無」。他在法義上交互彼此的推衍，

無所言說。	以至於「無處」，從而妄計自己就是因「無」這一字而獲得「證道」的(悟諸法皆歸於「無」字)。當有人來問「法義」時，他只回答一個字--「無」，除了「無」字外，就沒有別的話語了。(譬如有人問：我該如何修行？答：無。問：如何念佛？答：無。問：如何持咒？答：無。無論百問千問都是只答一個「無」字)
3計「唯是」之矯亂論 三者：是人諦觀(審諦觀照)其心，各各「有」處，因「有」得證。	第三種是：此人於禪定中審諦觀照「行陰」當前的心，當他見到「行陰」的「生相」與「住相」再生起時，便妄計一切諸法各各(每一個;各自)皆住於「有處」，從而妄計自己就是因「有」這一字而獲得「證道」的(悟諸法皆歸於「有」字)。
有人來問，唯答一字，但言其「是」，除「是」之餘，無所言說。	當有人來問「法義」時，他只回答一個字--「是」，除了「是」字外，就沒有別的話語了。(譬如有人問：我可出家嗎？答：是。問：我可以在家嗎？答：無。問：如何吃素？答：是。無論百問千問都是只答一個「是」字)
4計「有無」之矯亂論 四者：是人「有、無」俱見，其「境枝」(境界分爲兩枝，一半	第四種是：此人於禪定中審諦觀照「行陰」當前的心，當他雙

_{有一半無)}**故，其心亦亂。**	見到「行陰」的「生處」與「滅處」，變成「有」與「無」同時都俱見的「亦有亦無」。他所觀的境象「分枝」不齊，一半「有」一半「無」，故其能觀的心亦昏亂，沒有頭緒，無法下定「誰有誰無」。
有人來問，答言：「亦有即是亦無」、「亦無之中，不是亦有」。一切矯亂_(矯詐混亂)**，無容**_(不允許;不讓)**窮詰**_{ㄐㄧㄝˊ} _(窮究詰問)**。**	當有人來問「法義」時，他只回答：「亦有」就是「亦無」的意思，也就是「有」可能會等同於「無」。在「亦無」之中，也不是「亦有」；也就是在「無」當中不可能還會再生「有」，「無」是不可能會等同於「有」的。此人把一切的義理及文字，前言後語全部都「矯詐混亂」了，不讓人去「窮究詰問」出正確的正見，所都得到的答案都是一團的混亂！
由此計度_{ㄉㄨㄛˋ} _(邪計測度)**，矯亂**_(矯詐混亂)**虛無，墮落外道，惑「菩提性」。是則名為第五外道，「四顛倒性」，不死矯亂，「遍計」虛論**_(起了周遍計度的虛妄謬論)**。**	由於這個「心魔」的作祟而「邪計測度」諸法為「矯詐混亂」的「虛妄空無」戲論，墮落到外道的「四種顛倒」邪論，從而也惑亂了「菩提真性」。這就叫做第五種外道所立的「四種顛倒」邪見惡論，因而追求「無想天」的「不死」果

⑥第六外道➔立五陰死後「有十六相」之顛倒論

又三摩中，諸善男子，「堅凝」（堅固凝然不動）**正心**（正心不邪），（想陰十）**魔不得便，窮生類本**（窮究十二類眾生的生滅根本），**觀彼「幽清」**（十二眾生之行陰末那識的幽隱輕清），**常擾**（恆常攪擾）**動元**（為一切變動根元）。

報，矯詐亂說另有一個「不死」的存在，生起周遍計度的「虛妄謬論」。

這位在「三摩地」中修行的善男子，內心堅固於凝然不動的禪定光明中，正心不邪，不起任何的「貪求」，因此十類「想陰」天魔已不能在他身上得破壞之便。這時他方得開始「精心研習」妙明真心，去窮究十二種眾生類的「行陰」生滅根本，觀察十二類眾生「行陰末那識」的「幽隱輕清」及「恆常紛擾變動」的根元。

於「無盡流」（相續無盡的邊流中），**生計度**（邪計測度）**者，是人墜入「死後有相」**（死後仍有真實的相），**發心顛倒**（心裡發生顛倒的知見）。

此時行者若於「行陰」的「相續無盡、遷流不斷」現象中生起「虛妄」的「邪計測度」，認為「行陰」為「擾動根元」，人死後仍會有「色、受、想」三陰再從「行陰」重新生起的謬見，是人則將墜入外道「死後仍有種種真實的諸相」論，從心中發生顛倒的知見。

①或「自固身」（自己堅持固守此身），

①當行者見「行陰」的「無盡遷流」

云：「**色是我**」(說四大色身即是真實的我→即色是我)。

②或見「**我圓**」(我的性能是真實且圓融普遍)，**含遍國土，云：「我有色**」(說自我之中含有真實的物理成份→色在我中。相似外道的「我大色小」論)。

③或彼「**前緣**」(眼前所緣的塵相)，**隨我迴復**(都跟著我而起迴旋往復的作用)，**云：「色屬我**」。(說所有一切塵相都是屬於我所擁有，為我的附屬品→此相似於外道的「離色是我」論，所謂的「前緣塵相」雖處在「離我」的位置上，但仍為我的「附屬品」)

④或復「**我依行中**」(我依附在行陰末那識之中)**相續**(遷流相續)，**云：「我在色**」。(我就在真實的物理色相裡面→色大我小，我在色中)

相而生出「已身」的「有盡衰滅相」，於是便生起要「堅持固守此身形」的念頭，就說：「四大的色身即是真實的我」(此計色即是我)。

②或妄見「我」的性能是真實圓滿、性能廣大，能含遍十方的國土，就說：「在自我之中就含有真實的物質色相，若無我，則一切物質色相都不能成立」(此計我大色小，色在我中)。

③或妄見眼前所攀緣的「塵相」，都能跟隨著我而生起「迴旋往復」的作用，就說：「所有一切的色塵諸相都是屬於我所擁有，為我的附屬品」(此計離色是我)。

④或妄見我是「依附」在「行陰末那識」中「遷流相續」而存活，就說：「我是依附在真實的物質色相裡面」(此計色大我小，我在色中)。

皆計度_多（邪計測度）**言：死後「有相」，如是循環**（循復迴環），**有「十六相」。**（「色、受、想、行」四陰循環反復發展，則爲四四十六種相）	如是等皆是虛妄的「邪計測度」，並說：「死後仍有種種真實的諸相」論，如是邪論，循復迴環，共有十六種相。（行者計「行陰」有四種「我相」--色是我、我有色、色屬我、我在色。依此例推，加上「色、受、想」三陰，輾轉循環的計度，則成四四十六種相狀。如：受是我、我有受、受屬我、我在受。想是我、我有想、想屬我、我在想。行是我、我有行、行屬我、我在行）
從此或計畢竟煩惱（煩惱畢竟是煩惱），**畢竟菩提**（菩提畢竟是菩提），**兩性**（煩惱與菩提）**並驅**（並駕齊驅而無關連），**各不相**（接）**觸。**	從此或更轉深一層的計推，煩惱畢竟永遠是煩惱（所以不可能斷煩惱成菩提），菩提畢竟永遠是菩提。「煩惱」與「菩提」互相並駕齊驅而無關連，兩者各不相接觸亦無交涉（煩惱與菩提不相接觸，所以眾生也成不了菩提）。
由此計度_多（邪計測度），**死後「有」故**（死後仍有真實的相），**墮落外道，惑「菩提性」。是則名為第六外道，立「五陰」中死後「有相」**（死後仍有真實的相），**心顛倒論**（內心產生顛倒的謬論）。 ⑦**第七外道 ➡ 立五陰死**	由於這個「心魔」的作祟而「邪計測度」死後仍有「種種真實的諸相」論，墮落到外道「死後仍有十六種相」的邪論，從而也惑亂了「菩提真性」。這就叫做第六種外道立的「五陰」死後仍有「十六種相」的邪見惡論，從內心生起顛倒的謬論。

後「無相」之心顛倒論

又三摩中，諸善男子，「堅凝」(堅固凝然不動)**正心**(正心不邪)，(想陰十)**魔不得便。窮生類本**(窮究十二類眾生的生滅根本)，**觀彼「幽清」**(十二眾生之行陰末那識的幽隱輕清)，**常擾**(恆常擾擾)**動元**(為一切變動根元)**。**

這位在「三摩地」中修行的善男子，內心堅固於凝然不動的禪定光明中，正心不邪，不起任何的「貪求」，因此十類「想陰」天魔已不能在他身上得破壞之便。這時他方得開始「精心研習」妙明真心，去窮究十二種眾生類的「行陰」生滅根本，觀察十二類眾生「行陰末那識」的「幽隱輕清」及「恆常紛擾變動」的根元。

於先除滅「色、受、想」中，生計度(邪計測度)**者。是人墜入「死後無相」**(死後完全無相斷滅)，**發心顛倒**(心裡發生顛倒的知見)**。**

此時行者若於之前已經滅盡的「色、受、想」三陰中生起「虛妄」的「邪計測度」，是人則將墜入外道「死後完全無相斷滅」論(此行者認為「色、受、想」三陰本來存有，後來才「滅盡」，故「行陰」現雖存有，將來亦應「滅盡」成為「斷滅之虛無」)，從心中發生顛倒的知見。

①見其「色」滅，形無「所因」(形體沒有所因、所依止的地方)**。**

①此行者於禪定中觀見「色陰」已滅盡(將「滅盡」當作「斷滅」解)，便生出「形體從此沒有所因、所依止的地方」。

②觀其「想」（意識之想陰）滅，心無「所繫」（意根之心無所繫）。	②此行者又觀其「想陰」已滅盡（將「滅盡」當作「斷滅」解），便生出「第六意識從此沒有所繫、所靠的地方」。
③知其「受」（受陰）滅，無復「連綴」（前後的色陰與想陰無法連結綴合）。	③此行者再觀其「受陰」已滅盡（將「滅盡」當作「斷滅」解），便生出「前後的色與想二陰缺乏橋樑，無法再連結綴合」。
④陰（色、受、想三陰）性銷散，（行陰）縱有「生理」（生存之理），而（已）無「受、想」，（行陰應）與草木同。	④因此行者認為「色、受、想」三陰之性既已「銷亡散滅」，此時的「行陰」縱然仍有「能生存之理」，然已無「色、受、想」三陰，則此身之「行陰」應無知覺，與「草木」同本質。
此質（指四陰之實質體相）現前，猶不可得，死後云何更有諸相？因之勘校（勘核覆校）死後「相無」（死後完全無相斷滅），如是循環（循復迴環），有「八無相」（生前的「四陰」與死後的「四陰」共有八種）。	現前身中「四陰」之「實質體相」，尚且「無相」可得（導歸斷滅論），何況死後，哪裡還會有「諸相」可得呢？因此「勘核覆校」後便邪計：「生前」與「死後」的「四陰」之相一定是完全「無相斷滅」的。如是反覆的「循復迴環」論證後，共有「八種無相」論（生前的「四陰」與死後的「四陰」共有八種）。

從此或計「涅槃、因果」一切皆空，徒有名字，究竟「斷滅」。

此行者由此再更一步「推究計度」後，則「涅槃、因果、世間法、出世間法」一切皆空，徒有「虛名」而無「實質」，諸法究竟終歸於「斷滅」，遂成為「撥無因果」之大邪見。

由此計度（邪計測度），死後「無」故，墮落外道，惑「菩提性」。是則名為第七外道，立五陰中死後「無相」（死後完全無相斷滅），心顛倒論（內心產生顛倒的謬論）。

由於這個「心魔」的作祟而「邪計測度」死後是「完全無相斷滅」論，墮落到外道「八種無相」的邪論，從而也惑亂了「菩提真性」。這就叫做第七種外道立的「五陰」死後「完全無相斷滅」的邪見惡論，從內心生起顛倒的謬論。

⑧第八外道➔立五陰死後「俱非」之心顛倒論

又三摩中，諸善男子，「堅凝」（堅固凝然不動）正心（正心不邪），（想陰十）魔不得便。窮生類本（窮究十二類眾生的生滅根本），觀彼「幽清」（十二眾生之行陰末那識的幽隱輕清），常擾（恆常攪擾）動元（為一切變動根元）。

這位在「三摩地」中修行的善男子，內心堅固於凝然不動的禪定光明中，正心不邪，不起任何的「貪求」，因此十類「想陰」天魔已不能在他身上得破壞之便。這時他方得開始「精心研習」妙明真心，去窮究十二種眾生類的「行陰」生滅根本，觀察十二

類眾生「行陰末那識」的「幽隱輕清」及「恆常紛擾變動」的根元。

於「行存」(行陰猶存)中，兼「受、想」滅(色、受、想三陰已滅)，雙計「有、無」(宛然存在的行陰執爲有，已滅盡的「色、受、想」三陰執爲無)，自體相破(自體互相攻破)。是人墜入死後「俱非」，起顛倒論(生起顛倒的謬論)。

此時行者若於「行陰」猶存未滅盡中生起「虛妄」的「邪計測度」，認爲「色、受、想」三陰已滅盡，故妄計爲「無」；未滅盡的「行陰」則妄計爲「有」。又以「行陰」之「有」攻破「色、受、想」三陰之「無」，或以「色、受、想」三陰之「無」攻破「行陰」之「有」，造成「行陰」的「自體相」互相攻破。是人則將墜入外道「死後有無俱非」(導歸斷滅論)的邪論，從心中生起顛倒的謬論。

(觀)「色、受、想」中，見(行陰雖然)「有」非有。

此行者觀見「色、受、想」三陰中原本是「存有」，今已滅盡，故對照此時的「行陰」雖是「猶存之有」，但將與前「三陰」一樣最終歸於「非有」。按照這樣「推論」的話，那麼「色、受、想、行」四陰應該都是屬於「非有」的狀態啊！

(見)「行」(行陰)遷流(遷流變化)內，

行者又觀見現前的「行陰」內有

觀(前三陰雖然)「**無**」**不無**(非無)。	「遷流變化」的現象，是為「非無」(不無)，再對照此時的前「三陰」雖然已滅盡，但也應視同與「行陰」一樣為「非無」(不無)。按照這樣「推論」的話，那麼「色、受、想、行」四陰應該又都是同為「非無」(不無)的狀態啊！
如是循環(循復迴環)，**窮盡**(窮究研盡)「**陰界**」(四陰之界限)，「**八俱**」**非相。**	行者如是的循復迴環，由前(指色受想三陰)觀後(指行陰)，由後觀前，窮究研盡「四陰」的界限，則變成「八俱非相」(八俱非相有二種解譯，一指「四陰」皆具有「非有」與「非無」的性質，成為「八俱非相」。二指生前「四陰」具「非有非無」性質，死後「四陰」仍具「非有非無」性質，成為「八俱非相」)的邪見。
隨得一緣(在四陰中，隨便舉出一陰之所緣時)，**皆言死後**「**有相**」(非無相)、**無相**(非有相)。	只要在這「四陰」中，隨便舉出一「陰」其所緣的對象，皆言此「陰」於「生前」到「死後」都是「非無相」(有相)亦「非有相」(無相)。
又計諸行(萬法)，**性遷訛**(遷變變動。訛古通「吪」→行動：移動)**故，心發通悟**(通達了悟)，(認為)「**有、無」俱非，**(令)**虛**(無)、**實**(有)**失措**	此行者又邪計的一切諸行萬法，其性質都是「遷變訛動」的，內心發覺自己似已通達了悟(心中生出了邪通與假悟)，認為所有一切的

（失其所措，無處安置）。

諸行萬法都是「有、無」俱非(行者認為自己已體悟了「非有非無」的最高境界，但卻抓著「非有非無」之理，甚至導歸「斷滅論」。此猶如有人雖已體悟「空性」，卻又抓著「空性」不放。如《光讚經・卷六》云：空亦復空。故正確的理解應是「佛說『非有非無』，即非『非有非無』，是名『非有非無』。『非有非無』亦復「空」也)，令萬物的「虛(無)、實(有)」之理失其所措，亡失正見，一團混亂。

由此計度_{多く}（邪計測度），死後「俱非」(有無俱非)。「後際」(死後未來際之事)昏瞢_ヌ（同「昏蒙、昏曚」→昏暗蒙昧），無可道故。墮落外道，惑「菩提性」。是則名為第八外道，立五陰中死後「俱非」，心顛倒論(內心產生顛倒的謬論)。

由於這個「心魔」的作祟而「邪計測度」生前的「四陰」無論「有無」都是「俱非」(導歸斷滅論)，死後的「四陰」也是一樣，無論「有無」也都是「俱非」(導歸斷滅論)。所有「死後未來際」的事皆一片「昏暗蒙昧」，無理可說、無言可道，墮落到外道的「死後有無俱非」的邪論，從而也惑亂了「菩提真性」。這就叫做第八種外道所立的「五陰」死後「有無俱非」的邪見惡論，從內心生起顛倒的謬論。

⑼第九外道➜立五陰死後「斷滅」之心顛倒論

又三摩中，諸善男子，「堅凝」(堅固凝然不動)「正心」(正心不邪)，

這位在「三摩地」中修行的善男子，內心堅固於凝然不動的禪

(想陰十)**魔不得便，窮生類本**（窮究十二類眾生的生滅根本），**觀彼「幽清」**（十二眾生之行陰末那識的幽隱輕清），**常擾**（恆常攪擾）**動元**（為一切變動根元）。	定光明中，正心不邪，不起任何的「貪求」，因此十類「想陰」天魔已不能在他身上得破壞之便。這時他方得開始「精心研習」妙明真心，去窮究十二種眾生類的「行陰」生滅根本，觀察十二類眾生「行陰末那識」的「幽隱輕清」及「恆常紛擾變動」的根元。
於「後後無」（於「行陰」念念生滅之處，以為最終將歸「空無斷滅」的），**生計度**（邪計測度）**者，是人墜入「七斷滅論」。**（生於七處「四大部洲、天人（六欲天）、初禪天、二禪天、三禪天、四禪天、四空處天」後，就歸於永遠斷滅）	此時行者若於「行陰」念念生滅之處生起「虛妄」的「邪計測度」，認為「行陰」最終將歸於「空無斷滅」，以為只要轉生到「人天七處」後，就會歸於「斷滅」，是人則將墜入外道「七種斷滅」的邪論。
①**或計「身」滅**（死後身體斷滅）。（於四大部洲及六欲天）	①此人或計轉生於「四大部洲」及「六欲天」死後，身體當歸於「斷滅」。
②**或「欲盡」滅。**（初禪➜離生喜樂地）	②或計轉生於「欲盡」之「初禪天」死後，身體當歸於「斷滅」。
③**或「苦盡」滅。**（二禪➜定生喜樂地）	③或計轉生於「苦盡」之「二禪天」死後，身體當歸於「斷滅」。

④或「極樂」滅。(三禪→離喜妙樂地)

④或計轉生於「極樂」之「三禪天」死後，身體當歸於「斷滅」。

⑤或「極捨」滅。(四禪→捨念清淨地)

⑤或計轉生於「極捨」之「四禪天」，乃至「四空處天」死後，身體當歸於「斷滅」。

如是循環，窮盡「七際」(「四大部洲、天人【六欲天】、初禪天、二禪天、三禪天、四禪天、四空處天」)，現前銷滅(「色、受、想、行」四陰皆消滅，則於人天七處後，亦歸消滅)，滅已無復(滅盡後不會再有復生的機會，乃完全的斷滅)。

此行者如是循環推論，在轉生窮盡於「人天七處」的邊際後，便妄計現前之法(包括「色、受、想、行」四陰及人天七處)悉歸於「銷亡滅盡」，在「滅盡」後永遠不會再有「復生」的機會，乃完全的斷滅。

由此計度臸(邪計測度)，死後「斷滅」，墮落外道，惑「菩提性」。是則名為第九外道，立五陰中死後「斷滅」，心顛倒論(內心產生顛倒的謬論)。

由於這個「心魔」的作祟而「邪計」測度，人在死亡後一切皆歸於「斷滅」，墮落到外道的「死後完全斷滅」的邪論，從而也惑亂了「菩提真性」。這就叫做第九種外道所立的「五陰」死後「完全斷滅」的邪見惡論，從內心生起顛倒的謬論。

⑩第十外道→立五陰有「五處現在的涅槃」心顛倒論

又三摩中，諸善男子，「堅

這位在「三摩地」中修行的善男

凝」(堅固凝然不動)**正心**(正心不邪)，
(想陰十)**魔不得便，窮生類本**
(窮究十二類眾生的生滅根本)，**觀彼**
「**幽清**」(十二眾生之行陰末那識的幽隱輕
清)，**常擾**(恆常攪擾)**動元**(為一切變
動根元)**。**

於「**後後有**」(於「行陰」念念生滅之處，
以為最終將歸「真實存有」的)，**生計度**
(邪計測度)**者，是人墜入**「**五
涅槃**」**論。**

①**或以**「**欲界**」(欲界天)**為**(真)**正
「轉依**(āśraya-parivṛtti 轉捨生死，成為
涅槃所依的境界)**，觀見**「**圓明**」(欲
界天圓滿光明)**，生愛慕故。**

②**或以**「**初禪**」(以初禪為涅槃)**，性**

子，內心堅固於凝然不動的禪
定光明中，正心不邪，不起任何
的「貪求」，因此十類「想陰」天魔
已不能在他身上得破壞之便。
這時他方得開始「精心研習」妙
明真心，去窮究十二種眾生類
的「行陰」生滅根本，觀察十二
類眾生「行陰末那識」的幽隱輕
清」及「恆常紛擾變動」的根元。

此時行者若於「行陰」念念生滅
之處生起「虛妄」的「邪計測度」，
認為「行陰」最終將歸於「真實存
有」，是人則將墜入外道計執「欲
界、色界」有「五處皆是究竟涅
槃」的邪論。

①其中有的行者或以「欲界六
天」作為真正轉「生死」成「涅槃」
之處。此乃因行者以所得的
「天眼」去「觀見」欲界諸天的
「圓滿光明」相，因而心生「歡
喜愛慕」，遂妄計「欲界六天」為
「涅槃」真境。

②有的行者或以「初禪天」之「離

無憂故。（初禪之性乃無「苦」憂→初禪離「苦受」）	生喜樂地」為「涅槃」真境。因其無有「苦憂」，苦惱不逼。（如《楞嚴經‧卷九》云：「一切苦惱所不能逼……名為初禪」）
③**或以「二禪」**（以二禪為涅槃），**心無苦故。**（二禪之心乃無「憂」苦→二禪離「憂受」）	③有的行者或以「二禪天」之「定生喜樂地」為「涅槃」真境。因其無有「憂苦」，憂愁不逼。（如《楞嚴經‧卷九》云：「一切憂愁所不能逼……名為二禪」）
④**或以「三禪」**（以三禪為涅槃），**極悅隨故。**（三禪之心得最極喜悅及大隨順→三禪離「樂受」）	④有的行者或以「三禪天」之「離苦妙樂地」為「涅槃」真境。因其得「最極喜悅」及「得大隨順」。（如《楞嚴經‧卷九》云：「具大隨順，身心安隱得無量樂……名為三禪」）
⑤**或以「四禪」**（以四禪為涅槃），**苦樂二亡，不受「輪迴生滅」性故。**（→四禪離「苦、樂」受）	⑤有的行者或以「四禪天」之「捨念清淨地」為「涅槃」真境。因其「苦樂」雙亡，「三災」不及，便以為不再受「輪迴」之「生滅性」已證得「不生滅性」故，遂計「四禪天」為涅槃界。（如《楞嚴經‧卷九》云：「一切世間諸苦樂境所不能動……有所得心功用純熟，名為四禪」）

迷「有漏天」，作「無為」(無為的涅槃果報)解，「五處」安隱(安然平穩)，為「勝淨依」(最殊勝清淨所依之處)。如是循環(循往復環)，「五處」究竟(五處為最究竟之境)。

以上皆是行者迷失在「有漏、有為」生死的「欲界、色界」諸天，將之誤作是「無為涅槃」果報之解，將這「五處」當作是最殊勝清淨所依止之處。如是反復的循環論證推究(由劣向勝推，如以「欲界天」而推證「初禪天」，再以「初禪」去推證「二禪天」等)而妄言這「五處」皆已達究竟「涅槃」之無上極果。

由此計度※(邪計測度)，「五現涅槃」(五處皆為現在的涅槃)，墮落外道，惑「菩提性」。是則名為第十外道，立五陰中「五現涅槃」，心顛倒論(內心產生顛倒的謬論)。

由於這個「心魔」的作祟而「邪計測度」現前這「五處」皆是「涅槃」真境，墮落到外道的「五處涅槃」邪論，從而也惑亂了「菩提真性」。這就叫做第十種外道所立在「五陰」中有「五種現證涅槃果位」的邪見惡論，從內心生起顛倒的謬論。

阿難！如是十種「禪那」(dhyāna)狂解，皆是「行陰」用「心」交互(「正定禪觀心」與「行陰妄想心」兩相交戰，互為勝負)，故現斯悟(狂悟；邪悟)。

阿難！像這十種於「禪那」正定中所顯現出的「狂解邪悟」境界，都是行者欲以「定力」突破「行陰」時，在「正定禪觀心」與「行陰妄想心」兩相交戰、互為勝負時所現出來暫時的「狂解邪悟」境界。

眾生「頑迷」(頑鈍癡迷)，不自「忖量」(思忖考量)，逢此「現前」(十種行陰境界現前)，以迷為解，自言「登聖」，「大妄語」成，墮「無間獄」。	由於眾生「頑鈍癡迷」，不能以「正念」去「忖度思量」它，在逢遇這十種「行陰」狂悟境界顯現在前時，迷失了自我，不能解悟它，還聲稱自己已證入了「聖境」。這就是「未證言證、未得謂得」之罪，成就了「大妄語」，最終將墜入「無間地獄」，受無量苦。
汝(阿難)等必須將「如來語」，於我滅後傳示(宣傳開示)末法，遍令眾生覺了(覺悟明了)斯義。無令「心魔」(「心魔」指前六識。「見魔」指第七識)自起深蘗(蘗為「孽」的俗字→罪深孽重)。保持(保護守持)覆護(覆庇護衛)，消息(消除息滅)邪見(邪惡知見)。	你們應當依照我佛如來的教誨，在如來滅度後的「末法世代」中，宣傳開示這個法義，普令所有的眾生都能「覺悟明了」這個道理。不要讓自己的「心魔」生起「狂解」，從而造「大妄語」之深巨罪孽。你們還要「保護守持」正道、「覆庇護衛」真正的修行者，「消除息滅」種種顛倒的「邪惡知見」。
教(教導)其身心「開覺」(開悟覺醒)真義，於無上道不遭枝岐(橫枝岐路之誤)，勿令心祈(心中只祈求)「得少為足」。作大覺王(大覺法王)清淨標指(標軌指南)。	教導眾生的身心皆能「開悟覺醒」真實的義理，於無上佛道上不再遭遇「橫枝岐路」之誤，並勿令其心中只祈求「得少為足」之修行念頭。汝等須作佛陀大

	覺的法王菩薩，成為人天「清瑩潔淨」的標軌指南。

卷十【十～2】識陰十種「邪執」➔識陰滅盡則超身內之「命濁」

原文	白話
註:「識陰」若達究竟的滅盡,則證大乘的「八信、九信、十信」位,或小乘的「聲聞、辟支佛(緣覺、獨覺)」位。以上只是就「理論」來說,其中仍有「深淺」之差別,故亦非「定法」。「五陰」全部滅盡後,則開始往「十住、十行、十迴向、四加行、十地、等覺、妙覺」的階位繼續修行。	(明‧廣莫《楞嚴經直解‧卷十》云:「元澄」指「識陰」說,「第八賴耶識體」澄湛不動,為「轉識」之本,故稱「元澄」。(詳 CBETA, X14, no. 298, p. 870, c)。 明‧憨山 德清《楞嚴經通議‧卷十》云:以此「五陰」最初生起,從「阿賴耶識」變起「見、相」二分,以此「色、心」二法和合而成「五陰」之眾生,故云「生因識有」。(詳 CBETA, X12, no. 279, p. 656, c)。 明‧錢謙益《楞嚴經疏解蒙鈔‧卷十》云:(〔合解云〕第五妄想,即「賴耶識陰」也。「精明」等,同前「識精元明」,見聞覺知,即六根)。〔二楞云〕「精明」即前文一「精明」也。湛不搖處,即湛若止水,皆指「第八識」也)。(詳 CBETA, X13, no. 287, p. 810, a)。 明‧錢謙益《楞嚴經疏解蒙鈔‧卷十》云:此「湛了見精」,非是真見,以「賴耶」識體,無覆無記,望如恬靜,中串習幾。(詳 CBETA, X13, no. 287, p. 810, c)。 清‧通理《楞嚴經指掌疏‧卷十》云:「令不遺失者,則是「湛然明了」之「賴耶識」內一分無明,故曰「罔象」。(詳 CBETA, X16, no. 308, p. 343, a)。 清‧劉道開《楞嚴經貫攝‧卷十》云:「識陰」即首

卷所謂「見精明元」也，蓋「阿賴耶識」已切近
紗毀 真如性，但尚有二種同別妄見，故日「未
圓」耳。(詳 CBETA, X15, no. 303, p. 547, b)。)

阿難！彼善男子，修三摩
地，「行陰」盡(滅盡)者，諸世
間性，「幽清」(十二類眾生行陰的幽
隱輕清)擾動(恆常攪擾變動)，同分
(nikāya-sa-bhāga 眾同分→指眾多有情得同
等類似果報之因)生機，倏又 然(快
速)隳ㄆ 裂(漢字的「墮」若讀音為ㄆ 」則
通「隳」字。據《永樂北藏》、《高麗藏》、《乾
隆藏》、《頻伽藏》本處皆作「隳」字→隳壞碎
裂)。

阿難！這個修「首楞嚴三摩提」
(首楞嚴三昧)的善男子，已滅盡了
「行陰」。所有諸世間的生滅之
性，尤其是十二類眾生「行陰」
的「幽隱輕清、紛擾變動」現象，
這些有情眾生共同有分的「生
滅之機」(指「行陰」)便倏忽頓然而快
速的「隳壞碎裂」。

(行陰為)沉細(深沉微細)綱紐(綱要樞
紐)，補特伽羅(pudgala 人；眾生；數
取趣→為輪迴轉生之主體)酬業(酬償宿
業)深脈(深密命脈；深沉脈絡→喻行陰)，
感應(輪迴的因果感應)懸絕(懸空斷絕
→行陰已盡，不再轉世受生)。

「行陰」為有情生命「深沉微細」
的一種「綱要樞紐」，此時所有
「數度往返輪迴」的「補特伽羅」
眾生，其「酬償宿業」的深密命
脈「行陰」已斷(「行陰」造業後將隨著「識
陰」去投生轉世，故「行陰」為「識陰」酬償宿業的
一種微細難知、深沉的脈絡)，故導致發生
輪迴的「因果感應」已經「懸空斷
絕」，生命便不再轉世投生(「行陰」
為生命的樞紐，今「行陰」既破，則脈斷命絕，因
亡果喪，便不再轉世受生)。

於「涅槃天」（涅槃性天），將大「明悟」（明達覺悟），如雞「後鳴」（最後的鳴啼），瞻顧（瞻望回顧）東方已有「精色」（精鮮明亮的色澤）。	當此之時，行者於「涅槃性天」（眾生不生不滅的真如佛性）將獲證大「明達覺悟」，此刻情景猶如「雄雞」於天微明亮時做最後的「鳴啼」，此時行者「瞻望回顧」東方，已有「精鮮明亮」的色澤出現，但仍未獲究竟的「大明悟」（以前為「四陰」所覆，故輪迴生死，今「行陰」已盡，「識陰」顯發，如同雞鳴五更，已見東方曉色，曙光初升）。
六根「虛靜」（虛明寂靜→受陰滅盡故虛。想陰滅盡故靜），無復「馳逸」（向外奔馳放逸→行陰滅盡故不馳逸），內外（內根外境）湛明（湛然光明），入「無所入」（無所入之境）。	此時的「六根」已不受「外六塵」所染，故呈現出一片的「虛明寂靜」，其心已無復向外去「奔馳放逸」，所以其「內六根」與「外六塵」已達「湛然光明」之用，內不見「根」，外不見「塵」，能入「無所入」之境。
深達（深切通達）十方十二種類「受命元由」（各自受命、投生轉世的元由來），觀由（觀察生命之元由）執元（執持為生命之本元真心），諸類（十二類眾生）不召（不能召引去輪迴受生）。	從而能「深切通達」十方十二種類眾生「各自受命、投生轉世」的根元由來，皆是為「第八阿賴耶識」之作用。行者雖能觀見「識陰」為「生命之元由」，卻執著此「識陰」就是真實生命之「本元真心」。此時行者的「識陰」雖未破，

	但「行陰」已破，業報不牽，故諸「十二類眾生」已不能召引他去「輪迴受生」。
於十方界，已獲其「同」(共同的生命根元)，「精色」(識陰阿賴耶現前，如天初亮有精明之色)不沉(不會再向下沉淪)，(識陰)發現(已發明顯現)幽秘(幽暗隱祕)。此則名為「識陰」區宇(區域範圍)。	他於十方界中已獲證「識陰」為其「共同的生命根元」(十方世界、十二類眾生皆是「識陰」所緣現)，此時的「識陰」(阿賴耶識)有如天初亮的「精明之色」，不再「沉溺汩沒」於「無明煩惱」而向下淪墮。他的「識陰」已逐漸「發明顯現」出來，從原本處於「幽暗隱祕」處而展露出光明，但行者此時乃無法將「識陰」滅盡，這就叫做真心被「識陰」所覆蓋的區域範圍。
若於「群召」(十二類群生的業果感召)已獲「同」(共同的生命根元→識陰阿賴耶)中，銷磨(銷鎔磨煉)六門(六根門頭)，「合、開」成就(六根當一根用→合成就。一根當六根用→開成就)，「見、聞」通隣(互通隣接)互用清淨(六根互用，清淨自在)。	此行者如果能於「十二類群生」的「業果感召」中已獲得「共同的生命根元」(指「識陰阿賴耶」)，再於其中去精進用功「銷鎔磨煉」六根的差別相用，進而獲得「六根能當一根用」的「合成就」及「一根能當六根用」的「開成就」，其「見、聞、覺(含「鼻、舌、身」)、知」六用能「互通隣接」而無隔障，六根能「互相使用」而清淨自在。

十方世界及與身心，如「吠瑠璃」(vaidūrya)內外明徹(內身外境皆明亮清澈)，名「識陰」盡(滅盡)。

此時「外器界」的「十方世界」與自我「身心」的有情世界，一切「依報、正報」，皆如晶瑩無疵的「瑠璃」一樣，內身外境都是「明亮清徹」，這叫做滅盡「被識陰所覆蓋」的境界。

是人則能超越「命濁」。觀其所由(識陰阿賴耶發生的原由)，「罔象(同「罔像」→虛無)虛無，顛倒妄想」以為其本。

「識陰」既破(正確應說「照見:觀照」識陰為空，並非「滅」識為「空」也)，此人就能超越由「第八識原同為一精明體」與「六根之精發生同異」的互相「交織」下而妄成的身內「命濁」。由此觀照，可知「識陰」所發生的原因是以「罔象虛無」(「識陰」本無相，其體本自空，若於一念中生起無明妄動，此為「罔象」。「識陰」為真妄和合，非一非異，此為「虛無」)的「顛倒」妄想為其根本。

❶第一邪執→立「所得心」成「所歸果」

1墮「因、所因」之邪執→生外道種

阿難當知:是善男子，窮諸行空(已窮盡行陰而至於「空」的境界)，於識還元(還要返還「識海」的元位→因行陰滅盡，識陰阿賴耶正顯露時)。已滅「生滅」(行陰末那識的遷流生滅作用)，而於「寂滅精妙」(精微奧妙的寂滅境界)未圓(未達到圓滿的程度)。

阿難!這個修「首楞嚴三摩提」(首楞嚴三昧)的善男子，已窮盡諸「行陰」而至於「空」的境界，還要將剛顯露的「識陰阿賴耶」讓它「返本還元」到「寂滅精妙」的境界(因行陰已滅盡，識陰阿賴耶正顯露時)。雖然他已滅盡「行陰」末那

識的「遷流生滅」之相，然而對於「識陰」具有「寂滅」精微奧妙的境界仍未達到圓滿的程度，仍為「識陰」所覆蓋住他的「真心」。

能令己身，「根隔」(六根的隔礙)**合開**(合六根為一根之用。開一根為六根之用)**，亦與十方諸類**(一切種類)**通覺**(融通合一的見聞覺知)**；覺知**(和一切眾生見聞覺知)**通淴**(融通吻合)**，能入「圓元」**(前四陰滅盡，終歸於「識陰阿賴耶」圓滿本元之境)**。**

此時他已能令己身「六根」的「隔礙」消融，達到「六根能當一根用」的「合成就」及「一根能當六根用」的「開成就」，亦能與十方諸十二類眾生的「見聞覺知」融通，並和合成為一個「見聞覺知」；既然能與眾生的「見聞覺知」融通吻合，此人便能入於「識陰阿賴耶」圓滿本元(圓妙覺元)之境。

若於「所歸」(將識陰阿賴耶「圓元」之境認作最終所歸的真實處)**，立「真常因」**(妄執此「識陰阿賴耶」為至真常存之因)**，生勝解者**(妄生此為最殊勝的見解)**。**

這時假若將「識陰阿賴耶」的「圓妙覺元」之境認作是最終所歸依的「真實處」，妄立此「識陰阿賴耶」為「至真常存」的「實境」之因，並妄生此為最殊勝的見解。

是人則墮「因、所因」執(妄推以為「識陰阿賴耶」為真實可依及能依之心，以及所依之境)**，「娑毘迦羅」**(kapila

這人就會墮入「因、所因執」(妄推以為「識陰阿賴耶」為真實可依及能依之心，以及所依之境)，與黃髮外道「娑毘迦羅」

黃髮外道，彼立冥諦等二十諦)**所歸「冥諦」成其伴侶，迷佛菩提，亡失「知見」**(正知正見)**。**

所歸依的「二十個冥諦」一樣的邪見，並成為這些外道的「伴侶」，從而迷惑了「菩提佛果」，亡失了佛的「正知正見」。

是名第一立「所得心」(真實有所得之心)**，成「所歸果」**(真實有所歸之果)**，違遠**(違悖遠離)**圓通**(圓滿通達)**，背**(背棄)**「涅槃城」，生「外道」種**(轉生成為外道的種性)**。**

這叫做「識陰」的第一種邪執，非因計因，妄立有個「真實所得的心」，成為「真實有所歸依的果位」。違悖遠離了「圓滿通達之道」，背棄了佛的「涅槃」城(此行者本來於「涅槃天」將大明悟，卻又背離而去。本來覺心將發，成為佛子，卻反成為外道種)，將來當轉生成為「外道」的種性。

⑵第二邪執➜立「能為心」成「能事果」

2墮「能、非能」之邪執➜生我遍圓種

阿難！又善男子，窮諸行空(已窮盡行陰而至於「空」的境界)**。已滅「生滅」**(行陰末那識的遷流生滅作用)**，而於「寂滅精妙」**(精微奧妙的寂滅境界)**未圓**(未達到圓滿的程度)**。**

阿難！這個修「首楞嚴三摩提」(首楞嚴三昧)的善男子，已窮盡諸「行陰」而至於「空」的境界。雖然他已滅盡「行陰」末那識的「遷流生滅」之相，然而對於「識陰」具有「寂滅」精微奧妙的境界仍未達到圓滿的程度，仍為「識陰」所覆蓋住他的「真心」。

若於「所歸」(將識陰阿賴耶「圓元」之界認作最終所歸的真實處)覽為自體(覽取為我的自體)，盡虛空界十二類內所有眾生，皆我身中一類流出(從我的「賴耶識體」一類而分流出去)，生勝解者(妄生此為最殊勝的見解)。	這時假若將「識陰阿賴耶」的「圓妙覺元」之境認作是最終所歸依的「真實處」，並覽取此「識陰阿賴耶」為「我的自體」，盡虛空遍法界內所有的「十二類」眾生，都是從我身中的「賴耶識體」一類而分流出去(我為能生，眾生為我生，此與「大自在天」一樣的邪見)，妄生此為最殊勝的見解。
是人則墮「能、非能」執，「摩醯首羅」(Maheśvara 大自在天→色界天魔)現無邊身，成其伴侶，迷佛菩提，亡失「知見」(正知正見)。	這人就會墮入「能、非能」執(妄推我能生出彼眾生，而彼眾生並不能生我。或譯作：妄推以為我真的能生彼→能執。其實不是真的由我而能生彼，乃非自生，亦非他生、共生、無因生也→非能)，將感召色界天魔「摩醯首羅大自在天」(有三眼、八臂手執白拂，騎大白牛，優遊自在，還能現無邊眾生身形)為之現「無邊身」而攝化此行者，並成為這些天魔外道的「伴侶」，從而迷惑了「菩提佛果」，亡失了佛的「正知正見」。
是名第二立「能為心」(能生眾生之心)，成「能事果」(能生眾生的果報)，違遠(違悖遠離)圓通(圓滿通達)，背(背棄)「涅槃城」，生大	這叫做「識陰」的第二種邪執，妄立「識陰」能作為「生出十方眾生」之因心，並成就「能生眾生的事相果報」。違悖遠離了「圓滿

慢天(Maheśvara 大自在天→色界天魔的摩醯首羅。執我能生萬物，輕慢一切)，我「遍圓」種(我能周遍一切，能圓攝一切眾生)。

「通達之道」，背棄了佛的「涅槃」城，將來當轉生到色界的「大慢天魔」羅醯首羅大自在天，成為「我能周遍一切，能圓攝一切眾生」的外道種性。

③第三邪執➜立「因依心」成「妄計果」

3墮「常、非常」之邪執➜生倒圓種

又善男子，窮諸行空(已窮盡行陰而至於「空」的境界)，已滅「生滅」(行陰末那識的遷流生滅作用)，而於「寂滅精妙」(精微奧妙的寂滅境界)未圓(未達到圓滿的程度)。

阿難！這個修「首楞嚴三摩提」(首楞嚴三昧)的善男子，已窮盡諸「行陰」而至於「空」的境界。雖然他已滅盡「行陰」末那識的「遷流生滅」之相，然而對於「識陰」具有「寂滅」精微奧妙的境界仍未達到圓滿的程度，仍為「識陰」所覆蓋住他的「真心」。

若於「所歸」(將識陰阿賴耶「圓元」之界認作最終所歸的真實處)，有所歸依(為我所歸依之真實處)。自疑身心從彼(識陰阿賴耶)流出(真實流出)，十方虛空咸其(識陰阿賴耶)生起(真實的生起)。即於「都起」(都於識陰

這時假若將「識陰阿賴耶」的「圓妙覺元」之境認作是最終所歸依的「真實處」，覺得一定有個「所歸依之處」。於是自生懷疑我的「身心」就是從彼「識陰阿賴耶」真實的流出，甚至「十方虛

阿賴耶此處而生起），**所宣流地**(識陰阿賴耶爲宣傳流布之地)，作「**真常身**」(識陰阿賴耶爲永恆常住的眞身)，無「**生滅**」解。	空」都是從「識陰阿賴耶」中真實的生起。即認為所有「身心」及「十方世界」都是由「識陰阿賴耶」處真實的生起，「識陰阿賴耶」就是「身心」及「十方世界」所宣傳流布之地，「識陰阿賴耶」將作為永恆真常之身，永無「生滅現象」的「真實常住」之邪解(此行者不知「識陰阿賴耶」是「不生不滅」與「生滅」和合，具有「非一非異」的性質)。
在「**生滅**」(識陰阿賴耶在「凡位」中，仍是有變異生滅的)**中，早計「常住」**(早已妄執識陰阿賴耶爲常住不變)。**既惑**(迷惑)「**不生**」(於「不生不滅的常住性」)，**亦迷「生滅」**(生滅之法)，**安住「沉迷」，生勝解者**(妄生此爲最殊勝的見解)。	「識陰阿賴耶」在「凡位」中，仍是有變異「生滅」的，此行者不知，卻早已妄執「識陰阿賴耶」為「常住不變」。此行者既迷惑於「不生不滅」之真實義，也不明白現前的「生滅」之義，卻安住「沉迷」在這「妄境」中，妄生此為最殊勝的見解。
是人則墮「**常、非常**」執，計(屬妄執邪計的)「**自在天**」(Para-nirmita-vaśa-vartin 他化自在天➔欲界天魔)，**成其伴侶。迷佛菩提，亡失「知見**」(正知正見)。	這人就會墮入「常、非常」執(妄推「識陰阿賴耶」是真實「常住」永恆的，而「所生的萬物」則屬於「非常」的。或譯作：妄推「識陰阿賴耶」是真實常住永恆的➔常執。其實識陰阿賴耶亦是眾因緣而起的「非常、非斷、非恒、非一」➔非常)，且妄執邪計「欲界天魔」的「他化

自在天」為萬物生起之因，並成為這些天魔外道的「伴侶」，從而迷惑了「菩提佛果」，亡失了佛的「正知正見」。

是名第三立「因依心」(能生我身心及十方世界之因)**，成「妄計果」**(妄計「識陰阿賴耶」為常住的真身果)**，違遠**(違悖遠離)**圓通**(圓滿通達)**，背**(背棄)**「涅槃城」，生「倒圓」種**(將顛倒妄計作為是圓通的種性)**。**

這叫做「識陰」的第三種邪執，妄立「識陰」為「能生我身心及十方世界」之因，及為我所「歸依」之心，因此成就「妄計」識陰為「永恆常住的真身」之果，違悖遠離了「圓滿通達之道」，背棄了佛的「涅槃」城，將來當轉生成為外道「將顛倒妄計作為是圓通」的種性。

④第四邪執 ➜ 計「圓知心」成「虛謬果」

4 墮「知、非知」之邪執 ➜ 生倒知種

又善男子，窮諸行空(已窮盡行陰而至於「空」的境界)**，已滅「生滅」**(行陰末那識的遷流生滅作用)**，而於「寂滅精妙」**(精微奧妙的寂滅境界)**未圓**(未達到圓滿的程度)**。**

阿難！這個修「首楞嚴三摩提」(首楞嚴三昧)的善男子，已窮盡諸「行陰」而至於「空」的境界。雖然他已滅盡「行陰」末那識的「遷流生滅」之相，然而對於「識陰」具有「寂滅」精微奧妙的境界仍未達到圓滿的程度，仍為「識陰」所覆蓋住他的「真心」。

若於「**所知**」(所觀知的識陰阿賴耶)，**知**「**遍圓**」(知道識陰阿賴耶是無處不遍圓的)**故，因**「**知**」(因「識陰阿賴耶」是有知覺的)**立**「**解**」(立了其它萬物亦是有真實知覺的邪解)。	此時行者若於所「觀知」的「識陰阿賴耶」，知道「識陰阿賴耶」的性質及作用是「無處不遍圓」的，因「識陰阿賴耶」是有知覺的，便妄立了其它萬物亦是有「真實知覺」的邪解。
十方草木皆稱「**有情**」(草木若有精靈或微細生物、細菌所依附，則亦可能具有知覺)**，與人無異。草木為人，人死還成十方草樹，無擇**(揀擇差別)**遍知**(有情無情皆普遍有真實的知覺)**，生勝解者**(妄生此為最殊勝的見解)。	此行者便對外宣稱「十方花草樹木」都是「有情眾生」，與人類無異。十方的花草樹木在死亡後就會「轉生」成為「人類」，人類死亡後也會「轉生」而成為「十方的花草樹木」。有情眾生與無情的花草樹木會互相「輪迴轉世」，沒有任何的揀擇差別。一切的「有情」與「無情」皆普遍有「真實的知覺」，妄生此為最殊勝的見解。
是人則墮「**知、無知**」**執，婆吒**(Vasiṣṭha 婆斯仙人)**、霰尼**(senika 西尼、先尼外道)**執一切覺**(妄執一切有情、無情皆有真實知覺)**，成其伴侶。迷佛菩提，亡失**「**知見**」(正知正見)。	這人就會墮入「知、無知」執(以「識陰阿賴耶」為「有知覺」而妄推「花草樹木」亦具有真實的「知覺」，所以原本「無知覺」之「花草樹木」亦是能修行成佛的。或譯作：妄推以為無情亦是有真實知覺的→知執。其實無情是無真實知覺的→無知)，將與「婆吒、霰尼」這兩種外

道，計執「有情」與「無情」皆具有「真實的知覺」一樣，並成為這些外道的「伴侶」，從而迷惑了「菩提佛果」，亡失了佛的「正知正見」。

是名第四計（邪執計度）**「圓知心」**（有情無情皆有真實知覺心，且是圓滿普及的），**成「虛謬果」**（虛無荒謬之果），**違遠**（違悖遠離）**圓通**（圓滿通達），**背**（背棄）**「涅槃城」，生「倒知」種**（以「無知」為「有知」的顛倒種性）。

這叫做「識陰」的第四種邪執，妄立「識陰」為「無處不遍圓」，且具有真實的「知覺」心，所以「無情」也一樣會有真實的「知覺」心，因此成就「虛無荒謬」之果，違悖遠離了「圓滿通達之道」，背棄了佛的「涅槃」城，將來當轉生成為「顛倒無知為有知」的外道種性。

⑤第五邪執➡非因，妄計為因。非果，望冀為果

5 墮「生、非生」之邪執➡生顛化種

又善男子，窮諸行空（已窮盡行陰而至於「空」的境界），**已滅「生滅」**（行陰末那識的遷流生滅作用），**而於「寂滅精妙」**（精微奧妙的寂滅境界）**未圓**（未達到圓滿的程度）。

阿難！這個修「首楞嚴三摩提」（首楞嚴三昧）的善男子，已窮盡諸「行陰」而至於「空」的境界。雖然他已滅盡「行陰」末那識的「遷流生滅」之相，然而對於「識陰」具有「寂滅」精微奧妙的境界仍未達到圓滿的程度，仍為「識陰」

所覆蓋住他的「真心」。

若於「圓融」(識陰阿賴耶圓滿融通無礙)**，(六)根互用中，已得「隨順」**(隨心順意)**，便於「圓化」**(四大的圓融變化中)**，(妄推)一切**(皆由此四大)**發生。**

此時行者若已處於「識陰阿賴耶」的「圓滿融通無礙」中，能讓「六根」獲得互相為用，進而於中已獲得「隨心順意」之境，如此便於「四大」的圓融變化中，妄推一切諸法皆由此「四大」所發生。(或譯作：此行者以為這種「圓融」現象是由萬物「造化」來的，就開始妄執一切萬象皆由「四大」所發生，並認「四大」為永恒常住不變)

求「火」光明，樂「水」清淨，愛「風」周流，觀「塵」(地)成就。各各崇事(隨著自己的偏執而崇拜事奉)**，以此「群塵」**(四大塵物)**，發作本因**(為發生造作一切萬法的根本原因)**，立「常住」解**(建立四大為真實常住不變的邪解)**。**

於是便開始向外尋逐，或求於「火大」之「光亮明朗」性，或樂於「水大」之「清涼純淨」性，或愛「風大」之「周遍流動」性，或觀「地塵」(地大)之能「成就諸物」性。此人於此「四大」各各(每一個;各自)皆予「崇拜事奉」，並以此「四大」整群的「塵物」作為「發生造作一切萬法」的根本原因，建立這個「能生、能造」的「四大」為「真實常住不變」的邪解(此處是建立「四大」為「能生萬物」的「真實常住不變」邪解，底下「識陰第六」則認為須將「四大」永遠的「壞滅」掉，讓它成為「斷滅」的「頑空」邪解)。

是人則墮「生、無生」執，諸迦葉波(Kāśyapa 族姓；飲光➔迦葉波仙人)并「婆羅門」(brāhmaṇa➔婆羅門仙人)，勤心(勤勞用心)役身(役使其身)，事火(事奉火神)崇水(崇拜水神)，求出生死，成其伴侶，迷佛菩提，亡失「知見」(正知正見)。

這人就會墮入「生、無生」執(執著「四大」為真實的「能生、能創造」出萬物，而四大的「自體」卻是永遠都「不會有任何的生滅」➔無生。或譯作：妄推以為四大為能生萬物之法，甚至凡聖因果亦由四大而生➔生執。其實四大並不能真實的「生」出萬物➔無生)，以此邪執謬見，將墮落於迦葉波、婆羅門」等仙人外道的境界。他們都是精勤用心，役使其身驅的去奉事「火神」、崇拜「水神」，並以「崇拜事奉」這四大神作為「求出離生死」的方法，並成為這些外道的「伴侶」，從而迷惑了「菩提佛果」，亡失了佛的「正知正見」。

是名第五計著(邪執計度)崇事(崇拜四大事物)，迷心從物(盲從四大無知之物)，立「妄」求因(非因計因)，求「妄」冀果(非果望果)，違遠(違悖遠離)圓通(圓滿通達)，背(背棄)「涅槃城」，生「顛化」種(顛倒事物生長變化之理的種性)。

這叫做「識陰」的第五種邪執，「崇拜事奉」這四大之物，迷於「真心」而盲從這「四大」無知之物，立這「四大」妄為「求出離生死」的正因。既已追求「妄因」，竟冀求能獲得「真果」，違悖遠離了「圓滿通達之道」，背棄了佛的「涅槃」城，將來當轉生成為「顛倒事物生長變化之理」的外道種性。

⑥第六邪執➔以虛無

心，成「空亡」之果

6 墮「歸、無歸」之邪執➔生斷滅種

又善男子，窮諸行空(已窮盡行陰而至於「空」的境界)，已滅「生滅」(行陰末那識的遷流生滅作用)，而於「寂滅精妙」(精微奧妙的寂滅境界)未圓(未達到圓滿的程度)。

阿難！這個修「首楞嚴三摩提」(首楞嚴三昧)的善男子，已窮盡諸「行陰」而至於「空」的境界。雖然他已滅盡「行陰」末那識的「遷流生滅」之相，然而對於「識陰」具有「寂滅」精微奧妙的境界仍未達到圓滿的程度，仍為「識陰」所覆蓋住他的「真心」。

若於「圓明」(識陰阿賴耶的圓滿光明)，計明(妄計識陰阿賴耶圓明)中虛(以虛無體性為最究竟歸依之地)，非々(古通「誹」➔誹謗;詆毀)滅(壞滅)群化(四大群塵所變化的一切自身與國土)。以「永滅」依，為所歸依(以「永滅群化」後的「頑空」為畢竟歸依之處)，生勝解者(妄生此為最殊勝的見解)。

「識陰阿賴耶」雖具有「圓滿光明」相，但此時的行者竟妄計執此「圓滿光明」相中的「虛無體性」為最究竟歸依之地，轉而欲「誹毀壞滅」一切由「四大群塵」所變化的自身與國土，以達灰泯燼滅、纖塵不立。並且以此「永遠壞滅由四大群塵所變化的自身與國土」後的「頑空」作為依止，以及作為畢竟「所歸依」之處，妄生此為最殊勝的見解(「識陰第五」是建立「四大」為「能生萬物」的「真實常住不變」

邪解，此「識陰第六」則認為須將「四大」永遠的「壞滅」掉，讓它成為「斷滅」的「頑空」邪解)。

是人則墮「**歸、無歸**」執，「**無想天**」(Asaṃjñisattvāḥ無想有情天，色界第四禪天的「第四天」)**中，諸「舜若多**」(śūnyatā 空性；虛空之神)**成其伴侶。迷佛菩提，亡失「知見」**(正知正見)。

這人就會墮入「歸、無歸」執(妄推以為「永遠壞滅由四大群塵所變化的自身與國土」後的「頑空」為畢竟「歸依」之處。其實所歸依之處乃「灰泯燼滅」之「頑空」境界，故所謂的「歸」其實是「無所歸」)，將感召外道婆羅門之最高涅槃處「無想天」(此處的色界「無想天」亦可說已含攝無色界的「非想非非想處天」)中諸多「舜若多」(虛空神)天眾，與其同類，並成為這些外道的「伴侶」，從而迷惑了「菩提佛果」，亡失了佛的「正知正見」。

是名第六「圓虛無心」(識陰於「圓滿光明」相中有個虛無體性心)**，成「空亡果」**(空亡無實之果)**，違遠**(違悖遠離)**圓通**(圓滿通達)**，背**(背棄)**「涅槃城」，生「斷滅」種**(斷滅之種性)。

這叫做「識陰」的第六種邪執，妄立「識陰」於「圓滿光明」相中有個「虛無體性心」為最究竟歸依之地，因而成就「空亡無實」之果，違悖遠離了「圓滿通達之道」，背棄了佛的「涅槃」城，將來當轉生成為「斷滅」的外道種性。

⑦第七邪執➔執著識陰為根元，立堅固妄想

7墮「貪、非貪」之邪執➔生妄延種

又善男子，窮諸行空（已窮盡行陰而至於「空」的境界），已滅「生滅」（行陰末那識的遷流生滅作用），而於「寂滅精妙」（精微奧妙的寂滅境界）未圓（未達到圓滿的程度）。

阿難！這個修「首楞嚴三摩提」（首楞嚴三昧）的善男子，已窮盡諸「行陰」而至於「空」的境界。雖然他已滅盡「行陰」末那識的「遷流生滅」之相，然而對於「識陰」具有「寂滅」精微奧妙的境界仍未達到圓滿的程度，仍為「識陰」所覆蓋住他的「真心」。

若於「圓常」（妄認「識陰阿賴耶」為真實的圓滿常住），固身（欲堅固其身）常住（使其常住），（色身）同于「精圓」（精湛圓明的識陰），長（永生）不「傾逝」（傾亡消逝），生勝解者（妄生此為最殊勝的見解）。

此時行者若將「識陰阿賴耶」所現的「湛然不動」體性，妄認為是真實的「圓滿常住」性，於是便去堅固己的「色身」，期望能和「識陰」一樣的永存常住，讓「色身」也能相同於「精湛圓明」的「識陰」，進而獲得長生而不「傾亡消逝」的仙人，妄生此為最殊勝的見解。

是人則墮「貪、非貪」執，諸「阿斯陀」（Asita 迦毘羅衛國之阿私多長壽仙人）求長命者，成其伴侶。迷佛菩提，亡失「知見」（正知正見）。

這人就會墮入「貪、非貪」執（妄推以為貪著「長生不死」就可以同「永恒常住」的「識陰阿賴耶」一樣。其實所貪求的「長生不死」並非是永恒的，故所謂的「貪」其實是「無可貪」的），將感召在迦毘羅衛國追求長壽不死的阿私多仙人，與其同類，並

成為這些外道的「伴侶」，從而迷惑了「菩提佛果」，亡失了佛的「正知正見」。

是名第七執著「**命元**」(「識陰阿賴耶」為長命的根元)，立「**固妄因**」(建立堅固幻妄色身之因)，**趣長**(趣求長生不老)**勞果**(貪戀塵勞果報)，**違遠**(違悖遠離)**圓通**(圓滿通達)，**背**(背棄)「**涅槃城**」，生「**妄延**」**種**(妄求延命之種性)。

這叫做「識陰」的第七種邪執，妄立「識陰阿賴耶」為「長命不死」的根元，建立了看似「堅固」實乃「虛妄」的色身之因，於是趣求長生不老，貪戀種種「塵勞」的果報，違悖遠離了「圓滿通達之道」，背棄了佛的「涅槃」城，將來當轉生成為「妄求延長壽命」的外道種性。

⑧第八邪執➡以邪思為因，立塵勞為果

8墮「真、非真」之邪執➡生天魔種

又**善男子，窮諸行空**(已窮盡行陰而至於「空」的境界)，**已滅「生滅**」(行陰末那識的遷流生滅作用)，**而於「寂滅精妙」**(精微奧妙的寂滅境界)**未圓**(未達到圓滿的程度)。

阿難！這個修「首楞嚴三摩提」(首楞嚴三昧)的善男子，已窮盡諸「行陰」而至於「空」的境界。雖然他已滅盡「行陰」末那識的「遷流生滅」之相，然而對於「識陰」具有「寂滅」精微奧妙的境界仍未達到圓滿的程度，仍為「識陰」所覆蓋住他的「真心」。

觀命互通（有情眾生生命均以「識陰阿賴耶」為主，同一體性，可互相通達），**卻留塵勞**（妄想而欲留住世間的塵勞諸事），**恐其銷盡**（銷滅怠盡）。**便於此際，坐蓮華宮**（以神通力坐在美麗的蓮華宮中），**廣化七珍**（多方變化七寶之珍），**多增寶媛**號（七寶和美女），**縱恣**（放縱恣情）**其心，生勝解者**（妄生此為最殊勝的見解）。

（據《宋版磧砂藏》、《永樂北藏》、《高麗藏》、《乾隆藏》、《房山石經》、《頻伽藏》、《大正藏》……等均作「縱恣」字，但自宋·戒環《楞嚴經要解·卷二十》中開始，卻另作「恣縱」字，後代著經者，亦多人從之。連圓瑛大師《楞嚴經講義》亦從之）

此時行者觀察到一切有情眾生的「生命元由」都是以「識陰阿賴耶」為主，大家同一體性，可互相通達。因此知道一切世間的「塵勞煩惱」，最終皆與「識陰」有關，「塵勞煩惱」在、「識陰之命」就在；「塵勞煩惱」亡、「識陰之命」亦亡。此時行者便生出妄想，忽然「退心」而欲留住世間的塵勞諸事，恐怕這些「塵勞」會銷滅怠盡，「識陰之命」亦隨著斷絕，無所依托。於是便於此際，以「神通力」（行者之「行陰」滅盡，「識陰」已現，一切皆能圓融變化，隨心所欲，能現神力）變現出一幢莊嚴華麗的蓮花宮殿，坐於其中，廣泛變化出七寶之珍，多多地增加「七寶奇珍」和「妖豔美女」，從此就「放縱恣情」於五欲的享樂，以為這是最終之「真常妙樂」境界，妄生此為最殊勝的見解。

是人則墮「真、無真」**執，**「**吒**典**枳**业**迦羅**（takki 愛染。kara 能作→能作愛染的欲界天魔）**成其伴侶。迷**

這人就會墮入「真、無真」執（妄推以為以為眾生的所有「識陰阿賴耶」為真實常住。其實眾生的所有「識陰阿賴耶」也是眾緣性空，亦

佛菩提，亡失「知見」(正知正見)。(據《宋版磧砂藏》、《永樂北藏》、《乾隆藏》、《房山石經》、《頻伽藏》等皆作「枳」字，只有《大正藏》、《高麗藏》作「抧」字)

是名第八發「邪思因」(以邪思縱慾為因)，立「熾塵果」(熾盛的愛染塵勞為果)，違遠(違悖遠離)圓通(圓滿通達)，背(背棄)「涅槃城」，生「天魔」種(不斷欲樂的禪修，終將成為天魔種性)。

⑨第九邪執➡以「圓精應心」為「寂滅果」

第九邪執雖已證入「聲聞」，但得少為足，中止於「化城」，不迴心向上，於本經楞嚴大定圓滿菩提之法中，亦屬「魔業」。《華嚴經》云「忘失菩提心，修諸善根，是為魔業」。

《摩訶般若波羅蜜經‧卷十三‧魔事品》云：「須菩提！當來世有善男子、善女人秉深般若波羅蜜而攀枝葉，取聲聞、辟支佛所應行經，當知是為菩薩魔事」。

非真實常住，故所謂的「真」其實是「無真」的)，將感召欲界愛染天魔「吒枳迦羅」，與其同類，並成為這些外道的「伴侶」(行者本欲出離塵勞，今一念生妄，反又留住塵勞，成為天魔的伴侶)，從而迷惑了「菩提佛果」，亡失了佛的「正知正見」。

這叫做「識陰」的第八種邪執，行者於禪定中突發「邪思」，以「縱慾」為因，成立了「熾盛」的「愛染塵勞」之果，違悖遠離了「圓滿通達之道」，背棄了佛的「涅槃」城，將來當轉生成為「天魔」的外道種性。

9 墮「定性聲聞」之計執→生纏空種

又善男子，窮諸行空（已窮盡行陰而至於「空」的境界），已滅「生滅」（行陰末那識的遷流生滅作用），而於「寂滅精妙」（精微奧妙的寂滅境界）未圓（未達到圓滿的程度）。

阿難！這個修「首楞嚴三摩提」（首楞嚴三昧）的善男子，已窮盡諸「行陰」而至於「空」的境界。雖然他已滅盡「行陰」末那識的「遷流生滅」之相，然而對於「識陰」具有「寂滅」精微奧妙的境界仍未達到圓滿的程度，仍為「識陰」所覆蓋住他的「真心」。

於「命」明中（於生命的根元「識陰阿賴耶」中，皆能了然明白），分別精麤（能分別出聖人是精微的變易生死，凡夫是粗漏的分段生死），疏決（疏通決擇）真偽（內教聖道之真，與外道諸法之偽），因果相酬（自相酬還）。唯求「感應」（感應道交，自了生死），背（背棄）清淨道（「一佛乘」實相的清淨大道）。

此行者於「十二類眾生」及「凡聖生命」的根元「識陰阿賴耶」，皆能了然明白其中的道理，能分別出「聖人」是精微的「變易生死」，「凡夫」則是麤漏的「分段生死」，能「疏通決擇」出內教聖道之「真」，與外道諸法之「偽」。所有的「世間法」和「出世間法」，皆依「因」感「果」的自相酬還、自作自受，故生起大厭離，急欲易「麤」為「精」、捨「偽」從「真」，速出三界。於是唯求「自我」的感應道交，自了生死，以致背棄

了「一佛乘」實相的清淨大道。

所謂見「苦」斷「集」(煩惱)**，證「滅」**(寂滅)**修「道」，居滅**(居住在小乘的寂滅化城)**已休，更不前進，生勝解者**(妄生此為最殊勝的見解)**。**

行者既然見「苦」而想斷煩惱之「集」，為證寂「滅」而精勤修「道」，但又居留於小乘的「寂滅」化城，得少為足，以為自己「所作已辦，生死已了」，不受後有。於是「停休」更不求前進，不肯「迴小向大」，再求「一佛乘」，妄生此為最殊勝的見解。

是人則墮「定性聲聞」(不發「迴小向大」之鈍根阿羅漢)**，諸無聞僧**(指前文只證四禪之無聞比丘assutavā-bhikkhu此類僧人)**增上慢者**(adhi-māna 因未證謂證，未得謂得，故名「增上慢」者)**，成其伴侶。迷佛菩提，亡失「知見」**(正知正見)**。**

這人就會墮入不能「迴小向大」沉空滯寂之「定性聲聞」中，與諸無「聞慧」的比丘僧，如過去僅獲「四禪天」卻狂謂已得「四果羅漢」的無聞比丘(他狂妄地聲稱自己已證到四果阿羅漢道，並謂只要入「第四禪」就等同入「涅槃」)，以及「未得言得，未證言證」的諸「增上慢者」為同類，並成為這些「非一佛乘」(如《摩訶般若波羅蜜經》云：「棄深般若波羅蜜而攀枝葉，取聲聞、辟支佛所應行經，當知是為菩薩魔事」。故站在「一佛乘」的角度來看「聲聞、辟支佛」，仍是「菩薩魔事」及「外道」種)的「伴侶」，從而迷惑了「菩提佛果」，亡失了佛的「正知正見」。

是名第九「**圓精應**(ㄧㄥ)**心**」(圓滿其專精求感應之因)，**成**「**趣寂果**」(成就「沉空趣寂」之定性聲聞小乘果)，**違遠**(違悖遠離)**圓通**(圓滿通達)，**背**(背棄)「**涅槃城**」，生「**纏空**」**種**(以小乘空寂為究竟，反為空寂所纏縛之種性)。

⑩第十邪執➜以「圓覺泅心」為「湛然圓明」之果

第十邪執雖已證入「緣覺、獨覺」(辟支佛)，但得少為足，中止於「化城」，不迴心向上，於本經楞嚴大定圓滿菩提之法中，亦屬「魔業」。
《華嚴經》云「忘失菩提心，修諸善根，是為魔業」。
《摩訶般若波羅蜜經·卷十三·魔事品》云：
「須菩提！當來世有善男子、善女人棄深般若波羅蜜而攀枝葉，取聲聞、辟支佛所應行經，當知是為菩薩魔事」。

10 墮「定性辟支佛」之計執➜生不「化、圓」種

這叫做「識陰」的第九種邪執，行者於禪定中為了圓滿其「易麁為精，捨偽從真，以求快速感應出三界」之因心，卻成就「沉空趣寂」之「定性聲聞小乘果」，違悖遠離了「圓滿通達之道」，背棄了佛的「涅槃」城，將來當轉生成為「以小乘空寂為究竟，反被纏縛於空寂」的種性。

(《佛說首楞嚴三昧經》云：
舍利弗！菩薩如是，以「辟支佛乘」入於「涅槃」，而不「永滅」……菩薩住此三昧……
作「須陀洹」，為生死水漂流眾生，不入「法位」。
作「斯陀含」，遍現其身，於諸世間。
作「阿那含」，亦復「來」還教化眾生。
作「阿羅漢」，亦常精進求學佛法。
亦作「聲聞」，以無礙辯為人說法。
作「辟支佛」，為欲教化因緣眾生，「示」入涅槃，三昧力故還復「出生」。
《佛說大般泥洹經·卷五》云：
善男子！如來正法滅盡之時，諸「辟支佛」，出興于世，開示教化無量眾生，立於正法尋即「滅度」，其實「長存」而不「永滅」，但諸眾生不能悉見。)

又善男子，窮諸行空（已窮盡行陰而至於「空」的境界），已滅「生滅」（行陰末那識的遷流生滅作用），而於「寂滅精妙」（精微奧妙的寂滅境界）未圓（未達到圓滿的程度）。

阿難！這個修「首楞嚴三摩提」（首楞嚴三昧）的善男子，已窮盡諸「行陰」而至於「空」的境界。雖然他已滅盡「行陰」末那識的「遷流生滅」之相，然而對於「識陰」具有「寂滅」精微奧妙的境界仍未達到圓滿的程度，仍為「識陰」所覆蓋住他的「真心」。

若於「圓融」（識陰阿賴耶圓滿融通無礙），清淨「覺明」（靈覺妙明），發研（發心研究）深妙（深妙之悟）。即「立涅槃」（以所悟深妙之境，立為當下即是涅槃之地），而不前進，生勝解者（妄生此為最殊勝的見解）。

此時行者若已處於「識陰阿賴耶」的「圓滿融通無礙」中，便能獲得清瑩潔淨的「本覺妙明」心，於是更發心研究而獲「深妙之悟」。彼人於是即立此「妙悟之境」作為究竟的「涅槃」之地，而於「菩提大道」上不再前進，停止於小乘的「涅槃」化城，不再求「真如不動」的寂滅場地，妄生此為最殊勝的見解。

是人則墮「定性辟支（pratyeka-buddha 緣覺、獨覺）」，諸「緣、獨」（緣覺、獨覺）倫（倫類），不迴心者（不肯迴心向大者），成其伴侶。迷佛菩提，亡失「知見」（正知正見）。

這人就會墮入「定性辟支佛」乘，因此會感召成為諸「緣覺、獨覺」之倫類，屬於不肯「迴心向大」者，並成為這些「非一佛乘」（《摩訶般若波羅蜜經》云：「棄深般若波羅蜜而攀枝葉，取聲聞、辟支佛所應行經，當知是為菩薩魔事」。故

站在「一佛乘」的角度來看「聲聞、辟支佛」，仍是「菩薩魔事」及「外道」種)的「伴侶」，從而迷惑了「菩提佛果」，亡失了佛的「正知正見」。

是名第十「圓覺淴心」(妄立「識陰阿賴耶」為究竟的圓融無礙，並欲以此「偏執心」而與「無上正覺」通淴)，**成「湛明果」**(湛然明徹的「緣覺、獨覺」果)，**違遠**(違悖遠離)**圓通**(圓滿通達)，**背**(背棄)**「涅槃城」，生覺**(獨覺、緣覺)**圓明**(圓滿、明達之境)，**不「化、圓」種**(不化度眾生，不迴小向大趣求「一佛乘」圓滿佛果)。

這叫做「識陰」的第十種邪執，妄立「識陰阿賴耶」為究竟的「圓融無礙」，並欲以此「偏執心」而要與「無上正覺」通淴為一心(如宋·思坦《楞嚴經集註·卷十》云：圓覺之性，寂照雙運。淴心只是求寂一邊。如宋·戒環《楞嚴經要解·卷二十》云：謂僅與正覺通淴，而不前進也)，只能成就「寂湛明徹」的「緣覺、獨覺」之果(如清·通理《楞嚴經指掌疏·卷十》云：寂靜名「湛」，即「獨覺」果。無性曰「明」，即「緣覺」果也)，違悖遠離了「圓滿通達之道」，背棄了佛的「涅槃」城，將來當轉生成為「獨覺」或「緣覺」。因無師自悟，故妄計所悟之理已「圓滿」，所證之智已「明達」，不能發心度化眾生，亦不「迴小向大」趣求「一佛乘」圓滿佛果的種性。

阿難！如是十種「禪那」(dhyāna)**中途**(在修道的中途，此特指識

阿難！像這十種於「禪那」正定中所顯現出的境界，在「識陰」

陰「前八種」邪執)**成狂**。	將滅盡仍未滅盡的修道中途，發生了前面八種邪執，誤入「顛狂知見」，墮落於「凡、外、邪、魔」境界。
因依「**迷惑**」(依止於顛倒不正的迷惑之見)，於「**未足**」中生「**滿足**」(圓滿具足)**證**。	最後二種邪執(定性聲聞、緣覺)，乃行者依止於「顛倒不正」的迷惑之見，於未獲「寂滅」具足之前，就生出已證「寂滅」的「圓滿具足」妄想，遂墮落於「定性二乘」中。這些都不是「外魔」所為，而是行者的「知見心魔」造成。
皆是「**識陰**」用「**心**」**交互**(「正定禪觀心」與「識陰妄想心」兩相交戰，互為勝負)，**故生斯位**。	行者欲以「定力」突破「識陰」時，在「正定禪觀心」與「識陰妄想心」兩相交戰、互為勝負時所現出來的「十種邪執境界」。
眾生「**頑迷**」(頑鈍癡迷)，**不自**「**忖量**」(思忖考量)，**逢此**「**現前**」(十種識陰境界現前)。**各以所愛，先習**(歷劫之習氣)**迷心**(迷惑了真心)，**而自休息**(休停止息於這些境界中)，**將為**(將這些境界作為)**畢竟所歸**「**寧地**」(安寧之地)。	由於眾生「頑鈍癡迷」，不能以「正念」去「忖度思量」它，在逢遇這十種「識陰」境界顯現在前時，迷失了自我。於是就各以自己生平「所愛之好」，加上「先前歷劫」來的「業習薰染」，迷惑了真心，而自「休停止息」於這些境界中，並將這些境界作為畢

	竟所歸依的永遠「安寧聖地」(以為是究竟的安心立命之處)。
自言「滿足」(圓滿具足)無上菩提，「大妄語」成。	還自言已於「無上菩提道」獲得「圓滿具足」，犯了「未證言證、未得謂得」之罪，成就了「大妄語」。
外道(識陰第一至七均屬外道「見魔」)、邪魔(「識陰第八」是愛染邪魔→見愛之魔)，所感業終(感召的業報終了)，墮「無間獄」。	這些「外道」(識陰第一到第七「邪執」都是「外道」見魔)、「邪魔」(識陰第八則屬是欲界愛染「邪魔」+「見魔」)也會感召「有漏」禪定的福業果報，但在福業「享盡終了」後，最後將墜入「無間地獄」，受無量苦。
聲聞、緣覺(識陰第九聲聞、第十緣覺，兩者均無墮地獄之事)，不成增進(不求向上增進，得少為足，亦為是一種魔障)。	「識陰」第九是墮於「定性」的「聲聞」，「識陰」第十則墮於「定性」的「緣覺」，雖仍能獲「無漏」禪定所感的聖果，但卻終止於「化城」，不再向上增進，得少為足，故亦不能得證「菩提極果」。
汝等存心秉²(秉持)如來道，將此法門於我滅後傳示(宣傳開示)「末世」，普令眾生覺了(覺悟明了)斯義，無令「見魔」自作	你們應當存著大悲救世之心，秉持如來度生之道，將此五十陰魔的「辨識」法門，在如來滅度後的「末法世代」中，宣傳開

沉蘖(蘖爲「孽」的俗字→自造作沉重罪孽)。	示這個法義，普令所有的眾生都能「覺悟明了」這個道理，不要與「顛倒分別」的「邪見之魔」(「識陰」第一到第七是外道「見魔」，第八境則「見魔」+「愛魔」。第九、第十境為「二乘」見魔)相應，而自造作出沉重的罪孽。
保綏ㄟ (保護撫綏)哀救(哀愍救助行者)，消息(消除息滅)邪緣(邪見之緣)，令其身心入佛知見。	你們還要「保護撫綏」正道、「哀愍救助」真正的修行者，消除息滅所有「顛倒分別」的「邪見」之緣，令其「身心」都能入佛之「正知正見」。
從始成就，不遭岐路。	從「開始」修行，迄於最終的「成就」，中途都不遭任何的「岐路」阻隔，能遠離「心魔、外魔、見魔」而成就無上的「菩提道果」。
如是法門，先過去世(先前過去世)恆沙劫中微塵如來，乘此(上述五十陰境之法)「心開」(眞心開悟)，得無上道。	如是深奧微妙的「五十陰魔」辨證法門，在先前過去恆河沙劫中的微塵如來，其修行過程皆是以此「五十陰魔」辨證之法而獲真心開悟，證得無上涅槃大道。
「識陰」若盡(滅盡)，則汝現前	「識陰」若能滅盡，那麼你現前

「諸根」（六根）互用，從互用中能入「菩薩金剛乾慧」（菩薩道最終的「金剛乾慧」，非指最初「欲愛乾苦」的乾慧地）。

的「六根」已不復隔礙，其「見、聞、嗅、嚐、覺、知」就可以融通互相為用，從「互相圓用」中再精進不懈，便能證入「菩薩道」最終的「金剛乾慧地」（此即同於卷八－11 的經文云：「金剛心中初乾慧地」，亦即「等覺後心」。如宋·戒環《楞嚴經要解》云：「金剛乾慧」，為「等覺後心」。如明·憨山 德清《楞嚴經通議》云：此言「識陰」一破，則不歷「諸位」，一超直入「圓證佛果」。所以然者？以「如來藏清淨真心」，本無迷悟。但因一念「妄動」，是為「生相無明」……故今「識陰」一破，則「六根」互用，從互用中，即入「菩薩金剛乾慧」，是則但破「生相無明」便成「佛果」，不必定歷諸位也。是知「五陰」次第，未必一一經歷。如明·交光 真鑒《楞嚴經正脈疏》云：能入「金剛乾慧」者，即一超直入「等覺後心」也）。

圓明（圓滿光明）精心（精妙真心），於中發化（發生神通變化的殊勝妙用），如淨瑠璃（vaiḍūrya），內含寶月。

如此圓滿光明的「精妙真心」便能於中發生「神通變化」的殊勝妙用，就如「晶瑩潔淨」的瑠璃一樣，內中含藏著「寶月」，能洞照一切無遺。

如是乃超「十信、十住、十行、十迴向、四加行心、菩薩所行金剛十地」，（能具備）「等

若能直接證入「菩薩金剛乾慧地」（金剛心中初乾慧地；等覺後心）這樣階位的境界，則可不歷「諸位」，直接

覺」(等覺菩薩)**圓明**(圓滿光明)。	超越「十信、十住、十行、十迴向、四加行心」，甚至菩薩所行的「金剛十地」，能具備與「等覺菩薩」所證的「圓滿光明」境界。
入於如來妙莊嚴海，圓滿(圓融完滿)**菩提，歸「無所得」**(無所得之涅槃境)**。**	最終能進入如來所證「萬德莊嚴」的「妙莊嚴海」，及圓融完滿的菩提聖道，能歸證於如來「無所得」的「大涅槃」境界。
此是過去先佛世尊「奢摩他」(śmatha 止;定)**中，「毘婆舍那」**(vipaśyanā 觀;慧)**，「覺明」**(妙覺明察)**分析微細魔事。**	這就是過去世的「諸佛世尊」在「奢摩他」的「正定」之中，用「毘婆舍那」的「慧觀」法，以「定慧、止觀」的「妙覺明察」來「分析辨別」微密精細難以察覺的五十陰魔現象。
魔境現前(顯現在前)**，汝能諳識**(熟諳辨識)**，「心垢」洗除，不落邪見**(邪惡知見)**。**	如能遵佛之所說，則當「五十陰魔」境顯現在前時，你便能立刻「熟諳辨識」他們，不生「執著心、勝解心」，這樣在修行「洗滌心垢」的過程中，便不會遭「魔事」所惑而墮落於「邪惡知見」網中。
陰魔(五十陰境的心魔與見魔)**銷滅**(銷亡滅盡)**。**	如此「五十陰境」中屬於「心魔」與「見魔」，能「銷亡滅盡」。

「天魔」(外境的天魔)摧碎。	屬於「外境」的「天魔」也能「摧破粉碎」。
「大力鬼神」褫ᴴ魄(被褫奪魂魄;魂消魄喪)逃逝(逃亡奔逝)。	至於「天魔」以下之「大力鬼神」也將被「褫奪魂魄」而「逃亡奔逝」。
「魑魅、魍魎」無復出生。	至於「魑、魅、魍、魎」等諸小鬼神便是潛蹤匿跡,不敢再出來作祟。
直至菩提,無諸「少乏」(減少缺乏)。下劣(得少為足的「聲聞緣覺」二乘下劣者)增進(迴小向大立志增進),於「大涅槃」,心不迷悶(迷昧昏悶)。	這樣便可「超越」各種聖位,直達「無上菩提」大道,一切功德皆得具足成就,沒有任何的「減少缺乏」。乃至「得少為足」的「聲聞緣覺」二乘「下劣」者,亦能「迴小向大」,立志增進於無上的「大涅槃」,令其心將不再「迷昧昏悶」,而能獲得開通。
＊五十魔說畢,佛仍勸持「楞嚴咒」	
若諸末世「愚鈍」(愚癡闇鈍)眾生,未識「禪那」(dhyāna),不知「說法」(佛所說的五十陰魔之境),樂修「三昧」。	如果在末法時期,有愚癡暗鈍的眾生,未能清楚識別在「禪那」中所產生的種種境界,也不懂今日如來所說的「五十陰魔」辨別法門,但卻樂意去修習「禪定」

	三昧。
汝恐(恐誤入邪魔)同邪(同於邪見)，一心勸令持我「佛頂(uṣñīṣa)陀羅尼咒」。若未能誦，寫於禪堂或帶身上，一切諸魔所不能動。	你若怕他們會墮入邪魔外道同於「邪人、邪見」，可以一心勸導他們持誦我的「大佛頂首楞嚴王陀羅尼神咒」。如果仍然不能誦讀這個咒語，或者還沒學會這個咒語，那就將這個「楞嚴咒」抄寫後放在「禪堂」內，或者隨身帶在身上，這樣一切的邪魔都不能「擾動」侵犯他們。
汝當恭欽(恭敬欽承)十方如來，究竟修進(從始至終，究竟修行精進法則)，最後垂範(垂示典範)。	你應當「恭敬欽承」十方如來所開示的、從始至終究竟修行的精進法則，這也是諸佛如來所做最後的「垂示典範」。

卷十【十～3】消除五陰妄想的方法➔妄本無因。「因緣」與「自然」亦是「妄心」計度

原文	白話
阿難即從座起，聞佛示誨(開示教誨)，頂禮欽奉(欽承敬奉)，憶持(記憶受持)無失。於大眾中重復白佛：	此時阿難立即從自己的座上起身，聆聽完佛的開示和教誨後，頂禮膜拜，恭敬地「欽承敬奉」如來的法旨，記憶受持而無所忘失。阿難在大眾中，重復的向佛提出三個問題說：
❶如佛所言，五陰相中，五種虛妄為「本」(根本)想心，我等平常未蒙如來微細(微密精細)開示？	❶如佛您所說的「五陰相」中，以五種「虛妄」的「妄想」為其根本妄想心，我們平時都沒有聽聞過如來對這「五種妄想」所造成的「五陰相」有過更「微密精細」的開示？(平日只知「五蘊皆空」，但並未知「五陰」為何皆以「妄想」為根本？妄想是從哪裡來的？)
❷又此五陰為「併」（一齊同時）銷除(銷除絕滅)，為「次第」盡(按次第逐漸的減盡)？	❷還有這「五陰」的破除，是一併(一齊同時)的同時銷除呢？還是需要按「次第」逐漸的去滅盡？
❸如是五重(五陰之境)，詣(到)何為界？(以什麼為界限呢)	❸像這由「五重妄想」所覆蓋的「五陰之境」，究竟要到哪裡才

	是它的「界線邊際」呢？(須要修到什麼地步，才能完成？)
唯願如來發宣大慈，為此大眾，清明心目(心地能清淨，目光得以明朗)，**以為末世一切眾生作「將來」眼**(將來的人天道眼)。	唯願如來發大慈悲，宣示大法，為這裡的大眾進一步開示，能讓他們心地獲清淨，目光得以明朗，並且也能為末法時期的眾生作將來的「人天道眼」正法眼藏。
佛告阿難：「精真」(純精真心)**妙明**(勝妙明淨)，**「本覺」**(本性清淨之覺)**圓淨**(圓滿清淨)，**非留死生**(真心本來就不滯留於界內的生死根身)**及諸塵垢**(器世間的塵染垢穢)，**乃至虛空皆因「妄想」**(虛妄亂想)**之所生起。**	佛告訴阿難：眾生的「純精真心」是「勝妙明淨」的，其「本性清淨之覺」也是「圓滿清淨」的。「本覺真心」原本就不會「滯留」於界內的「分段生死」，及界外種種的塵染垢穢(此喻「變易生死」。所以「本覺真心」不留滯在世間「生死」及出世的「有餘依涅槃」，生死涅槃皆拘它不得)。所有凡夫的「生死」及聖賢所證的「涅槃」，甚至無情界的「虛空」也都是由自心「虛妄亂想」所生起。(如《楞嚴經·卷六》云：「迷妄有虛空…空生大覺中」。又如《楞嚴經·卷九》云：「當知虛空生汝心內」)
斯元「本覺」(本有清淨覺性)**妙明**(勝妙明淨)**「真精」**(純真精心)，**「妄」**	推究這些妄想發生的根元，皆是源於「本性清淨之覺」及「勝妙

(無明妄動)**以發生諸器世間，如演若多**(Yajñadatta)**迷頭**(迷失己頭)**認影**(認鏡中影)**。**	明淨」的「純真精心」，在一念的「無明妄動」中發生了「見分、相分」，進而產生種種的「器世間」。就像那個演若達多一樣，誤以為迷失了自己的「本頭」，竟錯認「鏡中影像」而狂走四方(頭本在而妄驚為失，影非實而反認為真)。
「妄」元「無因」，於「妄想」中立「因緣性」。迷「因緣」者，稱為「自然」(外道撥無因果，妄稱一切皆自然而生)**。**	其實所有的「妄相、妄想」都沒有「真實發生的原因」，妄相、妄想亦不在「內、外、中間」，是「空性」的。愚人若欲在「妄想」中立一個「真實可得的因緣性」，這是無有是處的！然而外道卻在佛講的「因緣法」中迷失了，他們不知道「緣起性空」的道理，所以就「撥無因果」，妄稱一切都是從「自然」而生的。
彼虛空性，猶實「幻生」(幻妄之想所生)**。「因緣、自然」，皆是眾生「妄心」**(妄想心識)**計度**（計量測度)**。**	即使連眼前的「虛空」，從凡夫來看，似不動不壞，似自然而生、本來而有，其實「虛空」仍是從「幻想」中所生。所謂的「因緣(實有)、自然(實無)」這兩種理論都是從眾生的「妄想分別心識」中去「計量測度」出來的。

阿難！知妄所起（若你能知道妄想所生起之真正原由），**說妄「因緣」**（宣說「妄想」絕對是有個「真實因緣」的生起處）。

阿難！若你能知道「妄想」所生起之真正原由，那就可宣說「妄想」絕對是有個「真實因緣」的生起處。

若「妄」元無（如果「妄想」本來就是「無所生起」，當體即空的），**說「妄、因緣」**（闡說「妄想」和「因緣」）**元無所有**（本是無所有）。**何況不知**（何況外道不知「因緣」的真實義），**推自然者**（謬推出一個「自然」理論）**？**

如果「妄想」本來就是「無所生起」，不在內、外、中間，當體即「空性」，則任何闡說「妄想」與「因緣」的道理都是一樣，皆「本無所有」，亦「無自性」。更何況是那些外道連「因緣」的「真實義」都無法了知，更謬推出一個「自然」的理論，豈不是更加的虛妄？

是故如來與汝發明（闡發明示），**五陰本因**（本來原因），**同是「妄想」**（虛妄亂想）。

如來今天為你們「闡發明示」五陰生起的根本原因，雖然有「堅固、虛明、融通、幽隱、罔象虛無」等五種差別，但它們全都是由「虛妄亂想」中所產生。

色陰如「聚沫」，不可撮摩

受陰如「水泡」，不得久立

想陰如「幻野馬」和「虛陽焰」

行陰如「芭蕉」，無有堅實

識陰如「幻化」，從顛倒起

（「五陰」原本就是「如來藏妙明真如心」於「眾緣」下所現之暫時幻象而已。如《楞嚴經·卷二》云：如是乃至「五陰、六入」，從「十二處」至「十八界」，「因緣」和合，虛妄有生，「因緣」別離，虛妄名滅……五陰本「如來藏」妙真如性……當知色陰虛妄，本

	非因緣、非自然性)

卷十【十～4】五陰身即是五重妄想所構成

原文	白話
①色陰為「堅固」第一妄想 色陰如「聚沫」，不可撮摩 **汝體**(身體)**先因父母「想」**(愛染妄想)**生，汝心**(中陰身時之心)**非想**(沒有愛與憎之想)**，則不能來想中傳命**(不能投來父母的「愛染妄想」中一起結胎傳續命根)**。** **如我先言：心想「醋」味，口中涎ㄒㄧㄢˊ生。心想登高，足心酸起。**	 如你身體最早發生的因緣，起先是因父母的「愛染妄想」，加上自己對父母的「愛憎之心」，三緣和合，如果你處於「中陰身」之心時，並沒有「愛憎」的「妄想」，則便不能投來父母的「愛染妄想」中一起結胎「傳續命根」(如《阿毗達磨大毗婆沙論》云：三事和合，得入母胎……謂父，及母，并「健達縛」(中陰身)三事和合)。 這正如我在之前說過(如《楞嚴經・卷二》云：譬如有人：談說酢梅，口中水出；思踏懸崖，足心酸澀)，一個人如果心中想著「酸梅」的「醋味」，便能令「口」中流出「口水」來，心中「幻想」

著腳踏在「萬丈懸崖」邊，腳底就會生出「酸澀」緊張之感。

「懸崖」不有（沒有），「醋物」未來（不曾出現過）。汝體必非（與）「虛妄」通倫（你的身體如果一定不是與「虛妄物體」相通爲「一倫類」之物的話），口水如何因談醋出？（何以口中的水，會因講說「酸」就流出呢）

然而那「懸崖」並沒有真實的存在，會令人流出口水的「醋酸」之物，也沒有來到「眼前」。你的「色身形體」如果一定不是與「不存在的虛妄物體」相通為「一倫類」之物的話（流口水為「實」，而醋酸之物為「虛」，兩者不同類也），那麼你「口」中為何「聽到」別人在談說「酸梅」時便會流出真實的「口水」來？由此可知「虛妄的東西」確實會導引出「真實的反應」。

是故當知，汝現色身（現在、現前的色身）名為「堅固」第一妄想。

所以應該要知道，你「現在、現前」的這個「色身」（色陰→含「前五根」及「六塵」），看似真實的「存在」（非「虛無斷滅」→非無），其實是從「堅實牢固」的「妄想」（非「真實存有」→非有）中產生（如《楞嚴經・卷二》云：空晦暗中，結暗爲色。如《卷四》云：堅明立礙），所以「色陰」名為「堅固第一妄想」。

②受陰為「虛明」第二妄想

受陰如「水泡」，不得久立

即此所説（如上面所説），「臨高」（登臨高崖）想心（心中妄想），能令汝

即如此前面卷二經文所說：只要心中生起去「登臨高崖」的「妄

形真受(感受)「**酸澀**」。

想心」，就能讓你的身體真的感受到腳底「酸澀」緊張感。

由(妄想為)**因**「**受**」**生**(便有了「感受」之生)，**能動色體**(能使色身生起變動的作用)。

這是由於以「妄想心」為因，便有了「受陰」的「感受」生起，以致於能觸動色身生起「酸澀」的作用。

汝今現前「**順益**(樂受)、**違損**(苦受)」**二現**(苦與樂)**驅馳**(驅役自心，奔馳不息)，**名為**「**虛明**」(苦樂之受乃無實體，非真實，皆是虛有其表，虛有其明的感受)**第二妄想**。

所以應該要知道，你「現在、現前」這個「色身」的「感受知覺」，如果是「順益」則得「樂」受；如果是「違損」則得「苦」受。苦與樂二種「顯現出來」的感受，將「驅役」著你的自心，進而讓你在「六塵」中「奔馳不息」。「受陰」(指「前五識」)看似真實的「存在」(非「虛無斷滅」→非無)，其實是從「虛妄發明」(虛有其明)的「顛倒妄想」(非「真實存有」→非有)中產生，所以「受陰」名為「虛明第二妄想」。

③想陰為「融通」第三妄想

想陰如「幻野馬」和「虛陽焰」

由汝「**念慮**」(想念思慮)**使汝色身**(使你的色身生起一切的作用)。**身非**「**念**」**倫**(色身與「念慮」非同倫類)，**汝**「**身**」**何因隨**「**念**」**所使**(指使)？**種種取像**(念頭為何會吸取外界種種境

由於你「第六意識」的「想念」和「思慮」，而使你的「色身」生起一切的作用，然而「色身」是屬「色法」，本來就與「念、慮」的「心法」非同屬一個「倫類」。既

象）？**心生**（心裡發生各種意念時）**形取**（形體也會跟著去取得），**與「念」相應**（色身與意念是互相應和的）。	如此，「色身」就不應隨「念」而動，但你的身體為何會隨著「念頭」的使喚而動？又為何「念頭」能吸取外界種種的「境象」？當心裡發生各種「意念」時，「形體」也會跟著去「取得」，這樣看來，這個「色身」（色法）與「意念」（心法）時時是「互相應和」的。
寤（醒寤）**即「想心」**（思想的心），**寐**（睡寐）**為諸夢**（一切的夢境）。	「第六意識想陰」，在你「醒寤」時，就是你當前、現前「思想的心」；在你「睡寐」時，就會為你「現」出一切的夢境（「第六意識」於「悶絕、熟眠無夢」時，則不起作用。又如《楞嚴經·卷四》云：如重睡人，眠熟床枕，其家有人於彼睡時，搗練舂米。其人夢中聞舂搗聲，別作他物，或為擊鼓、或復撞鐘，即於夢時自怪其鐘為「木石響」，於時忽寤遄知「杵音」）。
則汝「想念」（妄想心念）**搖動「妄情」，名為「融通」**（「想陰」能夠融通「前五根」及「前五識」）**第三妄想。**	如此的「妄想心念」於你「醒寤」或「睡寐」時，皆會「搖動」你的「妄情」（人身皆為「第六意識妄念」所搖動，只要「妄想」不停，則被搖動的「妄情」亦不停，連醒或睡皆被「妄想」所搖動）。所以應該要知道，你「現在、現前」的這個「第六意識」（想陰），看似真實的「存在」

(非「虛無斷滅」➔非無)，其實是以「第六意識」去「融通」(或說「想陰」能令「色法」與「心法」雙「融」，能有「醒寤」與「睡寐」互「通」的作用)前五識所產生的「妄想」(非「真實存有」➔非有)，所以「想陰」名為「融通第三妄想」。(如《大寶積經・卷七十三》云：大王！猶如有人於其夢中爲「鬼」所嬈，心生恐怖，是人覺已，「憶念」夢中所夢之鬼。於意云何？夢中所見是實有不？王言：不也……夢中所見，畢竟「無鬼」，何況怖也？是人但自「疲勞」，都無有實！)

④行陰為「幽隱」第四妄想

行陰如「芭蕉」，無有堅實

化理(變化之理)**不住**(遷流不住)，**運運密移**(運動與運行是念念祕密般的推移不息)，**甲長、髮生，氣銷**(生長氣機的銷衰)**容皺**(容貌的皺摺き)，**日夜相代，曾ㄗ無「覺悟」**(覺察體悟)。

眾生現前色身中的「遷流變化之理」從不住停，其「生住異滅」四相的「運動」與「運行」是念念「祕密」般的「推移不息」。如年輕時的「指甲漸長、髮毛增生」，年老時「生長氣機」的銷衰、「容貌的皺摺」等現象，都在日夜的「新陳代謝、互相迭代」，但竟無人可以「覺察體悟」這些生生滅滅的「隱密」現象(如《楞嚴經・卷二》云：變化密移，我誠不覺，寒暑遷流，漸至於此……刹那刹那，念念之間，不得停住)。

阿難！此(行陰)**若非汝**(如果不是

阿難！這個「行陰第七識」所造

你自己的話），**云何體遷**(何以你的身體會跟著變遷)**？如必是真**(如果行陰真是你的話)**，汝何無覺**(你怎會不知不覺？)**？**

成的「生滅」現象，如果不屬於你自己「色身」的話，何以你的身體會跟著變遷？如果「行陰第七識」真的是屬於你的「色身」話，你怎會「不知不覺」？怎沒有感覺到它的「新陳代謝」？它的「日夜相代」？

則汝諸「**行**」(行陰)**，念念**(念念遷流)**不停**(不得停住)**，名為**「**幽隱**」(幽深隱蔽，無法察覺)**第四妄想。**

如此可知你「現前、現在」這個「念念遷流、從不住停」的「行陰第七識」，看似真實的「存在」(非「虛無斷滅」→非無)，其實仍是從「虛妄」(非「真實存有」→非有)中產生，所以「行陰」名為「幽深隱微第四妄想」。

⑤識陰為「罔象虛無」第五妄想

識陰如「幻化」，從顛倒起

又汝「**精明**」(真精妙明→第八識)**，湛**(湛然)**不搖**(不搖動)**處，**(假)**名**「**恆常**」(恆常不變的心性)**者，於身不出**「**見、聞、覺、知**」(在它身上所起的作用，不外是「見聞嗅嚐覺知」六種現象)**。**

阿難！又你「真精妙明」的「識陰」看似處於「湛然不動搖處」的境界中，如果將它假名為「恒常不變的心性」的話，則在它身上所生起的「作用」，不外是「見、聞、覺(含「鼻、舌、身」)、知」六種現象(如《大乘理趣六波羅蜜多經·卷十》云：睡眠與昏醉，行住及坐臥，作業及士用，皆依「藏識」(阿賴耶識)起。如《大寶積經·卷一百一十》云：受、覺、想、行、

思、憂、苦惱，此為「識」之作用)。

若實「精真」(「精一無雜、真實堅牢」之體)，不容「習妄」(不容許被外界種種虛妄所薰習與染污)。

如果「識陰」確實是「精一無雜、真實堅牢」之體(如《楞嚴經‧卷四》云：其金一純，更不成雜，如木成灰，不重為木，諸佛如來菩提涅槃亦復如是)，那它就不容許受外界種種善惡的「薰習」而成為虛假偽妄的業力種子。

何因汝等曾於「昔年」(多年之前)覩一「奇物」(奇異之物)，經歷年歲，「憶、忘」(記憶與遺忘)俱無？

為何你曾於多年前所看見過的「奇異之物」，在經歷過「數年歲久」後，對於當年「或有記憶、或已遺忘」(沒有專門去記住它，也沒有故意去忘掉它)已全無任何一點印象。

於後忽然覆覩(重新再看)前異(之前那件奇異之物)，記憶宛然(仿佛；清晰)，曾罒(竟)不遺失(記憶一點也不曾遺失)。

後來在某個時機因緣下，又忽然重新再看到之前那件「奇異之物」，此時的「記憶」浮現，竟清晰到一點也不曾遺失(第八識能受「七轉識」的薰習，假如「七轉識」造善種子，第八識就被薰習成善種子；假如造惡種子，第八識就被薰習成惡種子)。

則此「精了」(精明了別的識陰阿賴耶)，湛(湛然)不搖(不動搖)中，念念受熏(念念俱受外界的薰習)，有何

如此「能精明了別」(如《成唯識論‧卷二》云：「阿賴耶識……不可知，執受、處、了，常與『觸、作意、受、想、思』相應」。第八識只與「觸、

籌算（無法籌量計算它究竟被薰習過多少）**？**	作意、受、想、思」五個「遍行心所」相應，但其作用仍是非常微細難知，不如其餘「七個識」的作用來的敏銳清楚，唯有證「聖位」者方能了知其作用）的「識陰阿賴耶」，雖然看似處在「湛然不動搖處」中，但念念卻又受到「前七識」的薰習，其數無量，無法「籌量計算」它究竟被薰習過多少？
阿難當知：此「湛」（看似湛然不動的識陰阿賴耶）**非真**（並非是永恒真常的不可動搖）。**如「急流水」，望**（表面上看）**如「恬靜」**（安恬寂靜），**流急**（流動太急）**不見**（所以看不見它在流），**非是「無流」**（沒有在流動）。	阿難！你應該要知道，這個看似「湛然不動搖」的「識陰阿賴耶」並非是「永恒真常的不可動搖」，若受「真」薰則成真，受「妄」薰則成妄（如《楞嚴經·卷五》云：陀那微細識（第八識），習氣成暴流。真非真恐迷，我常不開演）。就像是急流的湍水，表面上看是「安恬寂靜」，因為湍水流動太急，所以你看不見它在流動，並非是它完全沒有在「流動」啊！
若非「想」元（如果這個「識陰阿賴耶」不是前四陰妄想的根元），**寧受妄習**（怎會受「前七識」的虛妄薰習呢？）。	如果這個「識陰阿賴耶」不是「色、受、想、行」四陰的「妄想根元」的話，那它怎會受「前七識」的「虛妄薰習」呢？
非汝六根互用「開合」（除非你的	第八識的「極微細妄想」要到何

六根修到能隨心所欲的互用開合。六根當一根用→合成就。一根當六根用→開成就)，（否則）**此之「妄想」無時得滅。**（「識陰阿賴耶」對前六識來説，「識陰阿賴耶」屬寂然不動之境，二乘與凡夫完全不能覺知。十地菩薩以前，雖然覺知，但還未能銷盡其微習的妄想。需到六根六塵雙脱，進入圓通之體，始能銷盡妄想，此可稱「寂滅現前」，或稱「轉識成智」）

故汝現在「見、聞、覺、知」（所以你現在的「見聞嗅嚐覺知」功用），**中串習**（串穿薫習）**幾**ㄐ（幾微）。

則「湛了」（湛然精了之「識陰阿賴耶」）**內，「罔象**（同「罔像」）→虛無（虛誕荒無），**第五顛倒「微細」精想**（精細的識想）。

時才能滅盡而「轉識成智」成「大圓鏡智空如來藏」（如《楞嚴經・卷六》云：立「大圓鏡空如來藏」）呢？除非你的六根能修到隨心所欲的「互用開合」境界，六根當一根用的「合成就」；一根當六根用的「開成就」（如《楞嚴經・卷六》云：六根亦如是，元依一精明，分成六和合：一處成休復，六用皆不成）。否則這個第八識「極微細妄想」是沒有能滅盡(正確應説「照見;觀照」識陰阿賴耶為空，並非「滅」識為「空」也)的時候。

所以你「現在、現前」的「見、聞、嗅、嚐、覺知」六種作用，其中都是由「識陰阿賴耶」反覆受到善惡業力的「串穿薫習」而成，就算是造作「幾微」(細微)的「妄想種子」也一樣會發生薫習作用。

(如宋・仁岳《楞嚴經熏聞記・卷五》云：「中串習幾」者，串穿也)

則於此「湛然精了」之「識陰阿賴耶」(凡夫妄執為「命根」，二乘行者更認作為「涅槃」)內，仍然是為「真妄和合、不生不滅與生滅和合、非一非異」的狀態(如《大乘起信論》云：依「如來藏」故

	有生滅心，所謂「不生不滅」與「生滅」和合，非一非異，名為「阿梨耶識」)。「識陰阿賴耶」看似真實的「存在」(非「虛無斷滅」→非無)，其實仍是從「罔象虛無」(非「真實存有」→非有)中產生，所以「識陰」名為「第五顛倒」的「微細精想」(此時的「識陰」名為「精細的識想」。「精想」雖不是「妙明真心」，如天上第二月，如能去妄存真，便成「真月」)。
阿難！是「**五受陰**」(五種感受的陰境；五取蘊；五陰身)，**五**「**妄想**」**成** (由五種虛妄亂想所形成) 。	**阿難！這**「五種感受的陰境」(五取蘊；五陰身)都是由上面所說「堅固、虛明、融通、幽隱、罔象虛無」等「五種虛妄亂想」所形成。

卷十【十～5】五陰境界的深淺與頓悟漸修的討論

原文	白話
汝今欲知「**因、界**」**淺深**(五陰的「成因」與其「界限」淺深的關係)：	你現在想要知道「五陰」彼此「成因」的「界線」，以及其中「淺深」之義。
①**唯**「**色**」(有形之色)**與**「**空**」(顯色之空)，**是**「**色**」**邊際**(邊際界限) 。	①「有形、有相」的「色」(屬淺邊際)；「無形、無相」的「空」(屬深邊際)，

	這是「色陰」的「邊際界限」。(必須「色、空」俱離，才能超出「色陰」的邊際)
②唯「觸」(根境相對的感觸)及「離」(根境不相對的捨離)，是「受」邊際(邊際界限)。	②「有取著、根境相對」的「觸」(屬淺邊際)；「無取著(厭捨)、根境不相對」的「離」(屬深邊際)，這是「受陰」的「邊際界限」。(必須「觸、離」俱離，才能超出「受陰」的邊際)
③唯「記」(記憶)與「忘」(遺忘)，是「想」邊際(邊際界限)。	③「有記憶、有念」的「記」(屬淺邊際)；「無記憶、無念」的「忘」(屬深邊際)，這是「想陰」的「邊際界限」。(必須「記、忘」俱離、「有念、無念」俱盡，才能超出「想陰」的邊際)
④唯「滅」(消滅)與「生」(生起)，是「行」邊際(邊際界限)。	④「定心的細行、滅相」的「滅」(屬深邊際)；「散心的粗行、生相」的「生」(屬淺邊際)，這是「行陰」的「邊際界限」。(必須「滅、生」俱盡，才能超出「行陰」的邊際)
⑤湛入(或作倒裝→入湛。前七識若反歸入於「湛然第八識」)、合湛(前七識若「無入」而合於「湛然第八識」)，歸「識」邊際(邊際界限)。	⑤「前七識」若「反歸」於「湛然第八識」(如《楞嚴經・卷十》云：(前七識)性入元澄(第八識)的「入」(屬淺邊際)；「前七識」若「無入」於「湛然第八識」的「合」(屬深邊際)，這些都歸屬於「識

陰」的「邊際界限」。(必須「有入、無入之合」俱盡，才能超出「識陰」的邊際。如宋·子璿《首楞嚴義疏注經·卷十》云：湛前「行陰」，「合歸」識陰。如清·劉道開《楞嚴經貫攝·卷十》云：「有入」為「湛入」。謂泯「行」流而沒歸「識」海。以「無入」為「合湛」。如明·真界《楞嚴經纂註·卷十》云：上「湛」即「生滅」。下「湛」即不生滅」。所謂「生滅」與「不生滅」和合名「阿梨耶識」。故歸「識」邊際也)

此五陰元(根元)，**重疊**(一重疊一重的次第)**生起。生**(生命投胎)**因「識」**(識陰阿賴耶)**有，滅**(滅妄歸真)**從「色」**(色陰)**除。**

這「五陰」生起的根元，由於「一念妄動」，於是「一重疊一重」次第的生起(如《楞嚴經·卷四》云：從始入終，五疊渾濁)。生命最初投胎是由「識陰阿賴耶」而有，然而要「滅妄歸真」，從需從「色陰」開始滅除。

(五陰之生起，就如人「穿衣」一樣，先自「內」的「識陰」開始，再向外而「穿著」。五陰的消滅，就如人「脫衣」一樣，必自「外」的「色陰」開始，再向內而漸「脫去」)。

理(以理來推究五陰)**則「頓悟」**(若能頓悟五陰皆五妄想成)，**乘悟**(乘此一悟)**併銷**(五陰一併同時而銷，當體即空)。

從「理上」來推究「五陰」，若能「頓悟」此「五陰」皆由「妄想」而成，則可乘此「頓悟」之力，將「五重妄想」一併同時滅盡，當體即空(頓悟則無次第，一念即得心開)。

事(就事相而論)非「頓除」，因「次第」盡(逐漸滅盡)。

但就「事相」而論，則非由「頓除」之法(無始劫來，我執、法執、煩惱太深，故不能一念頓滅)，需因「次第修斷」的「逐漸滅盡」才行。

我已示汝劫波(kalpa。據《楞嚴經疏解蒙鈔・卷五》云：「劫波羅天」即「髑髏天」，四天王「太子」奉「如來巾」。或曰「時分天」，即「夜摩天」)巾結(華巾打結的譬喻)，何所不明(不明白)，再此詢問？

我已開示過你有關「劫波羅天」所奉的「華巾打結」譬喻法(如《楞嚴經・卷五》云：解結因次第，六解一亦亡⋯⋯六結不同，循顧本因，一巾所造)，為何你還不明白此義理，還再來詢問呢？

卷十【十～6】持誦楞嚴經與楞嚴咒的功德

原文	白話
汝應將此「妄想」根元（根本元由），心得開通（讓心得開悟貫通之法門），傳示將來末法之中諸修行者，令識「虛妄」（虛假偽妄）。深厭（深切厭離之心）自生（自我生起），知有「涅槃」，不戀「三界」。	你應當將這個「五陰」由五種「妄想」生起的「根本元由」，深入研究清楚，讓心能獲得「開悟貫通」的法門，進而能「宣傳開示」給將來末法中所有發心修行的眾生，讓他們都能認識五陰是「虛假偽妄」的道理（「五陰」乃在「眾因緣和合」下所現出的虛妄「生滅相」。「五陰」並不是從真實一定的「因緣」生，也不是從「無因果論」的「自然」而生）。則「深切厭離」生死輪迴之心將自然生起（或如明・一松《楞嚴經秘錄・卷十》云：「深厭自生」者，倒文也，應云「自生深厭」。或如明・廣莫《楞嚴經直解・卷十》亦云：「深厭自生」一句，文倒置，是天竺文式，即「自生深厭」也），知道去修證本有「不生不滅」的「無上大般涅槃」，不再貪戀三界的「有漏世界」。
阿難！若復有人，遍滿十方所有虛空，盈滿七寶，持以奉上微塵諸佛，承事（欽承奉事）供養，心無虛度，於意云	阿難！如果有人將遍滿十方所有虛空世界都裝滿「七寶」，持以供奉上如「微塵」數的諸佛世尊，一心欽承奉事供養，心無虛度。

何？是人以此施佛因緣，得福多不？	你的意見如何呢？這人以此「布施」佛陀的因緣，其所獲得的「福報」多不多呢？
阿難答言：虛空無盡，珍寶無邊。昔有眾生施佛七錢，捨身猶獲「轉輪王位」。況復現前(此人現前)虛空既窮(窮盡虛空)，佛土充遍，皆施「珍寶」。窮劫思議，尚不能及，是福云何更有邊際？	阿難回答說：虛空是無窮無盡的，則遍滿其中的「珍寶」也是無量無邊的。我曾聽聞過從前有一位眾生(即無滅尊者阿那律。據《阿毘達磨藏顯宗論·卷二十三》云：尊者無滅，自言我憶昔於一時，於殊勝福田，一施食異熟。從茲七返，生三十三天。七生人中，爲轉輪聖帝。最後生在大釋迦家，豐足珍財多受快樂)向佛施捨僅「七枚錢」(七個銅錢)，後來此人在捨「當世」的「報身」後，於來世便獲得了「轉輪聖王位」的果報。何況「此人現前」能窮盡十方虛空，令所有的「佛土」都充遍於中，然後都布施「珍寶」於其中，就算以窮盡「阿僧祇劫」的時間去「思議」其珍寶的數量，尚不能及，何況其「布施」的福報功德，如何更會有個「邊際」數量可說呢？
佛告阿難：諸佛如來語無「虛妄」(虛假僞妄)，若復有人，	佛告訴阿難：諸佛如來所說的話從無「虛假僞妄」，假如有人身

身具「四重(catvāraḥ-pārājikā-dharmāḥ 四波羅夷戒)」、十波羅夷(daśa-pārājikā-dharmāḥ)」。	犯了「殺盜淫妄」的「四種根本重罪」和大乘菩薩的「十波羅夷罪」(十重禁戒，除四重戒外，另加「酤酒戒、說四眾過戒、自讚毀他戒、慳惜加毀戒、瞋心不受悔戒、謗三寶戒」六種)。
「瞬息」(瞬間快速的)即經「此方、他方」阿鼻地獄(Avīci)，乃至窮盡十方無間，靡不經歷(經歷所有的無間地獄)。	此人當於「壽終」之後，「瞬息」之間，將墮落於「此方」和「他方」世界之「阿鼻地獄」中受罪報，再展轉「窮盡」十方世界所有的「無間地獄」，沒有一個「無間地獄」而不「親身經歷」。
能以「一念」將此法門(楞嚴法門)，於末劫中開示(開導示誨)未學。是人罪障，應念(「應」指「很快、立即」，故「應念」指一念之間)銷滅，變其所受「地獄」苦因，成安樂國(Sukhāvatī 極樂世界)。	但只要能夠在「一念間」將此《楞嚴經》法門「開導示誨」於「末法之世」的那些「未學之人」，使他們亦能開悟，續佛慧命。則是人本應遭受的一切「重罪惡障」，因弘揚《楞嚴經》的功德而能於「一念間」銷亡滅盡而無遺(如清・溥畹《楞嚴經寶鏡疏・卷十》云：「應念，即應弘經，「一念」而銷滅也)，並且更「轉變」其本所應「招感」的「無間地獄」苦因，成為安樂國土極樂世界。
得福超越前之施人，百倍、	弘揚《楞嚴經》所獲得的「功德

千倍、千萬億倍，如是乃至「算數譬喻」所不能及。

「福報」將超過前面所說那位「布施者功德」之百倍、千倍、千萬億倍，如此乃至於「算數譬喻」皆不能及。（供養「珍寶」之福為有漏，弘揚「法寶」之福為無漏。無漏能了生死，亦能超越有漏之福，故非是世間「財施果報」所能與之相比的）

阿難！若有眾生能「誦此經」（楞嚴經），能「持此咒」（楞嚴咒），如我廣說，窮劫不盡。

阿難！如果有眾生能「誦念」這部《楞嚴經》，能夠持誦這個「楞嚴咒」（以上喻「經咒合一」），那麼他所獲得的功德利益，就算我用「四無礙辯才」來廣為宣說，經無量劫亦說不完的。

依我教言（教誨言說），「如教」（如我之教法）行道，直成菩提，無復「魔業」。

如果能依我的「教誨言說」傳示於末法的眾生，如我的「教法」去「修行辦道」，如此直到成就「無上菩提」，於其「中間」都不會再遭遇到一切「魔業」的擾亂。

佛說此經已，比丘、比丘尼、優婆塞、優婆夷，一切世間天、人、阿修羅，及諸他方菩薩、二乘（聲聞乘、緣覺乘）、聖仙童子（dhirāja-ṛṣi 歸心聖道，外現仙身，修童真行者），并「初發心」（已發心者→

佛說完了這部經，在座大會聽法的「比丘、比丘尼、優婆塞、優婆夷」四眾弟子等，以及一切世間的「天、人、阿修羅」，及從他方世界來的「菩薩」、「聲聞、緣覺」二乘、「內修聖道」外現「仙

護人。未發心者→害人）**大力鬼神，皆大歡喜**（歡欣法喜）**，作禮而去。**	身」的「聖仙童子」（金剛童子），以及已「發心向佛」的「大力鬼神」等，皆大歡欣法喜，向佛禮敬而離去。

——以上《楞嚴經》第十卷至此，圓滿結束。下面則是附錄有關「持誦楞嚴咒的功德」經文，從《楞嚴經・卷七》開始——

卷七【七～2】誦楞嚴咒，能滅除宿習惡業

原文	白話
若有「宿習」不能滅除，汝教是人一心誦我「佛頂光明(uṣṇīṣa-tejo-rāśi)摩訶薩怛哆般怛囉(mahā 大-sitāta 白-patra 傘蓋)無上神咒」。	如果有修行人的「宿世業習、累世罪業」還不能完全滅除的話，阿難你應該要教導這種人一心一意的去持誦「佛頂光明摩訶薩怛哆般怛囉無上神咒」(即「大佛頂首楞嚴咒」)。
斯是如來「無見頂相」，「無為」心佛，從頂發輝(發射出光輝)，坐寶蓮華所說神咒。	這個「楞嚴咒」是從如來「無見頂相」中，由「無為心佛」從其頂上發射出光輝，並坐在「寶蓮華」上所宣說的神咒。
且汝宿世與摩登伽(Mātaṅgī，此處指摩登伽女鉢吉提 prakṛti)歷劫(歷經塵劫)因緣，恩愛習氣，非是一生及與一劫。	況且阿難你宿世曾與摩登伽之女鉢吉提有著歷經塵劫的複雜因緣，尤其是累世「恩愛」的雜染習氣，這不是「一生」或只是「一劫」的事，而是「多生多劫」造成。(阿難與鉢吉提曾有五百世的夫妻因緣，如《佛說摩登女解形中六事經》云：佛言：是摩登女，先時已五百世，為阿難作婦。五百世中，相敬重，相貪愛，於今同於「經戒道」中得道，於今夫妻相見，如兄弟狀)

我一宣揚(宣傳弘揚)**，愛心永脫，成「阿羅漢」**(聽聞文殊菩薩之偈頌而證四果)**。**	然經我一宣傳弘揚這個「大佛頂首楞嚴神咒」，就能讓缽吉提「冥獲其力、神力冥資」而「婬火頓歇」，愛欲心永遠脫離，頓得「三果阿那含」位。後再聽聞文殊菩薩講完「評選二十五聖圓通法門」的偈頌後，更進一步而證成「四果阿羅漢位」。(如明・交光真鑒《楞嚴經正脈疏・卷七》云：吳興曰：四果雖由「聞法」，推其拔脫之力，仍當歸功於「咒」，非「咒」拔脫，何由而得「聞法」以至證「羅漢」哉？)
彼(缽吉提 prakṛti)**尚婬女，無心修行，「神力冥資」**(神咒加持獲三果)**，速證「無學」**(聽聞文殊偈頌後證四果)**。**	那位原本還陷在「情慾婬愛」中的缽吉提女，雖然還處在無心修行、還未「發心」的狀態，但是因佛陀宣說了「大佛頂首楞嚴神咒」；由於佛咒語「神力」在冥冥的資助下，很快的便令缽吉提女能頓獲「三果」的「阿那含」位，及最後獲得「無學」的阿羅漢位。
云何汝等在會聲聞，求最上乘決定成佛。譬如以「塵」(喻習氣)**，揚於「順風」**(喻楞嚴咒)**，有何艱險**(艱難險阻)**？**	然而你們這些在法會中的「聲聞、羅漢」們，既然都已經「迴小向大」，發心要求證「最上」的「一佛乘」之道，決定要成就佛

	陀的果位。此時已有「四種清淨明誨」加上「楞嚴神咒」法門，這就像是把「灰塵」(此喻煩惱、習氣)放在「順風」(此喻楞嚴神咒)的位置中，既在「順風」中「揚塵」，灰塵必然將飄散而盡。若按照這樣的「順風」修行方式，在成佛的路上怎會再發生任何的「艱難險阻」呢？

——中間省略經文——

卷七【七～１１】十方如來傳持「楞嚴咒」的功德 →全咒為「無為心佛所說神咒」，亦即「佛如來藏心」

原文	白話
阿難！是「佛頂光聚」(uṣṇīṣa-tejo-rāśi)，「悉怛多般怛囉」(sitāta白-patra 傘蓋)秘密「伽陀」(gāthā 諷頌、偈頌、孤起頌)，微妙(精微奧妙)章句(咒章心句)。	阿難！這個咒語名為「佛頂光聚悉怛多般怛囉」神咒(即楞嚴神咒)，也就是由釋迦佛的佛頂放光，然後聚集成「大白傘蓋」的一種祕密伽陀，是釋迦佛最「精微奧妙」的「咒章心句」。 這個「佛頂光聚悉怛多般怛囉」

❶因此成佛 **出生十方一切諸佛，十方如來「因」此咒心**(此略稱前經文所說的「無為心佛所說神咒」，並非是專指短短的楞嚴「咒心」)**得成「無上正遍知覺」。**	的「楞嚴神咒」有底下十種的不可思議的功德及妙用。 ❶「楞嚴咒」能生出十方世界的一切諸佛，而十方世界的一切諸佛也是「因」這個「無為心佛所說的楞嚴神咒」而獲得成就無上的「正遍知覺」。(如明‧蕅益 智旭《楞嚴經文句‧卷七》云：別指「跢姪他」以下為「咒心」，則理決不可。觀後文云「是人心昏，未能誦憶，或帶身上，或書宅中」。倘獨指「數句」為「咒心」，何至「心昏不能誦憶」？又設使獨此「數句」為「咒心」者，經中何無一言及之？故知後人「臆見穿鑿」，深可痛也)
❷執此降魔 **十方如來「執」此「咒心」**(全咒即「佛如來藏心」；全「佛如來藏心」即咒)**，降伏諸魔，制諸外道。**	❷十方世界的一切諸佛「執持」這個「無為心佛所說的楞嚴神咒」，便能降伏各種魔道，制伏各種外道。
❸乘此垂應 **十方如來「乘」此咒心，坐寶蓮華，應微塵國。**	❸十方世界的一切諸佛「依乘」這個「無為心佛所說的楞嚴神咒」，便能坐在寶蓮花上，以種種「應化身」而遊於微塵數那樣多的國土之中。
❹含此說法	

十方如來「含」此咒心，於微塵國，轉大法輪。

❺持此授記

十方如來「持」此咒心，能於十方摩頂（撫摩頭頂而加持）授記。「自果」（自己的佛果聖位）未成，亦於十方蒙佛授記。

❻依此拔苦

十方如來「依」此咒心，能於十方拔濟（超拔救濟）群苦。所謂「地獄、餓鬼、畜生、盲、聾、瘖瘂、怨憎會苦、愛別離苦、求不得苦、五陰熾盛（熾烈興盛）、大小諸橫」同時解脫。「賊難、兵難、王難、獄難、風、火、水難、飢渴、貧窮」應念（「應」指「很快、立即」，故「應念」指一念之間）銷散。

❹十方世界的一切諸佛「含藏」這個「無為心佛所說的楞嚴神咒」，便能於無量的微塵世界國土中，轉大法輪，度化眾生。

❺十方世界的一切諸佛「秉持」這個「無為心佛所說的楞嚴神咒」，便能於十方世界中為大眾摩頂加持及授記。如果這些眾生自己的「佛果聖位」仍還未成就的，也能在其餘十方世界中承蒙諸佛的授記。

❻十方世界的一切諸佛「依憑」這個「無為心佛所說的楞嚴神咒」，便能於十方世界中超拔救濟眾生令脫離群苦，所謂「地獄之苦、餓鬼之苦、畜牲之苦、盲之苦、聾之苦、瘖瘂之苦、怨憎之苦、愛別離之苦、欲求不得之苦」，以及「五陰熾盛之苦」，大大小小各種「橫禍之苦」等等，都可依著「楞嚴神咒」而獲得解脫。還有「賊難、

兵難、王難、獄難、風火水災之難、飢渴貧窮之難」，在一念間亦可獲得消滅散盡。

❼隨此事師

十方如來「隨」此咒心，能於十方事(治事)善知識。四威儀中，供養如意。恆沙如來會中推為「大法王子」(Mahā-kumāra-bhūta 菩薩別名。佛為「法王」，菩薩則為「法王子」。如《大智度論・卷二十九》云：佛為法王，菩薩入「法正位」，乃至「十地」故，悉名「王子」，皆任為佛)。

❼十方世界的一切諸佛「隨順」這個「無為心佛所說的楞嚴神咒」，便能夠在十方世界中去「治事」加持諸位善知識，使這些善知識能於「行住坐臥」四大威儀中，皆能供養三寶而獲如意滿願。這些善知識在恆河沙數那樣多的如來法會中，將被推舉為佛陀法王之子--菩薩。

❽行此攝受

十方如來「行」此咒心，能於十方攝受親因(與「一佛乘」及「楞嚴咒」有最親近的因緣)，令諸小乘聞「秘密藏」，不生驚怖(驚疑與恐怖)。

❽十方世界的一切諸佛「行持」這個「無為心佛所說的楞嚴神咒」，便能在十方世界攝持與領受那些與「一佛乘」及「楞嚴咒」最有親近之因緣者，能使那些「小乘者」聽聞到奧秘深遠的「大乘法藏」(例如顯教之「如來藏」大法亦屬「秘密藏」，而密咒之「佛頂首楞嚴王神咒」亦屬於「秘密藏」)皆不生驚疑與恐怖心。(如清・劉道開《楞嚴經貫攝・卷七》云：故凡往劫與此咒「有親有因」者，皆得攝而受之。

若小根劣器，與此咒無緣，聞之而驚怖者，令之不生驚怖。如清·靈耀《楞嚴經觀心定解·卷七》云：「親因」是宿世「受化之人」……又曾「受化者」為「親因」）

❾誦此還源

十方如來「誦」此咒心，成無上覺，坐菩提樹，入大涅槃。

❾十方世界的一切諸佛「諷誦」這個「無為心佛所說的楞嚴神咒」，便能成就「無上正覺之道」，坐於菩提樹下而進入「大般涅槃」的境界。

❿傳此付法

十方如來「傳」此咒心，於滅度後，付佛法事，究竟住持。嚴淨（嚴持清淨）戒律，悉得清淨。

❿十方世界的一切諸佛「弘傳」這個「無為心佛所說的楞嚴神咒」，便能在釋迦佛滅度後，繼續付囑佛法諸事宜，能讓「正法」究竟住持於一切世間，拔濟群倫。能令末法四眾弟子嚴持清淨的戒律，最終悉能證得無上清淨的本心。

若我說是「佛頂光聚」(uṣṇīṣa-tejo-rāśi)，「般怛囉」(patra 傘蓋)咒，從旦至暮，音聲相聯，字句中間亦不重疊（重複累疊）。經恆沙劫，終不能盡。

如果我要完整的宣說這個「佛頂光聚悉怛多般怛囉楞嚴神咒」其相關的「咒文內容、密義、威神、妙用之力」，即使我從早到晚二十四小時不休息，音聲相聯而不間斷，而且所說的字

原文	白話
	句中間亦沒有重複累疊，如此雖經過恒河沙劫數那麼多的時間，亦無能說盡「楞嚴神咒」所有的密義及功效。(如清・通理《楞嚴經指掌疏・卷七》云：「若我說是」句，有二釋。一但「說咒」。二說「咒益」……謂字字句句，前後「詮法」各不同也……極顯其「字句」之廣……若約「說咒」者，以咒是「心咒」，攝「義」無盡，非說可罄。如《華嚴》「一字」法門，海墨不書一偈是也。若約「說益」者，謂如上所說)
亦説此咒名「如來頂」(tathāgata-uṣṇīṣa)。	所以也可說這個「楞嚴神咒」即名為「如來佛頂」神咒。

卷七【七～１２】楞嚴咒的殊勝功德解説

原文	白話
汝等「有學」，未盡輪迴，發心至誠取「阿羅漢」。不持此咒，而坐道場，令其身心遠諸「魔事」，無有是處(亦即一、二、三果者必須加持「楞嚴咒」作爲證四果之輔法)。	你們這些聲聞「有學」果位的修行者，仍未證到「無學」，所以還沒有完全脫離六道輪迴，如果「發心」至誠要進一步修行，想要證取四果「無學」之聖位。如果自己不能「外加持誦」這個「楞嚴神咒」來護身；而要讓自己能安坐在道場(包含「楞嚴壇場」)中；使自

	己身心都完全遠離各種「魔事、魔障、魔擾」，這是不可能的事！
阿難！若諸世界，「隨所國土」所有眾生，「隨國所生」樺㮈皮(樺樹葉皮 bhūrja-pattra)**、貝葉**(tāla;pattra)**、紙素**(pustaka;lekha-pattra 泛指書畫的紙本或絹本)**、白疊**(氍毺 goṇikā)**，書寫此咒貯於香囊。**	阿難！如果在十方世界中，隨著處在任何國土中的所有眾生，可隨著自己國土所生長的「樺樹葉皮」所製的紙、或由「貝多羅」樹葉所製的紙、或可供書寫的紙張或絹帛、或白色的細毛布等，用這些紙料來書寫這個「楞嚴神咒」(經文已說「隨所國土所有眾生」，所以不可能是固定的一種語文書寫方式，可能是漢文、藏文、梵文、悉曇文、巴利文……等)，然後將咒語貯藏於「香囊小袋」中。
是人心昏，未能誦憶，或帶身上，或書宅中。當知是人盡其生年，一切諸毒所不能害。	即使這個人因為心智較為昏鈍，也未能誦持或記憶全咒，他只要將這個書寫「楞嚴咒」的「香囊小袋」帶在身上，或將它放在自家宅中，或將「楞嚴咒」書寫於家中的某一地方。那麼你應當知道，這個人將承「楞嚴咒」的威神之力，讓他盡其有生之年，一切內外種種毒害都不能

加害於他。

阿難！我今為汝更說此咒，救護(拯救護衛)世間，得「大無畏」。成就眾生「出世間智」。

阿難！我今天為你再更一次的宣說「楞嚴咒」的威神力，一來可以「拯救護衛」世間的所有眾生，能於魔擾時獲得「大無畏」。二來這個「楞嚴咒」可讓眾生成就「出離世間」的無上智慧。

❶能除諸難

若我滅後，末世眾生，有能「自誦」，若「教他誦」。當知如是誦持眾生，火不能燒，水不能溺。大毒小毒，所不能害。

❶如果我滅度之後，處於末法之世的眾生，有能夠自己持誦「楞嚴咒」的，或者教別人誦唸這個神咒。你應當知道這些「自誦」或「教他」誦持「楞嚴咒」的眾生，假設落入大火坑，火便無法焚燒傷害他們；假設為大水所漂流，水便無法淹溺傷害他們。所有像「瘟疫」等大毒，或者「蛇蠍」等小毒，皆能因持誦「楞嚴咒」的神力而不會被這些毒所加害。

如是乃至天龍鬼神、精祇(妖精地祇)、魔魅(天魔鬼魅)，所有惡咒，皆不能著。「心」得「正受」。

如是乃至像「邪天、惡龍、厲鬼、神怪、妖精、地祇、天魔、鬼魅」等這些眾生所持誦、所散播的種種害人惡咒，都不能夠附著

或加害於誦持「楞嚴咒」的行者。因為此行者乃有「楞嚴咒」神力所護，心已得「三昧正受」。

一切咒咀ㄗㄨˇ（惡咒厭詛）、厭蠱ㄍㄨˇ（魘魅蠱毒），毒藥、金毒、銀毒、草木蟲蛇萬物毒氣。入此人口，成甘露味。

還有一切的「惡咒厭詛、魘魅蠱毒」等害人巫術，及一切的毒藥如「金毒、銀毒」（以上屬礦物金屬之毒），及「草、木、蟲、蛇」（以上屬動植物之毒）等萬物之毒氣。這些毒物一旦進入到誦持「楞嚴咒」者之口，將會因神咒威力而轉化成「甘露味」，不能加害到此人。

一切惡星并諸鬼神，磣ㄘㄣˇ（很；極。磣古通「慘」→狠毒）心毒人，於「如是人」（持楞嚴咒者）不能起惡。

乃至一切「主惡星辰之神」並諸惡鬼神（下面經文即云「娑婆界有八萬四千災變惡星，二十八大惡星而為上首，復有八大惡星以為其主」），想用「極狠毒的心」去毒害他人，但對於一位持誦「楞嚴咒」的行者，則不能對他生起任何的「惡心、惡念、惡行」。

頻那夜迦(vināyaka 頻那→豬頭使者。夜迦→象鼻使者。或說即是大聖歡喜天)諸惡鬼王并其眷屬，皆領深恩（素蒙佛化，領佛深恩）常加守護（守衛護祐）。

而「已發心向佛」的頻那夜迦（頻那為豬頭使者。夜迦為象鼻使者，或說即是大聖歡喜天）等諸惡鬼王及其眷屬（已發心者→護人。未發心者→害人），因為曾經蒙佛度化，已皆領受佛之深恩，今

❷能生諸智

阿難當知：是咒常有八萬四千「那由他」(nayuta;niyuta)**恆河沙「俱胝」**(koti)**金剛藏王菩薩種族，一一皆有諸「金剛眾」而為眷屬，晝夜隨侍**(跟隨侍奉)**。**

設有眾生於「散亂心」，非三摩地，「心」憶「口」持。是金剛王，常隨從彼諸善男子，何況「決定菩提心」者？此諸「金剛菩薩藏王」精心(精微隱密的心念。或說金剛藏王已證得如來藏純真精心)**陰速**(冥冥中加速)**發**(啟發)**彼神識**(阿賴耶識)**。**

為報佛恩故，所以對持誦「楞嚴咒」的行者便常加「守衛護祐」。

❷阿難！你應當要知道這個「楞嚴神咒」常有如八萬四千「那由他」恒河沙「俱胝」那樣無量無數的金剛藏王菩薩種族弟子們，他們一一都還有眾多的「金剛聖眾」作為其眷屬，這些金剛藏王菩薩將於白天或夜晚二十四小時內，跟隨「侍奉護祐」持誦「楞嚴咒」的行者。

(如清・通理《楞嚴經指掌疏・卷七》云：執「金剛杵」，持「秘密藏」，或稱金剛菩薩、或稱菩薩藏王、或稱金剛藏王菩薩、或稱金剛菩薩藏王、或稱金剛王、或稱金剛藏。無不可也)

假如有眾生處於「不定聚」的狀態(一切眾生有三種聚，正定聚、邪定聚、不定聚)，心念非常散亂，非在「正定聚」的「三摩地」狀況下，但他們只要能內心憶念、或口頭持誦這個「楞嚴神咒」。這些金剛藏王菩薩及其眷屬就會恒常的「隨時護祐」這些「善男子」，更何況是那些「已決定」發起「修行菩提

心」者？這些金剛藏王菩薩皆具有非常「精微隱密的心念」(或說金剛藏王已證得「如來藏」純真精心，如後面經文說：如我等輩所修功業，久成菩提，不取涅槃)，所以能夠在「陰隱冥冥」中對持誦「楞嚴神咒」者加速啟發他累劫宿世修道的「阿賴耶識」。(如明·廣莫《楞嚴經直解·卷七》云：「神識」者，謂藏王菩薩之眾以「精誠之心」，在「杳冥」中隱然策發連其「神識」。或行者「夢寐」中、或「禪觀」中有所「警悟」，使其進趣無滯也……行者由「密護」之功，故得開發「宿命」，能憶多劫本事本生。或如宋·思坦《楞嚴經集註·卷七》云：陰心精速，謂金剛藏王得「如來藏心」，去惑純精，陰密神速，發彼持咒之人「神識」也。如明·蕅益 智旭《楞嚴經文句·卷七》云：「菩薩精心」與「行人精心」，元非二體。今以「決定菩提心」持此神咒，則與金剛藏王「心精通溜」，當處湛然。故此菩薩能於「同體」心性之中，陰默迅速開發彼「神識」也)

是人應時(「應」指「很快、立即」)，心能記憶八萬四千恆河沙劫，周遍了知，得無疑惑(狐疑迷惑)。

這位持誦「楞嚴咒」的行者因宿世「神識善根」被啟發，所以很快的他的心念便能記憶起如八萬四千恆河沙數多生多劫的事情，獲得類似「宿命通」的境界，能周遍了知一切「世、出世間」

❸不墮惡趣

從第一劫乃至後身，生生不生藥叉(yakṣa)**、羅刹**(Rākṣasa)**及富單那**(Pūtana)**、迦吒富單那**(Kaṭa-Pūtana)**、鳩槃茶**(Kumbhāṇḍa)**、毘舍遮**(Piśāca)**等并諸餓鬼，有形、無形、有想、無想如是惡處。**

是善男子，若讀若誦、若書若寫、若帶若藏，諸色(諸珍妙色)**供養。劫劫不生貧窮下賤「不可樂處」。**

的事情，不再有任何的「狐疑迷惑」。

❸進而能從發心持「楞嚴咒」起的「第一劫」，乃至直到「身後之世」的最後身(指未來最後成佛時的最後一生)，無論此人怎樣的捨生趣生，生生世世都不會再轉生到「藥叉」(捷疾鬼)、「羅刹」(速疾鬼)，及「富單那」(臭惡鬼)、「迦吒富單那」(奇臭惡鬼)、「鳩槃茶」(厭魅鬼；甕形鬼；形如瓶的惡鬼)、「毘舍遮」(食血肉鬼；噉人精氣鬼；廁神鬼)等各種千奇百怪的餓鬼。或者轉生到「有形、無形、有想、無想」等如是「凶惡」之處。

這些「已決定發菩提心」的善男子，如果是默讀、或是誦唸、或是背唸「楞嚴咒」(如清・劉道開《楞嚴經貫攝・卷七》云：或「對本」而讀，或「背本」而誦)，或者書寫抄咒、或者是將「楞嚴咒」帶在身上、或珍藏在家中，並且以種種的「諸珍妙色」如「香、花、燈、塗、果、食品」等來供養這個「楞嚴咒」。那麼這

位善知識他生生世世、累生歷劫都不會再轉生到「貧窮、下賤」，或者轉世到會防礙道業的「不可樂處」。

❹諸功德聚

此諸眾生，縱其自身「不作福業」，十方如來所有功德「悉與此人」。

❹這些「已決定發菩提心」的善男子，縱使他們自身只持「楞嚴咒」外，並無再作其餘的福業，但由於持誦「楞嚴咒」的功德，將感召十方如來將所有的功德都會「迴向」贈與給此人，如同獲得諸佛灌頂般的不可思議。

由是得於恆河沙阿僧祇不可說不可說劫，常與諸佛同生一處，無量功德。如「惡叉」(akṣa 線貫珠)**聚，同處熏修**(薰聞修習)**，永無分散。**

此人由是而獲得如恆河沙數阿僧祇、不可說盡、不可數盡的劫數之中，皆能與諸佛同生於一處，具有無量無邊的功德。就像如「線貫珠」般的與諸佛同聚、共同薰聞修習，不相捨離，永無分散。(如明・鍾惺《楞嚴經如說・卷七》云：由此咒心，即「如來頂法」，而「如來頂法」即行者本具「藏心」。能持咒者，即持自己「藏心」。「藏心」具足「萬行」，何福不備哉？如清・通理《楞嚴經指掌疏・卷七》云：以此咒即是「佛心」，不離此咒，即是不離「佛心」。諸佛即「心」功德，時時在己也。

如宋・子璿《首楞嚴經義海・卷二十一》云：雖不作福，「受持」力故，佛與之福。既與同生，仍稟「教行」，則何福而不集乎？標誦此「心咒」類「首楞嚴定」，眾生若信受奉行，一念具足「萬行」，十方如來同一道故，出離生死更無異路）

❺眾行成就

是故能：

㈠令破戒之人，戒根清淨。

㈡未得戒者，令其得戒。

㈢未精進者，令其精進。

㈣無智慧者，令得智慧。

㈤不清淨者，速得清淨。

㈥不持齋戒，自成齋戒。

❺因為持誦「楞嚴咒」有如是的大威神力：

㈠能使已經破戒律的人，其「戒體的根本」能迅速恢復清淨。

㈡能使尚未獲得「受戒」的因緣者，令其迅速獲得「受戒」的因緣，進而能「得戒」。

㈢能使無法用功「精進修習」的人，令其迅速獲得能「精進」勇猛用功的因緣。

㈣能使沒有獲得「真正智慧」的人，令其迅速獲得真正清淨的「智慧」。

㈤能使身心尚無法保持「完整清淨」的人，令其迅速獲得身心之清淨。

㈥能使尚未獲得「齋戒素食」的因緣者，令其迅速獲得「齋戒素食」的因緣，進而發心終身「齋戒素食」。

❻輕重罪滅

阿難！是善男子持此咒時，設犯「禁戒」(saṃvara)於未受時(未受持楞嚴咒之時)。持咒之後，眾「破戒罪」，無問輕重，一時銷滅。

❻阿難！這些「已決定發菩提心」的善男子在持誦這個「楞嚴咒」時，假設他在「未持楞嚴咒之前」所違犯的戒律罪業，在他開始持誦「楞嚴咒」之後，發心懺悔，則在「未持楞嚴咒之前」所曾犯下的「破戒」重罪，無論輕罪或重罪，皆能由「楞嚴咒」的不可思議力量讓這些罪業一時之間全都銷亡滅盡。

(如宋·惟慤《楞嚴經箋·卷七》云：於「未受」時，未受「真言」時也。如明·交光 真鑒《楞嚴經正脈疏·卷七》云：溫陵(戒環)曰：「未受」時者，未「持咒」時也。可見持咒之後，不可更造也)

縱(縱令；即使)經(曾經)飲酒、食噉(ㄉㄢˋ)「五辛」種種不淨。一切諸佛、菩薩、金剛、天仙鬼神，不將為過(既往不咎)。

縱使此人往日曾經「飲酒」或食噉「五辛」及種種葷腥不淨之物，如今此人「已決定發菩提心」而持誦「楞嚴咒」，在發心「懺悔」後，則一切諸佛、菩薩、金剛、天仙鬼神，都不會以他在「未持楞嚴咒之前」所犯的過失為過錯，將既往不咎。(如明·交光 真鑒《楞嚴經正脈疏·卷七》云：觀「經」之一字，似「未持

	之前」經過之事。持咒之後，悉皆宥之，非持咒之人「縱恣無度」也。又或持咒人，有不得已，偶經此事，竝可宥之，亦非「縱恣」也)
設著不淨、破弊(破爛弊壞)**衣服，一行一住，悉同清淨。**	假如此人因為某種「特殊的因緣」而只能穿著「不乾淨」或「破爛弊壞」的衣服在修行，但因為他專持「楞嚴咒」之故，所以他的一行、一住都將等同於「清淨」一般。
縱不作「壇」(指楞嚴壇場)**、不入「道場」**(如法清淨的道場)**、亦不行道**(隨眾生行道修持)**。誦持此咒，還同「入壇」**(入楞嚴壇場)**，「行道」**(隨眾生行道修持)**功德，無有異也。**	縱使此人因為「因緣」不具足，而不能在完整的「楞嚴壇場」中修行，也不能進入「如法清淨」的「道場」(或指楞嚴專屬的道場)中去修行，也不能隨著眾生一起「行道修持」。只要此人一意專心持誦「楞嚴咒」，則其所獲得的功德便等同於進入「楞嚴壇場」，亦等同於隨著大眾一同在「行道修持」一樣，其功德是沒有任何差異的。(如明・憨山 德清《楞嚴經通議・卷七》云：問曰：前言持咒必須「結壇」、種種「清潔」，如一「不淨」，必不成就。今言「破戒、散心」，皆獲成就，何相牟耶？答曰：前言「真修」必務「嚴潔」為主，今但言咒力「殊勝」，非言一檠 [古同椉] 可成

也）。

若造「五逆無間重罪」，及諸比丘、比丘尼「四棄(catvāraḥ-pārājika-dharmāḥ 殺、盜、淫、妄)**、八棄**(aṣṭa-pārājika-dharmāḥ 於四棄外再加摩觸罪、八事成重、覆比丘尼重罪、隨順被舉比丘違尼僧三諫)**。誦此咒已，如是重業，猶如猛風**(此喻楞嚴咒力)**，吹散沙聚**(此喻重業)**，悉皆滅除，更無毫髮。**

如果此人往昔在「未持楞嚴咒之前」曾經犯下「五逆」等「無間重罪」，或者犯下比丘及比丘尼的「四棄、八棄」重罪。知罪悔過，發心懺悔，然後誦持此「楞嚴神咒」，則可杖神咒威力，往昔如是的重罪重業，將如猛風吹散「塵沙之聚」一樣，全部都會消滅除盡，而不會留下一絲一毫的罪根。(如明・交光 真鑒《楞嚴經正脈疏・卷七》云：此「未發心持咒」之前所犯，可仗咒力滅盡……決非令持咒「無畏肆犯此惡」也。如清・通理《楞嚴經指掌疏・卷七》云：如是重業，若自知「慚愧」，誦咒「求懺」。以咒力故，應念銷滅。如明・函 昰 《楞嚴經直指・卷七》云：所有破戒眾罪，皆指「未受戒」時、或「未懺悔」時。自持咒後，皆得銷減)

❼宿業消除

阿難！若有眾生從無量無數劫來，所有一切輕重罪障，從前世來，未及懺悔。若能讀誦、書寫此咒，身上帶持。若安住處，(田)**莊、**(屋)**宅、**(村)**園、**(別)**館。如是積**

❼阿難！如果有眾生，從無量無數劫以來，其所有一切或重或輕的罪業，從他「前世」至今生以來還沒有「懺悔」的罪。如果他們能夠默讀、或是誦唸、或是背唸「楞嚴咒」(如清・劉道開《楞

業，猶湯(此喻楞嚴咒力)銷雪(此喻罪業)。不久皆得悟「無生忍」。

嚴經貫攝‧卷七》云：或「對本」而讀，或「背本」而誦)，或是書寫「楞嚴咒」，然後將之帶在身上。或是將「楞嚴咒」安放在自家住處，或者安放在任何的田莊、屋宅、村園、別館等處。如此宿世累積下來的罪業都可承「楞嚴咒」的威力而除滅，猶如用沸水去消溶冰雪一樣，湯至雪融，皆化為水。這些修持「楞嚴咒」的行者不久後即可悟得「無生法忍」的境界。

❽所求如願

復次阿難！若有女人，未生男女，欲求孕者。若能至心憶念斯咒，或能身上帶此「悉怛多般怛囉」(sitāta 白-patra 傘蓋)者，便生「福德、智慧」男女。

❽另外阿難！如果有女人，還沒有生育兒女的因緣，想求懷孕。如果此人能專心憶念或誦持這個「楞嚴咒」，或在身上佩帶著「悉怛多般怛羅楞嚴神咒」，便可以讓「因緣」成熟而順利生育出「福祿駿德、叡智聰慧」之男子或女兒。

求長命者，即得長命。欲求果報，速圓滿者，速得圓滿。身命(身體健康、壽命綿長)色力(貌色端正，精力充沛)，亦復如是。

如果想求長壽者，便能因「楞嚴咒」力而獲得長壽。如果想求「果報、願望」趕快圓滿者，便能因「楞嚴咒」力而快速獲得圓滿。

如果想求「身體健康、壽命綿長、貌色端正、精力充沛」者，便能因「楞嚴咒」力而快速獲得實現。

命終之後，隨願「往生十方國土」，必定不生「邊地、下賤」，何況「雜形」(地獄惡鬼畜生等雜形異報)**？**

這位修持「楞嚴咒」的行者，其人在命終之後，便能隨其「生前願望」而「往生」到十方的「諸佛國土」去，而且必定不會轉生到無佛法的「邊地」、或「下賤」種姓、或低賤職業之人家，更何況會轉生為「地獄、惡鬼、畜生」等「雜形異報」的眾生道去呢？

❾安其國家

阿難！若諸國土(國土領地)**、州縣**(州城縣市)**、聚落**(聚邑村落)**，飢荒**(飢饉災荒)**、疫癘**(瘟疫惡疾)**，或復刀兵、賊難、鬬諍**(戰鬥諍訟)**，兼餘一切「厄難」**(厄害災難)**之地。**

❾阿難！如果那些「國土領地、州城縣市、聚邑村落」有發生「飢饉災荒、瘟疫惡疾」，或有種種的「刀兵難、盜賊難、戰鬥諍訟」，及其餘一切會遭受「厄害災難」的地方。

寫此神咒，安「城四門」(東西南北四個城門)**，并諸「支提」**(cetya 佛塔；塔廟)**，或「脫闍」**(dhvaja 幢；幢幡)**上。令其國土所有眾生奉迎**(奉承恭迎)**斯咒**(此楞嚴咒)**，禮拜**

只要能書寫上這個「楞嚴神咒」，然後安置在城市的四方城門，或者將之安放在「佛塔」上，或者懸掛在「幢幡」上。然後命令在這國土中的所有眾生「奉承

恭敬，一心供養。令其人民各各(每一個;各自)**身佩**，或各各(每一個;各自)**安「所居宅地」。一切災厄**(災難厄害)**，悉皆銷滅。**

⑩年豐障消

阿難！在在處處國土眾生，「隨」(隨所在處)**有此咒，天龍歡喜**(歡欣喜悅)**，風雨順時。五穀豐殷ㄣ** (豐盛:富足)**，兆ㄓㄠ 庶ㄕㄨˋ** (兆民百姓)**安樂**(安穩妙樂)**。**

亦復能鎮一切「惡星」，隨方變怪(變異怪象)**。災障**(災禍障難)**不起，人無橫夭，杻ㄔㄡˇ 械**(腳鐐手銬)**枷ㄐㄧㄚ 鎖**(枷和鎖)**，不著其身。晝夜安眠，常無惡夢。**

恭迎」這個「楞嚴神咒」，禮拜恭敬，一心供養。再令這裡的每個人民身上都能佩帶著這個「楞嚴神咒」，或將之安放在他們每一個自家所居之宅地。如此一切的「災難厄害」，全部都會仰杖「楞嚴神咒」的威力而獲得消除滅盡。

⑩阿難！任何在在處處的國土眾生，只要隨所在之處有這個「楞嚴神咒」，都會讓天龍歡欣喜悅，風調雨順，五穀雜糧豐收殷實，兆民百姓皆得安穩妙樂。

這個「楞嚴神咒」亦能鎮住一切的「惡星」，以及隨地方而生起的種種「變異怪象」。「楞嚴神咒」能夠使一切的「災禍障難」不生起作用，人無「九橫」(如《大明三藏法數・卷二十六》云：一得病無醫、二王法誅戮、三非人奪精氣、四火焚、五水溺、六惡獸啖、七墮崖、八毒藥咒咀、九飢渴所困)及種種「夭歿」凶災，一切的腳鐐手銬、枷與鎖等刑具，都不能夠附著或加害於

誦持「楞嚴咒」的行者。無論是白晝或黑夜皆得安穩睡眠，不會有惡夢驚恐諸事發生。

⓫惡星不入

阿難！是娑婆界有八萬四千災變惡星(此喻軍眾)，**「二十八」大惡星**(此喻軍帥)**而為上首，復有「八大惡星」**(此喻軍將)**以為其**(此指二十八大惡星)**主。作種種形，出現世時，能生眾生種種災異**(災難和怪異)**。**

⓫阿難！這個娑婆世界裡，常有「八萬四千」個掌管「災變」的「惡星」(此喻軍眾)，其中以「二十八大惡星」(此喻軍帥)是它們的首領，又另有「八大惡星」(此喻軍將)則是這「二十八大惡星」的主領首腦。以上這「八萬四千惡星、二十八大惡星、八大惡星」都會隨著眾生的「善、惡」業力而作出種種變化形象，當它們出現於世時，便能給眾生帶來種種的災難和怪異。(如明・鍾惺《楞嚴經如說・卷七》云：惡星「八萬四千」，由眾生八萬四千「煩惱」所感。二十八宿，各有所主之事，隨人心「善、惡」而變。善則「福」應，惡則「災」應。如清・通理《楞嚴經指掌疏・卷七》云：惡不自惡，因「災」而變，故云「災變惡星」。若眾生能轉災為福，則變為「善星」矣……復有八大惡星者……而言為其「主」者，以此「八大惡星」又為「二十八大惡星」之主故。據此則「八星」為主，「二十八星」為帥，「八萬四千星」為軍眾。上列天象，下應人事。順則「福」應，逆則「災」應，

⑫ 十二由旬結界

有此咒地，悉皆銷滅。十二「由旬」(yojana)**成「結界地」，諸惡災祥**(災變妖祥)**永不能入。**

是故如來宣示(宣講開示)**此咒，於未來世保護**(保衛護祐)**「初學」，諸修行者，入三摩地，身心泰然**(泰定凝然)**，得大安隱**(安然平穩)**。**

故曰「作種種形」)

⑫ 然而只要有此「楞嚴神咒」的所在之地，這些「災難」和「怪異」都會全部消除滅盡。而且在方圓「十二由旬」之內(據唐・義淨《根本說一切有部百一羯磨・卷三》云：「由旬」者……當十二里。又如《藏漢佛學詞典》云：一「逾繕那」，約合二十六市里許，即 13 公里。又據現代緬甸馬雜湊尊者在參訪印度聖地時，根據注釋書的資料，如菩提伽耶至王舍城距離為 5 由旬。菩提樹距離菩提伽耶約為 3「伽浮他」(gavut)。王舍城和那爛陀寺距離 1 由旬。最後根據實際距離得出：1 由旬應為 8 英哩，即約 12.872 公里，故 12 由旬應為 153.6 公里)，皆能因有人修持「楞嚴咒」或佩帶「楞嚴咒」而成為類似「壇場」的「結界」之地，各種「災變妖祥、怪誕變異」的事永遠不能侵入此地。

因此，如來宣講開示這個「楞嚴神咒」，能在未來世的末法時代保衛護祐「初入道修行者」，及諸多「久修行者」，讓他們能不受魔擾而得證入「三摩地」，獲得身心上的「泰定凝然」及得大自在的

	「安然平穩」。
更無一切諸魔鬼神，及無始來冤橫（冤家橫禍）、**宿殃**（宿世注定的災殃）、**舊業**（舊怨惡業）、**陳債**（陳年積債）**來相惱害。**	更不會有一切的「魔道鬼神」，以及無始劫積沉下來的「冤家橫禍、宿世注定的災殃、舊怨惡業、陳年積債」等來相惱及殘害他們。
汝及眾中諸「有學」（初果到三果者）**人，及未來世諸修行者：**	阿難你和大眾中諸位聲聞「有學」之人，以及未來世各種準備要「真正」修行之人：
㈠**依我「壇場」。**	㈠如果能依止我所說的「壇場」儀軌來建立「楞嚴壇」。
㈡**如法「持戒」。**	㈡能夠如理如法的「持戒」。
㈢**所受「戒主」，逢「清淨僧」。**	㈢能於所受戒的「主法三師」選擇持戒精嚴、最清淨、最上等的第一沙門。
㈣**持此咒心**（此略稱前經文所說的「無為心佛所說神咒」，並非是專指短短的楞嚴「咒心」）**，不生疑悔**（懷疑與後悔）**。**	㈣有了清淨「戒體」後，再一心持誦這個「無為心佛所說的楞嚴神咒」，並且於此大法決不生出任何一點的「懷疑」與「後悔」。
是善男子，於此父母所生之身（此指現身即證、現生取證）**，不得**	那麼，像這樣「已決定發菩提心」的善男子專心一意持誦「楞嚴

「心通」(心地開通)**，十方如來便為妄語。**

咒」，便能在父母所生的這個現前「色身」中；如果不能獲得「心地開通」而「明心見性」的話，則十方如來所說的法便成為一種妄語。

(照經文之意已指明真正要從持誦「楞嚴咒」而獲得「心地開通」及「明心見性」的話，必須依止四點：一建立壇場。二持戒清淨。三、受戒師淨，四、不生疑悔。所以前面所說的經文很多都是指「方便」的「開許」行法而已。如明・交光 真鑒《楞嚴經正脈疏・卷七》云：四過，謂一「壇差」。二「戒缺」。三「師穢」。四「疑悔」。犯一，則難「現生取證」，遠因而已。故知前之「開許」，非許「真修之軌」也。如清・通理《楞嚴經指掌疏・卷七》云：故知前之「開許」，乃「方便」、非「常法」也。愚謂「四過」之中，「疑悔」為本。設真能信而「不疑」、持而「不悔」，自不肯蹈於「前過」，目為「勸信者」以此……愚謂「心通」者，即是「心地開通」。言果能如上所說，不犯四過，自然「心地開通」。設或「自力」未充，亦必蒙佛現助。如前略示中云：我自現身，至其人前，摩頂安慰，令其開悟是也。如宋・戒環《楞嚴經要解・卷十四》云：「心通」謂「障消智明」，如金剛藏「速發」之事。如明・通潤《楞嚴經合轍・卷七》云：「心通」者，即「明心見性」也。如清・劉道開《楞嚴經貫攝・卷七》云：我知其「現身即證」，所謂不歷僧祇獲「法身」矣……不得「明心見性」，

豁然「心通」者，則十方如來，便是說謊欺人。如
明・鍾惺《楞嚴經如說・卷七》云：「父母身」者，
「現身即證」也。如明・交光 真鑒《楞嚴經正脈疏・
卷七》云：「心通」者，據前所說，不出三義。一者
「證果」：即端坐百日，有利根者，不起于座，得「須
陀洹」也。二者「發解」：謂縱其身心「聖果」未成，
決定自知「成佛」不謬。三者「宿命」：是人應時，
心能記憶八萬四千恒河沙劫，周徧了知，得無疑惑
矣）

⑴金剛聖眾

說是語已。會中無量百千金剛，一時佛前，合掌頂禮，而白佛言：如佛所說，我當誠心保護(保衛護祐)**如是「修菩提者」。**

⑴如來在對阿難說完「楞嚴咒」的功德利益後，在法會中有無量無數百千的金剛，一時都在佛面前合掌頂禮並對佛說：我們會遵照如佛所說的法語，我們當會誠心誠意保衛護祐那些「已決定發菩提心」而修持「楞嚴咒」的善男子。

⑵天王聖眾

爾時「梵王」(brahma 屬色界天之「初禪天主」)**并「天帝釋」**(indra 屬六欲天之「忉利天主」)**、「四天大王」**(Catur-mahā-rājika-deva 六欲天之第一天)**，亦於佛前同時頂禮，而白佛言：審有如是修學「善人」，我當盡心至誠保護**(保衛護祐)**，**

⑵當時「色界天」的「大梵王天」以及「六欲天」的「天帝釋、四天大王」等，也在佛面前頂禮膜拜並對佛說：如果有依照佛所說「已決定發菩提心」而修持「楞嚴咒」的善男子，我們當會盡心盡力地保衛護祐此人，使

令其一生所作「如願」。

③ 八部聖眾

復有無量，藥叉大將(yakṣa-rāja)**、諸羅剎王**(Rākṣasa-rāja)**、富單那王**(Pūtana-rāja)**、鳩槃荼王**(Kumbhāṇḍa-rāja)**、毘舍遮王**(Piśāca-rāja)**、頻那夜迦**(vināyaka 頻那→豬頭使者。夜迦→象鼻使者。或說即是大聖歡喜天)**諸大鬼王，及諸鬼帥**(以上諸鬼王鬼帥，若發菩提心，則護人；若未發菩提心，則害人)**，亦於佛前合掌頂禮，我亦誓願護持**(護祐守持)**是人，令「菩提心」速得圓滿。**

④ 天神聖眾

復有無量「日、月天子(candra-sūrya-deva-putra)**、風師**(vāyu-guru)**、雨師**(varṣa-guru)**、雲師**(abhraṃ-guru)**、雷師**(garjana-guru)**」并「電伯」**(vidyud-jyeṣṭha)**等，年歲巡官，諸星眷屬，亦於會中頂禮佛足，而白佛言：我亦保護**(保

他在一生的「所作所為」，無論世法，或出世法，皆能如願以償，獲得滿願。

③ 又有無量的「夜叉大將」、諸多「羅剎王、富單那王、鳩槃荼王、毘舍遮王、頻那夜迦」等大鬼王，以及諸多他們的「鬼帥」(以上諸鬼王鬼帥，若發菩提心，則護人；若未發菩提心，則害人)，也在佛的面前合掌頂禮說道：我們也已發誓願要「護祐守持」這些「已決定發菩提心」而修持「楞嚴咒」的善男子，能令他們的「菩提心」很快的獲得圓滿。

④ 又有無數的「日天子、月天子、風師、雨師、雲師、雷師」與「電伯」等，以及一些專職「年歲」巡視人間善惡的「天官」，及「十二宮天神諸星」與其眷屬(如《佛說熾盛光大威德消災吉祥陀羅尼經》云：二十八宿、十二宮神一切聖眾。又如《佛說守護大

衛護祐)是修行人「安立道場」，得無所畏。

千國土經‧卷中》云：九執、十二宮辰一切星宿天），也在法會中對佛行大禮而對佛說：我等也要保衛護祐這些「已決定發菩提心」而修持「楞嚴咒」的善男子，幫助他們「安設建立」如法的「修行道場」或「楞嚴壇場」，使他們在修道上沒有障礙，獲「大自在」而無任何的畏懼。

⑸ 靈祇聖眾

復有無量「山神(giri-daivata)、海神(sāgara-daivata)」，一切土地，水、陸、空行，萬物精祇(妖精地祇)，并「風神王(vāyu-daivata-rāja)、無色界天(ārūpya-dhātu，因為欲界有「他化自在天魔」，色界有「魔醯首羅天魔」，故需「無色界」諸四空天來保護)」於如來前，同時稽首(稽拜叩首)而白佛言：我亦保護(保衛護祐)是修行人「得成菩提」，永無「魔事」。

⑸ 又有無量的「山神、海神」，舉凡在一切土地上的「地神」，及水中神、陸地神、空中飛行神，與萬物「妖精、地祇」類「藥草神、樹林神、苗稼神」等和「風神王」(或如宋‧惟愨《楞嚴經箋‧卷七》云：前有「風師」，此言「風神」，應是「空神」)，還有種種「無色界天」的「四空天神」，都在如來佛前同時稽拜叩首頂禮並對佛說：我們也要保衛護祐這些「已決定發菩提心」而修持「楞嚴咒」的善男子，使他們最終能修證得「菩提聖果」，永遠沒有魔事發生。

⑹ 金剛藏眾

爾時八萬四千「那由他」

⑹ 當時有八萬四千「那由他」恒

(nayuta;niyuta)**恆河沙「俱胝」**(koṭi)**金剛藏王菩薩，在大會中即從座起，頂禮佛足，而白佛言：**

世尊！如「我等輩」(金剛藏王菩薩)**所修功業**(功德道業)**，久成「菩提」，不取涅槃。常隨此咒，救護**(拯救護衛)**末世修「三摩提」，「正」**(指持戒誦咒正觀行持者)**修行者。**

世尊！如是「修心」求「正定」人，若在道場及餘「經行」(caṅkramana 在一定的場所中往復回旋之行走持咒念佛修行)**，乃至「散心」**(雖散亂心，但仍不忘持咒)**遊戲**(遊樂嬉戲)**聚落**(聚邑村落)**。我等徒眾，常當隨從侍衛**(侍從護衛)**此人。**

河沙「俱胝」的金剛藏王菩薩，亦從大法會座上起身，頂禮佛足後對佛說：

世尊！像我們這些金剛藏王菩薩們，在佛法上修行的「功德道業」，在很久以前就已成就了「菩提聖果」，只是為了護持佛法，所以「不住、不取」涅槃。我等金剛藏王菩薩將常跟隨護持這個「楞嚴神咒」，因為這個「楞嚴咒」能拯救護衛在末世中修「三摩提」的行者，以及能「持戒、誦咒」的「正觀」行持者。

世尊！像這樣「已決定發菩提心」修持「楞嚴咒」並祈求「正心禪定」的善男子，如果此人是在「道場」中修行，或者是在其餘處修法「經行」，或者乃至這個人暫時處於「散亂心」(亦有另解為：雖是散亂心，但仍不忘持咒)而「遊樂嬉戲」於聚邑村落中。無論此人是在修行，或是在「放散心思」而「遊樂嬉戲」，我等金剛藏王眷屬徒眾

們也都將恒常的跟隨「侍從護衛」這個善男子。(如明·交光 真鑒《楞嚴經正脈疏·卷七》云:但「初心」間斷,有時「散心」,菩薩亦不以其「散心」而不護也。由是而觀持咒修行之人,亦當「自知尊重」,不應作「破戒穢行」,以仰愧於菩薩也。如清·靈耀《楞嚴經觀心定解·卷七》云:前云「於散亂心,心憶口持,常隨從彼」,故今云「乃至散亂心」等。如清·通理《楞嚴經指掌疏·卷七》云:若在「道場」靜坐,或於餘處「經行」,皆不離「誦咒」及於「反聞」,此是「正定聚」者。「乃至散心」者,謂欲求正定,不能「攝心」,唯以「散心誦咒」,此是「不定聚」者。遊戲聚落」者,謂欲求正定,不知「攝心」,妄謂動中取靜,此是「邪定聚」者)

縱令「魔王」(Para-nirmita-vaśa-vartin 此為「欲界」他化自在天魔)、**大自在天** (正確應名為 maheśvara「魔醯首羅天」,此為「色界」天魔,亦常被稱為「大自在天」。如《續一切經音義·卷七》云:「魔醯首羅……此云大自在,即色界天主也」) **求其方便,終不可得。**

縱令是「欲界」的「他化自在天魔王」(欲界第六天除了有「天人」在此住外,還有另一個魔宮是處在「欲界、色界初禪天」之間,專由「他化自在天魔」所住。如《瑜伽師地論·卷四》云:「他化自在天」復有「摩羅」天宮,即「他化自在天」攝。又如《長阿含經·閻浮提州品》云:於「他化自在天」、「梵加夷天」(指初禪天)中間,有「摩天宮」),或「色界」的「魔醯首羅大自在天魔王」,想要求其「方便」而接近或者破壞這位「已決定發菩提心」而修持「楞嚴咒」的善男

子，終究是不可得，無法得逞。

諸小鬼神，「去」(遠離)此善人十「由旬」(yojana)外；除彼「發心」樂「修禪者」。

至於其餘諸小鬼神，如魔民、魔女等，我等金剛藏王眷屬徒眾們，必定令他們遠離此「已決定發菩提心」而修持「楞嚴咒」的善男子，長達「十由旬」(1 由旬約 12.872 公里，故 10 由旬應為 128.7 公里)之遠；除非是這些小鬼神改發「菩提心」且樂意修持「正心禪定」者。(如《大般涅槃經・卷十九》云：大王！有「曠野鬼」，多害眾生。如來……至「曠野村」為其說法。時「曠野鬼」聞法歡喜……然後便發「阿耨多羅三藐三菩提心」。如《維摩詰所說經・卷三》云：未來世中，當有善男子、善女人，及「天、龍、鬼神、乾闥婆、羅剎」等，發阿耨多羅三藐三菩提心，樂于大法)

世尊！如是「惡魔」(指「他化自在天」欲界天魔，和「魔醯首羅」色界天魔)，若魔眷屬(惡魔的諸小鬼神眷屬)欲來侵擾(侵害擾亂)是「善人」者，我(金剛藏王菩薩)以寶杵殞⒱碎(殞殞碎裂)其首，猶如微塵，恆令此人所作「如願」。

世尊！如是「欲界」的「他化自在天魔王」或「色界」的「魔醯首羅大自在天魔王」，如果這些惡魔的諸小鬼神眷屬想要侵害擾亂這些「已決定發菩提心」而修持「楞嚴咒」的善男子，我等金剛藏王眷屬徒眾們，必定會以「寶杵」來「殞殞碎裂」他的頭首，粉碎猶如微塵一般，並且永遠令

這位善男子的所有修持都能「如願」成就。(如宋・惟愨《楞嚴經箋・卷七》云:問菩薩具大悲心,言以寶杵「殞碎」其首,如何?答:破魔顯正,是大悲也。如明・一松《楞嚴經秘錄・卷七》云:問金剛藏菩薩是大慈者,云何行此「不慈」事耶?答:要知金剛藏亦具「折、攝」二門。其惡也,應以「威力」而折伏之,故加以寶杵也。其善也,應以「慈力」而攝受之,所以恆令此人「所作如願」也。即此一門具有「慈、威」耳。如明・蕅益 智旭《楞嚴經文句・卷七》云:此寶杵殞碎魔首者,摧邪顯正法應爾故,或慈或威,如父母故。一折一攝,皆拔苦故。性惡法門,善巧用故)

附：《楞嚴經》「想陰十魔」之研究

常用 插入 設計 版面配置 參考資料 郵件 校閱 檢視 ACROBAT

功能查詢 內文 標準細明體 A 字 15 A B U I

《楞嚴經》「想陰十魔」之研究

全文摘要

　　本論分成五小節，主要是探討「想陰十魔」的研究，第二節是「魔之釋義」，從「魔」的字源音義說起，進而引諸經論逐一說明「魔」的定義及地位。第三節「想陰十魔」，將十種魔逐一解釋介紹，如「怪鬼成魔、魅鬼成魔、魅鬼成魔、蠱毒魘勝惡鬼成魔、癘鬼成魔、大力鬼成魔、山林土地城隍川嶽鬼神成魔、天地大力「山精、海精、風精、河精、土精」五

全文摘要

　　本論分成五小節，主要是探討「想陰十魔」的研究，第二節是「魔之釋義」，從「魔」的字源音義說起，進而引諸經論逐一說明「魔」的定義及地位。第三節「想陰十魔」，將十種魔逐一解釋介紹，如「怪鬼成魔、魃鬼成魔、魅鬼成魔、蠱毒魘勝惡鬼成魔、癘鬼成魔、大力鬼成魔、山林土地城隍川嶽鬼神成魔、天地大力『山精、海精、風精、河精、土精』五精成魔、附著於『芝草、麟鳳龜鶴』精靈成魔、他化自在天魔」等十種。其中第六「貪求靜謐」及第七「貪求宿命」文，舊註有人將此二文互換，並認為是譯經者之誤。筆者特別提出研究證明經文「未誤」，應是個人誤解經文造成。另外於第六的「貪求靜謐」文中，亦有人執疑「日中一食」即是「佛律儀外，重加精苦」的一項，文中也提出經論及歷代祖師的修行證據，證明「日中一食」是當時佛的制定，並非為外道無益的一種苦行。於此節末後，並附有一「小結」做簡單的討論，整理「想陰十魔」乃不出男女之婬慾事。

　　第四節為「治魔之道」。治魔之道在諸經論上討論非常的多，限於篇幅，故暫以此三種為主：「嚴持四戒、持誦神咒、修習止觀」。「嚴持四戒」主要以探討「四種清淨明誨」為內容，經文內容淺易，所以筆者較少作白話解釋，純引「經文原典」為說明。「持誦神咒」首先以《止觀》倡導「誦咒」為先題，進而說明「楞嚴咒」的重要性，且鼓勵持誦「楞嚴咒」以治魔。「修習止觀」一段純粹是天台家用以治魔的方法，其中引用《止觀》及《首楞嚴三昧經》諸經文作說明，進而以《楞嚴經》「離即離非，是即非即」、「當處出生，隨處滅盡」、「自心取自心、非幻成幻法」等諸經文說明治魔的另一種「心法」。

　　最後一節是「結論」。佛陀曾咐囑末世「十種想陰魔」的種種「婬亂事跡」做一回顧，並將當代台灣的種種宗教亂象略舉一、二作補充說明。

最後期待四眾弟子都能專心研究《楞嚴經》的「四淨誨」及「五十魔」，這也是學佛者避免「進入魔道」及獲得「正知正見」的最大經典依據，亦是關係佛教未來前途的一大關鍵。

關鍵字詞

《楞嚴經》、《摩訶止觀》、《五十陰魔》、《想陰魔》、怪鬼、降魔、神咒、止觀

一、前言

在佛教中，天魔請佛入滅後，[1]則世間唯一的大導師亦跟著入滅，相繼而後便是「妖魔鬼怪」的出生，尤其是天魔與其魔子魔孫、魔眷屬們便開始興風作浪。當今世上充滿慾望、貪念、邪惡、賭、毒、色情、功利、自私……等等，且現今附佛外道、魔教、邪教、邪師、邪信、邪眾亦充斥這世上，如日本的新興宗教就有十八萬個宗派或組織團體，[2]而台灣也是佛道混雜，乩童、靈媒、神功、禪功、靈異及附佛外道四處遍滿。這些異常的現象，吾人應如何來認識？如何來抉擇「邪正之分」？尤其是青年學佛者，更須正確的認識「佛魔之分」。

佛典《摩訶般若波羅蜜經・卷四》云：「不爲説魔事魔罪，當知是菩薩摩訶薩惡知識」。[3]及《大般若波羅蜜多經・卷五百五十一》亦云：「諸

---

[1] 參《長阿含經・卷三》載：「天魔波旬向來請我，佛意無欲可般泥洹，今正是時，宜速滅度」。詳《大正藏》第一冊頁 17 上。

[2] 如標示出處為「禪門法語新知贈閱叢書第 23 集」的〈急功近利下之台灣新興宗教〉(http://www.buddhanet.com.tw/gem/ gg23-2.htm)一文中說：「日本的新興宗教，在政府登記有案的組織就有十八萬個之多，其中又以創價學會，也就是日蓮正宗爲最大。日蓮正宗並非正信佛教，但在日本卻有一千萬以上的信徒，且其勢力遍及工商、政府、社會各階層。」

[3] 詳《大正藏》第八冊頁 241 中。又《摩訶止觀・卷八》則云「魔事魔罪不說者，是

菩薩摩訶薩欲證無上正等菩提，當善覺知諸惡魔事」。[4]所以若不宣說魔事、魔罪諸事，則非菩薩「善知識」。在《楞嚴經》中佛陀宣講了「五十種陰魔」境界，這五十魔境是以「五陰」(五蘊)為基礎，然後每個「陰」再拓展出十個魔境來。雖然有五十種魔境，但實際上一位修道的行者，其心中有多少「貪境」，相對的，就會有多少個「外魔」與之相應，廣說也可以有「八萬四千種」這麼多的魔境。

　　坊間專門研究「五十陰魔」的專書也有很多，有的是直接從《楞嚴經》中獨立出來的「五十陰魔」相關著作，例如圓瑛老法師《大佛頂首楞嚴經講義・五十陰魔章》。宣化上人《楞嚴經五十陰魔淺釋》。夢參老和尚《淺說五十種禪定陰魔》。善祥法師《楞嚴經五蘊魔相解說》……等。也有學術性的專書，如：李綺玟〈《楞嚴經》中五十陰魔生、住、異、滅相狀考述〉(華梵大學／東方人文思想研究所／96／碩士)。蔡旻芳〈明末註疏對《楞嚴經》「五十陰魔」之研究〉(佛光人文社會學院／宗教學研究所／93／碩士)……等。還有網路上有非常多由法師主講的「五十陰魔」佛經講座可參考。

　　「五十陰魔」之境其實並非是「惡境」，經文明言「不作聖心，名善境界，若作聖解，即受群邪」。[5]五十魔是給我們修行人在觀照過程中避免落入魔道的「借鏡」，而不是說將經文死死的去比對周遭的修行者，動不動就給人冠上「著魔」的帽子，這點也是研究五十魔最忌諱的地方。須知「魔從心起，非從外來」，最大的佛是自己、最大的魔也是自己，一切是唯心造。

　　本論文只就「想陰十魔境」作更深入的研究與介紹，預計撰寫章節說

菩薩惡知識」。詳《大正藏》第四十六冊頁 114 下-115 上。

[4] 詳《大正藏》第七冊頁 839 中。

[5] 參《楞嚴經・卷九》，詳《大正藏》第十九冊頁 147 下。

明如下：

二、魔之釋義

　　魔(māra)者，古譯經論多作「磨」字，至南朝梁武帝時，以其為能惱

人者，遂改作「魔」。⁶若從梵文 māra 則有「惡魔、邪魔、魔王」之義，⁷其語根是由 mṛ 轉來的名詞，mṛ 則有「殺、死」之義，⁸所以魔(māra)有「殺者、奪命、能奪命者、障礙」之義，如《大智度論‧卷六十八》謂「魔，秦言能奪命者，死魔實能奪命，而其餘亦能作奪命之因緣，亦奪智慧之命，是故名殺者。」⁹及《修習止觀坐禪法要‧覺知魔事八》云：「梵音魔羅，秦言殺者，奪行人功德之財，殺行人智慧之命，是故名之爲惡魔」。¹⁰或稱魔爲「魔羅、惡魔」，若梵漢並舉則稱爲「魔障」。根據《長阿含經》的「閻浮提州品」、¹¹《過去現在因果經‧卷三》¹²及《瑜伽師地論‧卷四》¹³等所說，魔王是住在欲界第六「他化自在天」之最高處，接近「初禪天」之間。又據《長阿含‧卷二》之「遊行經」、¹⁴《增一阿含經‧卷二十七》、¹⁵《佛本行集經‧卷二十五》¹⁶所述，魔王名爲「波旬」，有「色力、聲力、香力、味力、細滑力」等五力，¹⁷又有魔女及諸多魔子魔孫等，常擾亂佛陀及其眾弟子等，專門妨礙善事及修道人。在大小經論中對「魔」的釋義非常的多，略述如下：

---

⁶ 此說詳見《佛光大辭典》頁 6885。

⁷ 見荻原雲來編《梵和大辭典》頁 1034 右。

⁸ 見荻原雲來編《梵和大辭典》頁 1056 右。

⁹ 詳《大正藏》第二十五冊頁 534 上。

¹⁰ 詳《大正藏》第四十六冊頁 470 中。

¹¹ 據《長阿含經》的「閻浮提州品」中說：於「他化自在天、梵加夷天」中間，有「摩天宮」，縱廣六千由旬」。此段文意指「摩天宮」(魔天宮)是處在「他化自在天」與「色界」初禪天「梵迦夷天」之間，詳《大正藏》第一冊頁 115 上。

¹² 如《過去現在因果經‧卷三》云：「時第六天魔王宮殿，自然動搖」。詳《大正藏》第三冊頁 639 下。

¹³ 如《瑜伽師地論‧卷四》云：「他化自在天」復有「摩羅」天宮，即「他化自在天」攝。詳《大正藏》第三十冊頁 294 下。

¹⁴ 詳《大正藏》第一冊頁 15 中。

¹⁵ 詳《大正藏》第二冊頁 699 中。

¹⁶ 詳《大正藏》第三冊頁 769 中。

¹⁷ 魔王具五力之說，見於《增一阿含經‧卷二十七》，詳《大正藏》第三冊頁 769 中。

　　「魔」在一般人的想像中都是一種會害人的「惡鬼神」，或精靈的一種實體妖怪式的「外魔」，如《大唐西域記‧卷八》載：「初魔王知菩薩將成正覺也，誘亂不遂，憂惶無賴，集眾神眾，齊整魔軍，治兵振旅，將脅菩薩。於是風雨飄注，雷電晦冥。縱火飛煙，揚沙激石。備矛楯之具，極玄失之用，菩薩於是入大悲定，凡厥兵杖，變爲蓮花，魔軍怖駭，奔馳退散」，[18]《大智度論‧卷五十六》亦云：「魔作龍身種種異形，可畏之像，夜來恐怖行者；或現上妙五欲，壞亂菩薩。[19]這種魔就像武俠小說的情節一樣，會準備武器與人「作戰」抵抗，如《普曜經‧卷六》之「降魔品」就載釋尊成道之際，魔王波旬(Pāpīyas)曾派遣欲妃、悅彼、快觀、見從等四女前來擾亂。[20]唐‧玄應《一切經音義‧卷二十三》云：「諸佛出世魔各不同，如迦葉佛時，魔名頭師，此云惡瞋等也」。[21]在《雜阿含經》卷三十九和卷四十五等都曾述及佛陀降魔之事。

　　大多數的經典都將魔附以會「擾亂、害善法、斷慧命」之意，如《大乘法苑義林章‧卷六》云：「梵云魔羅，此云擾亂、障礙、破壞，擾亂身心，障礙善法，破壞勝事，故名魔羅、[22]《大毗婆沙論‧卷五十二》云：「何故名魔？答：斷慧命故，或常放逸而自害故、[23]《大毗婆沙論‧卷一九七》云：「以諸煩惱害善法，故說名爲魔、[24]《大智度論‧卷五》云：「奪慧命，壞道法、功德、善本，是故名爲魔；諸外道人輩言，是名欲主，亦名華箭，亦名五箭。破種種善事故，佛法中名爲魔羅；是業是事，名爲魔事[25]……等，除此之外，魔還有更深一層的「精神」意義，就是若

---

[18] 詳《大正藏》第五十一冊頁918上—下。
[19] 詳《大正藏》第二十五冊頁458下。
[20] 詳《大正藏》第三冊頁519上。
[21] 詳《大正藏》第五十四冊頁449下。
[22] 詳《大正藏》第四十五冊頁348中。
[23] 詳《大正藏》第二十七冊頁272中。
[24] 詳《大正藏》第二十七冊頁984下。
[25] 詳《大正藏》第二十五冊頁99下。

未完全通達「諸法實相」者，都可名為是「魔」的一種外道，如《大智度論・卷五》云：「除諸法實相，餘殘一切法，盡名為魔，如諸煩惱、結使、欲縛、取纏、陰界入、魔王、魔民、魔人，如是等盡名為魔。」[26]另外在《瑜伽師地論・卷二十九》中也有另一種「魔」的解釋，如云：「或見在家及出家眾歡娛雜處，或見惡友共相雜住，便生歡喜，心樂趣入，當知一切皆是魔事；於佛法僧苦集滅道，此世他世，若生疑惑，當知一切皆是魔事……若於利養恭敬稱譽，心樂趣入……當知一切皆是魔事」。[27]到了《華嚴經》則將魔詮釋成十種「魔業」的意義象徵，如卷五十八之「離世間品」云：[28]

佛子！菩薩摩訶薩有十種魔業。何等為十？所謂：

(1)忘失菩提心修諸善根，是為魔業。

(2)惡心布施，瞋心持戒，捨惡性人，遠懈怠者，輕慢亂意，譏嫌惡慧，是為魔業。

(3)於甚深法心生慳吝，有堪化者而不為說，若得財利恭敬供養，雖非法器而強為說，是為魔業。

(4)不樂聽聞諸波羅蜜，假使聞說而不修行，雖亦修行多生懈怠，以懈怠故，志意狹劣，不求無上大菩提法，是為魔業。

(5)遠善知識，近惡知識，樂求二乘，不樂受生，志尚涅槃離欲寂靜，是為魔業。

(6)於菩薩所起瞋恚心，惡眼視之，求其罪釁，說其過惡，斷彼所有財利供養，是為魔業。

(7)誹謗正法不樂聽聞，假使得聞便生毀呰，見人說法不生尊重，言自說

---

[26] 詳《大正藏》第二十五冊頁 99 中。

[27] 詳《大正藏》第三十冊頁 448 上。

[28] 詳《大正藏》第十冊頁 307 下—308 上。

是，餘說悉非，是爲魔業。

(8)樂學世論巧述文詞，開闡二乘，隱覆深法，或以妙義授非其人，遠離菩提住於邪道，是爲魔業。

(9)已得解脫、已安隱者常樂親近而供養之，未得解脫、未安隱者不肯親近亦不教化，是爲魔業。

(10)增長我慢，無有恭敬，於諸眾生多行惱害，不求正法眞實智慧，其心弊惡難可開悟，是爲魔業。

是爲十，菩薩摩訶薩應速遠離，勤求佛業。

又魔的分類有許多種，大致有「二魔說、[29]三魔說、[30]四魔說、[31]五魔

---

[29] 即分成「內魔」、「外魔」二魔。「內魔」由自身產生障礙；「外魔」則係自他身而來之障礙。如《定善義傳通記・卷三》謂四魔之中，以天魔爲「外魔」，其他三魔爲「內魔」。又有就「分段、變易」二身而分，或從「煩惱、所知」二障而分。詳見《中華佛教百科全書》第九冊頁 6008 左。

[30] 即分成「五陰魔、煩惱魔、死魔」三魔，如《法華經・卷五》之「安樂品」云：「見聖賢軍與五陰魔、煩惱魔、死魔共戰，有大功勳，滅三毒，出三界，破魔網」。見《大正藏》第九冊頁 39 上。

[31] 分成「煩惱魔、五陰魔、死魔、天魔」四魔，參見北本《涅槃經・卷二》，詳於《大正藏》十二冊頁 373 下，和《瑜伽師地論・卷二十九》的內容，詳於《大正藏》三十冊頁 447 下。而《超日明三昧經・卷上》所載的「身魔、欲塵魔、死魔、天魔」者，乃同於上述之「四魔」詳於《大正藏》十五冊頁 536 下。又《大乘法苑義林章・卷六》亦云：「煩多擾亂名爲『煩惱』；色等積聚名之爲『蘊』；將盡、正盡、盡已名『死』；神用光潔自在名『天』，此四即魔」，詳《大正藏》四十五冊頁 348 中。此外據大乘經論的說法，「無常、無樂、無我、不淨」的這四種顛倒心亦屬於四魔，此四者亦能惱害眾生，故稱爲魔，如《大乘義章・卷十四》云：「第六天子無常、無樂、無我、不淨，此四倒心復爲四魔」，詳於《大正藏》四十四冊頁 752 下。

説、[32]八魔説、[33]十魔説[34]……等。在《楞嚴經》中所説的魔境範圍很大，最少有五十種，如「色陰」十境是屬於「陰中自現」的「陰魔」。分別是：

(1)精明外溢，身能出礙。

(2)精明內溢，拾出蟯蛔。

(3)精魄合離，空中聞法。

(4)心魂染悟，見佛踞臺。

(5)精明逼現，空成寶色。

(6)心見密澄，暗室睹物。

(7)塵併入純，燒斫無礙。

(8)凝想化現，遍見諸界。

(9)逼心飛出，夜見遠方。

(10)邪心含魅，妄見妄説。[35]

這十種陰魔，都是「初心自現」，並無「外魔」來干擾，而「受陰」十

---

[32] 分成「天、罪、行、惱、死」五魔，如《罵意經》中所載，詳於《大正藏》第十七冊頁530下。這是在「四魔」外多加了「罪魔」。

[33] 即四魔加上「無常、無樂、無我、無淨」等四倒，共八魔。如《涅槃經・卷二》所云，詳於《大正藏》十二冊頁377中—下。或謂「分段、變易」二身亦各有「四魔」，如《大乘法苑義林章・卷六》云：「煩惱障障礙三乘稱爲『分段魔』，所知障障礙菩薩稱爲『變易魔』。分段、變易二魔各有煩惱等四魔，故總成八魔」，詳於《大正藏》四十五冊頁349中。

[34] 如《大乘法苑義林章・卷六》舉「欲、憂愁、飢渴、愛、睡眠、怖畏、疑、毒、名利、自高慢」等十魔，經云：「可欣名『欲』，心慼名『憂愁』，悕求食飲名『飢渴』，耽欲名『愛』，令心昧略名『睡眠』，有所恐怯名『怖畏』，猶豫兩端名『疑』，損惱身心名『毒』，悕譽貪財曰『名利』，自舉陵他名『高慢』，欲等即魔，亦持業釋」，詳《大正藏》四十五冊頁348中。又《大方廣佛華嚴經・卷五十八》亦列舉「蘊、煩惱、業、心、死、天、善根、三昧、善知識、菩提法智」等十魔之説，經云：「『蘊魔』，生諸取故；『煩惱魔』，恆離染故；『業魔』，能障礙故；『心魔』，起高慢故；『死魔』，捨生處故；『天魔』，自憍縱故；『善根魔』，恆執取故；『三昧魔』，久耽味故；『善知識魔』，起著心故；『菩提法智魔』，不願捨離故，是爲十」，詳《大正藏》十冊頁307下。

[35] 以上十種名稱，參見明・蕅益 智旭《楞嚴經文句・卷九》。詳《卍續藏》第十三冊頁363中。

境則開始有「外魔」入心，兼遭「魑魅」，十魔分別是：「悲魔、狂魔、憶魔、易知足魔、常憂愁魔、好喜樂魔、大我慢魔、好輕清魔、空魔、欲魔」等十種。「想陰」十境更兼有「天魔」及著「鬼神諸魔」，如「怪鬼成魔、魃鬼成魔、魅鬼成魔、蠱毒魘勝惡鬼成魔、癘鬼成魔、大力鬼成魔、山林土地城隍川嶽鬼神成魔、天地大力「山精、海精、風精、河精、土精」五精成魔、附著於『芝草、麟鳳龜鶴』精靈成魔、他化自在天魔」等十種。最後的「行、識」二十陰境則皆是「得少為足」的一種外道與邪執、邪見心魔。以上是本節對「魔之釋義」的大略簡介。

三、想陰十魔

有關《楞嚴經》五十陰魔的「說法因緣」是很不可思議的，屬於「無問自說」方式，如經云：「即時，如來將罷法座，於師子床攬七寶几，迴紫金山，再來凭倚，普告大眾及阿難言：汝等有學緣覺、聲聞，今日迴心趣大菩提無上妙覺，吾今已說真修行法，汝猶未識修奢摩他、毘婆舍那微細魔事，魔境現前汝不能識，洗心非正落於邪見，或汝陰魔或復天魔，或著鬼神或遭魑魅，心中不明認賊為子，又復於中得少為足……汝應諦聽，吾今為汝子細分別。」[36]近代太虛大師對《楞嚴經》五十陰魔的「說法因緣」整理的最詳贍，如大師云：「五陰微細魔境，非佛莫能深辨者，故發真慈；無問而自說，先佛世尊覺明分析微細魔事也」。[37]即五陰魔境之理是「非佛莫能深辨」的，另外大師亦有獨到的六點之說，筆者試將之抄錄如下：

> 此中佛陀所以興大悲心，「無問自說」修「止觀」中之微細魔事者，其
> 緣起之義有六焉：

---

[36] 參《楞嚴經‧卷九》，詳《大正藏》第十九冊頁147上。
[37] 參《楞嚴經研究》頁103。台北文殊出版社。1987、11。

一、當時會中多有二乘有學迴小趣大、修習大乘止觀之當機眾，故
　　須為說。

二、上來選圓通根，示禪那位，但明正面增進之棺，未明反面銷除
　　之相。如或不能辨別，倒認反面以為正面。譬人乘舟進行，見
　　岸移而不悟舟動，迷舟動而認為岸移。執岸能移，怪舟不動，
　　轉欲捨舟乘岸。此非兼與說明幻見岸移之故不可，故須為說。

三、從凡夫地趨菩提路，中間遙遠，都未經歷，枝歧雜出之處既多，
　　仿佛依稀之境尤夥。或致誤入曲徑以為達道，滯著半途以為到
　　家。非一正一反而較對辨之，殆難明晰，故須為說。

四、天魔、鬼神，魑魅、妖精等類，伺修行佛法人，實有乘隙圖害
　　之事，不可不先為說破；使修行人能識其情狀，得慎防之，故
　　須為說。

五、時眾共知有四禪天無聞比丘，以迷得禪為證涅槃，遂謗阿羅漢
　　有生死、致墮無間之事。藉茲事緣，故佛大悲無問而說。

六、大乘禪中微細魔事，唯是諸佛妙覺圓明之所照了，非餘人之所
　　能分析盡知，而亦非當機修學人之所能問，故佛大悲無問而說。

　　[38]

　　從上以六點可知，此「五十魔境界」決非任人可以「偽」的出來，這
是佛陀「無問自說」，且針對末世修行、分別「邪正」的最精警內容。

　　據《楞嚴經‧卷九》中云：「彼善男子，修三摩提，受陰盡者，雖未
漏盡，心離其形，如鳥出籠，已能成就。從是凡身，上歷菩薩六十聖位，
得『意生身』，隨往無礙。譬如有人熟寐囈言，是人雖則無別所知，其言
已成音韻倫次，令不寐者咸悟其語，此則名為想陰區宇。」[39]這是說一位

[38] 參《楞嚴經研究》頁397—398。台北文殊出版社。1987、11。
[39] 參《楞嚴經‧卷九》，詳《大正藏》第十九冊頁149中。

行者若能除滅「受陰」，雖然還沒有達到完全的「漏盡」，但他們的「真心」已漸漸可脫離色身，逐步離開自己的形體，就如同小鳥出籠一樣可獲得「來去自由」的境界，已能成就殊勝的妙用。這時以自己的凡夫肉身，往上再經歷菩薩「六十聖位」[40]的修行，最終可獲「登地菩薩」以上所證得的三種「意生身」，能讓自己身體「隨意無礙」地往來一切佛剎，沒有任何的阻礙。

「意身生」是指從「意念」所變化、變現出來的一種「細身」微物質，例如「中陰身、劫初之人、色界、無色界、變化身、界外之變易身」都可名為「意生身」。從「初地」至「十地」也有三種「意生身」(mano-maya-kāya)。通教的「登地菩薩」，能得「如幻三昧」，亦能示現無量自在神通，能普入一切佛剎，隨意無礙，意欲至彼，身亦隨至，故稱為「意生身」。若據《楞伽經・卷三》之「一切佛語心品」載，「通教」菩薩能獲有至少三種的「意生身」，內容如下：[41]

(1)「三昧樂正受意生身」：以定性為樂，異於苦樂等受，故意譯為「正受」。謂「三昧樂正受」乃華梵雙舉。通教「第三、第四、第五地」菩薩修三昧時，證得「真空寂滅之樂」，普入一切佛剎，隨意無礙。即相似「初信」至「七信」，入「空位」。

(2)「覺法自性性意生身」：通教「第八地」菩薩，覺了一切諸法自性之性，如幻如化，悉無所有，以無量神力普入一切佛剎，迅疾如意，自在無

---

[40] 「六十聖位」指的是「三種增進修行漸次＋55位菩提路＋等覺＋妙覺」。如明・蓮池 袾宏《楞嚴經摸象記》云：六十聖位，依孤山「三漸次、乾慧、十信、十住、十行、十向、四加、十地、等、妙」共六十位，此於諸說似為穩當，詳《卍續藏》第十二冊頁500中。又如明・憨山 德清《楞嚴經通議・卷九》云：言六十者，連「三漸次」至「妙覺」也，詳《卍續藏》第十二冊頁644上。又如明・蕅益 智旭《楞嚴經文句・卷九》云：六十聖位者，「三漸次」為能增進，「五十七位」為所增進，能、所合稱，共成六十。詳《卍續藏》第十三冊頁367中。

[41] 詳於《大正藏》第十六冊頁497下—498上。

礙。即相似於「八信」，出「假位」。

(3)「種類俱生無行作意生身」：通教「第九、第十地」菩薩覺知一切法皆是佛法，若得一身，無量身一時普現，如鏡中之像，隨諸種類而得俱生，雖現眾像，而無作為。即相似於「九信、十信」，修「中位」。

《楞嚴經》中十種「想陰」雖已可獲「去住自由」的一種「意生身」境界，但並非即指「登地菩薩」以上所獲證的三種「意生身」，因為此人的「想陰」仍未滅盡，如明·憨山 德清《楞嚴經通議·卷九》明確的說：得「意生身」如羅漢山壁，由之直度。如意速疾，故云無礙，非「地」上「三種意生身」也，以想陰未破故。[42]

底下先將《楞嚴經》「想陰十魔」的「著魔原因」及「鬼魔名稱」製作簡表，說明如下：

想陰十魔境	鬼名	著魔原因
(一)貪求善巧	怪鬼成魔	心中貪愛「圓融靈明」的境界，於是更「勇猛銳利」在他的精神和思慮上。為了快速度化眾生，便想到要用「善巧方便」來說法利生，此原屬善意，無奈此行者竟於禪定修行中生起「貪求善巧」的心，便為「天魔」有機可乘前來擾惱。
(二)貪求經歷	魃鬼成魔	中貪愛「遊戲神通、放蕩自在」的境界，於是更「奮起飛馳」在他的精神和思慮上，此原屬善意，無奈此行者竟於禪定修行中生起「貪求能經涉遊歷諸國土」的心，便為「天魔」有機可乘前來擾惱。
(三)貪求契合	魅鬼成魔	心中貪愛「綿密的定力以吻合妙用」境界，於是更

		「凝虛澄寂」在他的精神和思慮上，此原屬善意，無奈此行者竟於禪定修行中生起「貪求能密切契合定力以吻合妙用」心，便為「天魔」有機可乘前來擾惱。
(四)貪求辨析	蠱毒魘勝惡鬼成魔	心中貪愛「追求萬物根本」的境界，一味的去「窮究遍覽」及探索「萬物之變化」，並參究萬物本性的末終與開始，於是更「精進爽練」在他的「修行心志」上。此原屬善意，無奈此行者竟於禪定修行中生起「貪求辨別分析萬物根本之理」心，以致一直往外馳逐放逸，便為「天魔」有機可乘前來擾惱。
(五)貪求冥感	癘鬼成魔	心中貪愛「和懸遠的古聖仙靈(善知識)能冥合感應」境界，於是更加「周密流戀」及「精心研習」在修行上的「冥合相應」。此原屬善意，無奈此行者竟於禪定修行中生起「貪求和懸遠的古聖仙靈(善知識)能冥合感應」心，便為「天魔」有機可乘前來擾惱。
(六)貪求靜謐	大力鬼成魔	心中「愛戀執著」更「深靜入謐」的定境，於是更加克制自己及辛苦勤修，樂於處在「陰隱寂靜」(陰靜幽寂)之境。此原屬善意，無奈此行者竟於禪定修行中生起「貪求寂靜寧謐」心，便為「天魔」有機可乘前來擾惱。
(七)貪求宿命	山林土地城隍川嶽鬼神成魔	心中貪愛「宿命知見」的境界，於是更加的去精勤苦修與研究探尋。此原屬善意，無奈此行者竟於禪定修行中生起「貪求宿命知見」心，便為「天魔」有機可乘前來擾惱。

(八)貪求神力	天地大力「山精、海精、風精、河精、土精」五精成魔	心中貪愛「神妙莫測通達無礙」的種種變化境界，於是更加精研深究神通變化發生之根元。此原屬善意，無奈此行者竟於禪定修行中生起「貪求獲取神通的威力」心，便為「天魔」有機可乘前來擾惱。
(九)貪求深空	附著於「芝草、麟鳳龜鶴精靈」成魔	心中貪愛「入於寂滅的深空」境界，於是更加的去精研深究萬物變化的體性(如何能將萬物化「有」歸「無」之性)，貪求「身境俱空，存與沒皆得自在的一種深空」之理。此原屬善意，無奈此行者竟於禪定修行中生起「貪求入於寂滅的深空」心，便為「天魔」有機可乘前來擾惱。
(十)貪求永歲	他化自在天魔	心中貪愛「長壽不死」境界，於是更加辛勤勞苦的去「窮研精微」長壽之理，貪求「永世之歲壽」，而極欲摒棄「三界內有形的分段生死」，立刻希望獲得「三界外無形的變易生死」，且欲此「微細的壽命之相」作為「永恒常住」的壽命。此行者竟於禪定修行中生起「貪求長壽不死」心，便為「天魔」有機可乘前來擾惱。

（一）貪求善巧　怪鬼成魔

阿難！彼善男子，受陰虛妙，不遭邪慮，圓定發明。三摩地中，心愛圓明，銳其精思，貪求善巧。爾時天魔候得其便，飛精附人口說經法，其人不覺是其魔著，自言謂得無上涅槃，來彼求巧善男子處敷座說法。其形斯須或作比丘，令彼人見，或為帝釋、或為婦女、或比丘尼，或寢暗室，身有光明。是人愚迷惑為菩薩，信其教化，

搖蕩其心，破佛律儀，潛行貪欲。口中好言災祥變異，或言如來某處出世，或言劫火或說刀兵，恐怖於人，令其家資無故耗散。此名「怪鬼」年老成魔，惱亂是人；厭足心生去彼人體，弟子與師俱陷王難。汝當先覺，不入輪迴；迷惑不知，墮無間獄。─卷九頁149中。

這是第一境「貪求善巧」，導致「怪鬼成魔」來擾。內容是說一位禪定修行中的善男子，當他的「受陰」已達「虛融奧妙」之境(能離身無礙，亦具「見聞周遍」之用)，不再遭「受陰」邪思俗慮之惑，圓通的「妙定」得以發揮闡明。此時行者便於其所修的「三摩地」中，忽然失去「正念」，心中生起貪愛「圓融靈明」的境界，於是更「勇猛銳利」在他的「精神」和「思慮」上。為了快速度化眾生，便想到要用「善巧方便」來說法利生，此原屬善意，無奈此行者竟於禪定修行中生起「貪求善巧」的心，便為「天魔」有機可乘前來擾惱。這在《妙臂菩薩所問經・卷二》中亦云如果修行人起了「名利、世俗、貨易」的貪心，將會感召「頻那夜迦」前來附身於「行者」身上，如云：

又復行人談說世俗閒事，至於農田、貨易之類，於自修行無有義利。彼作障者(指毘那夜迦)，而得其便。彼頻那夜迦入行人身，步步相隨，伺求其短(種種缺失)，作諸障難，令(行人持咒之)法不成。[43]

經文所說的「天魔」，在欲界有「他化自在天魔」，色界則有「魔醯首羅天魔」。如《雜阿含經・卷三十一》云：譬如「欲界」諸神力，「天魔波旬」為第一，[44]而這天魔終於等候到「侵擾」的方便機會，便乘隙「飛遣精魅」而依附著於另一位他人，然後再對生起貪心的這位修行人「口說似是而非的經義」。

---

[43] 參《妙臂菩薩所問經・卷二》，詳《大正藏》第十八冊頁750上。
[44] 參《雜阿含經・卷三十一》，詳《大正藏》第二冊頁222中。

　　關於這個「飛精附人」四個字，歷代譯經祖師的看法分成兩派，一說是指「天魔」會「飛遣精魅」附在生起「貪求善巧」的「善知識」行者之處，然後鋪座設席而為這位「行者」宣講「似是而非」的佛法。如宣化上人《楞嚴經淺釋・卷九》云：

> 「飛精附人」一句，歷代諸家多解作附他人之身。但應該解作附在這個貪求善巧的修行人身才合乎情理。因為這修行人起一念非分之求，或求神通，或求知見，或求感應，故天魔才能得便，潛入其心腑，眩惑其意，使他隨魔擺佈。並不是魔附在他人身上。修行者未破五陰，稍不留神，隨時隨地都有著魔之危險。若云魔附他人，那麼這個被魔所附的第三者與這個修行人又有什麼相干呢？為何他要受此淪墮，目的只為了攪亂他人嗎？這樣解法就不合邏輯。解經要用擇法眼，要具真知灼見。因此，不管歷代經家如何說法，我則堅持是魔附此人，非他人。[45]

　　第二說是「天魔」會「飛遣精魅」而依附到「另一位行者」身上，並令其對生起「貪求善巧」的「善知識」行者之處宣說「似是而非」的佛法經典。如下列祖師舊註所示：

> 宋・思坦《楞嚴經集註・卷九》云：飛精附人，斯必附其「可附之人」，亦修定習慧者耳。[46]

> 宋・戒環《楞嚴經要解・卷十八》云：附人，附「他人」也。「其人」，

---

[45] 參宣化上人《楞嚴經淺釋・卷九》頁 50。台北法界印經會。79 年。
[46] 參宋・思坦《楞嚴經集註・卷九》，詳《卍續藏》第十一冊頁 654 上。

(被魔)所附人也。「彼人」是(此)人，修定人也。[47]

明‧一松《楞嚴經秘錄‧卷九》云：問魔既不附「行人」，云何「他人得附」之耶？答：所附之人，亦是「行人」，非無因也。但得破「色陰」，未破「受陰」，以故飛而「附」也。幾箇「人」字，一一了知，其義自易明也。[48]

明‧交光 真鑒《楞嚴經正脈疏‧卷九》云：附人者，另附「他人」，素受邪惑者也。蓋「受」盡者，不能入其心腑，故假「旁人」惑之，轉令自亂耳。[49]

明‧觀衡《楞嚴經四依解‧卷九》云：此四句明魔知「行人」之便可入，不自現身，「別附一人」，欲來擾亂。[50]

　　雖然宣化上人原本堅持認為是「魔附此人，非他人」，但後來有關上人的開示錄，又有不同的看法，如云：

　　「飛精附人，口說經法」有兩個講法：可以說魔是附到「另外一個人」的身上，來給這個人說法；也可以說是魔附到「修定人」的身上。這兩個意思都可以存在的，不是單單一個意思。[51]

　　這個「被怪鬼魔所附者」不會察覺知道自己已被「怪鬼魔」所附身，反而自稱已修得了無上的「涅槃」之境。「被怪鬼魔所附者」便來這位生起

---

[47] 參宋‧戒環《楞嚴經要解‧卷十八》，詳《卍續藏》第十一冊頁 873 下。
[48] 參明‧一松《楞嚴經秘錄‧卷九》，詳《卍續藏》第十三冊頁 185 上。
[49] 參明‧交光 真鑒《楞嚴經正脈疏‧卷九》，詳《卍續藏》第十二冊頁 455 中。
[50] 參明‧觀衡《楞嚴經四依解‧卷九》，詳《國圖善本》第十七冊頁 1070 上。
[51] 參宣化上人《經典開示選輯(一)‧照妖鏡》。

「貪求善巧」的「善知識」行者之處，鋪座設席而為這位「行者」宣講「似是而非」的佛法，以投其所好，這種情形就如《大般涅槃經·卷七》上所說的：

> 佛告迦葉：我般涅槃「七百歲」後，是「魔波旬」，漸當沮壞我之正法。譬如「獵師」，身服「法衣」，「魔王波旬」亦復如是，作「比丘像、比丘尼像、優婆塞像、優婆夷像」，亦復化作「須陀洹身」，乃至化作「阿羅漢身」及「佛色身」。魔王以此「有漏」之形，作「無漏身」，壞我正法。52

這個被「怪鬼魔所附身者」有幾種特徵：

(1)他的「形體身貌」會有種種的神通變化，在須臾之間，或現作「比丘」身，令此「行者」得見，或現為「帝釋」身，或現為「婦女」身，或現「比丘尼」身，形體身貌會快速的變來變去。這種現象在經典中非常的多，例如《摩訶般若波羅蜜經·卷十六》云：須菩提！「惡魔」化作「比丘」，被服來至菩薩所，語菩薩言：汝先聞應如是「淨修六波羅蜜」……是事汝疾悔捨。53又如《鼻奈耶·卷八》云：有「天魔波旬」化作「比丘僧」，擔囊盛「乾餅、石蜜」，摸持「九百葉餅」，於街巷間行。54或如《相應部經典·卷四》云：時「惡魔波旬」化作「農夫」，肩扛大鋤，持趕牛棒，散髮，衣大麻粗布，足塗泥漿而詣「世尊」處。55與如《相應部經典·卷四》云：時「惡魔波旬」化作一「老婆羅門相」，結髮，著羚羊背皮衣，背曲如垂木，咽喉呴呴響鳴，執「鬱曇鉢羅樹杖」，來詣諸「比丘」處。

---

52 參《大般涅槃經·卷七》，詳《大正藏》第十二冊頁 402 下。
53 參《摩訶般若波羅蜜經·卷十六》，詳《大正藏》第八冊頁 340 中。
54 參《鼻奈耶·卷八》，詳《大正藏》第二十四冊頁 886 中。
55 參《相應部經典(第 1 卷-第 11 卷)》卷 4，詳《南傳大藏經》第十三冊頁 195 上。

56

(2)或者他的形體雖處於「暗室」中，但卻能讓人看見他身上有「光明」。

(3)此行者一時「愚癡迷惑」不覺，便將這「被怪鬼魔所附者」迷惑為真實的菩薩現身，便接受相信他的「教導感化」，於是「被怪鬼魔所附者」便以「搖惑動蕩」的方式「收服」了這位「行者」原本禪修的定心，乃至令這位「行者」破壞了佛制的「戒律威儀」，並暗中開始從事各種「貪欲」的「婬慾苟且」諸事。

(4)當這位「行者」(或說「被怪鬼魔所附者」)成為「魔眷、魔子、魔孫、魔徒」後，便開始喜歡說種種「災祥朕兆、怪誕變異」的事，如《放光般若經・卷十二》亦載「魔王波旬」甚至能變現出大小的無數地獄，而地獄中竟然也有無數億的菩薩在裡面受諸痛苦，如經云：「魔波旬」化作大小「泥犁」，一一「泥犁」中有無數億千菩薩，皆在其中受諸苦痛。[57]由此可知「魔王波旬」的力量也是非常不可思議的。

(5)或說「某如來」此刻正在某處出世。

(6)或說將發生「世界末日」的「地水火風」四大災劫。

(7)或說將有全球性的「刀兵」戰爭之難(如將發生第三次、第四次的世界大戰)，導致聽到這些「恐怖訊息」的人心生畏懼，為了求得「消災解難」，於是便「竭誠供養」這個人。最終這些人的「家產資糧」便無緣無故的被「耗損散盡」了。

這個叫做**「遇物成形」**的一種「怪鬼」，這種鬼年老了變成為「魔」，受「魔王」的驅使，來惱亂「修定」的人。等到這位行者的「戒定慧」皆被破

---

56 參《相應部經典(第 1 卷-第 11 卷)》卷 4，詳《南傳大藏經》第十三冊頁 195 上。

57 參《放光般若經・卷十二》，詳《大正藏》第八冊頁 86 下。

壞後，這位「怪鬼魔」的目的已達成，便「心滿意足」地離開「另一位行者」的身體而去。於是在「修定」中生起「貪求善巧」的「弟子」，與被怪鬼魔所附的「師父」，這兩種人都將身陷於「國家王法」的「刑罰災難」中。

這個「怪鬼魔」的由來最早是：「若於本因，貪物為罪，是人罪畢，遇物成形，名為怪鬼」。[58]接著這個「怪鬼」會以「物以類聚、投其所好」的方式與「貪著境界」的行者相應，進而附身到行者的身上。在「怪鬼魔」的業力報盡後，將來還會轉世成為畜生，如經云：「物怪之鬼，物銷報盡，生於世間，多為梟類」。[59]最終再轉世成為人類，但屬於「冥頑無知」難以教化的那一類人之中，如經云：「彼梟倫者，酬足復形，生人道中，參合頑類」。[60]

《楞嚴經》上說「怪鬼」會變現「比丘身、比丘尼身、帝釋身、婦女身」等，去迷惑修道人這在《大乘起信論》中亦有同樣的經文說明，論中說鬼神經常會變現「天人像、菩薩像、如來像」等，如云：

> 若人修行，漸漸能生無量「三昧」。或有眾生，無善根力，則為「諸魔外道鬼神」之所惑亂，若於坐中現形「恐怖」，或現「端正男女」等相。當念「唯心」，境界則滅，終不為惱。或現「天像、菩薩像」，亦作「如來像」，相好具足。或說陀羅尼、或說布施、持戒、忍辱、禪定、精進、智慧。或說「平等、空、無相、無願、無怨、無親、無因、無果」，畢竟空寂，是真涅槃。
> 或令人知「宿命過去」之事，亦知「未來」之事。得「他心智」，辯才無礙，能令眾生貪著世間名利之事。又令人數瞋、數喜，性無常準。

---

58 參《楞嚴經‧卷八》，詳《大正藏》第十九冊頁 145 上。
59 參《楞嚴經‧卷八》，詳《大正藏》第十九冊頁 145 上。
60 參《楞嚴經‧卷八》，詳《大正藏》第十九冊頁 145 中。

或多慈愛，多睡多病，其心懈怠，或率起「精進」，後便「休廢」。生
於不信，多疑多慮。或捨本勝行，更修「雜業」，若著世事種種牽纏。
亦能使人得諸三昧「少分相似」，皆是外道所得，非真三昧。或復令
人，若一日，若二日，若三日，乃至七日，住於定中。得自然香美
飲食，身心適悅，不飢不渴，使人愛著。或亦令人食無分齊，乍多
乍少，顏色變異。以是義故，行者常應智慧觀察，勿令此心墮於「邪
網」，當勤正念，不取不著，則能遠離是諸業障。61

經文說明對附此魔的方法是：「行者常應智慧觀察，勿令此心墮於邪
網。當勤正念，不取不著，則能遠離是諸業障」，這是以「不取不著」的
「正念」來去除魔障的。在《大般涅槃經‧卷六(北)》中，佛陀亦有教云：
「如來亦爾告諸聲聞。汝等不應畏魔波旬，若魔波旬化作『佛身』至汝所
者，汝當精勤，堅固其心，降伏於魔。時魔即當愁憂不樂，復道而去」，
62另《大般涅槃經‧卷三十六(北)》亦云：「魔王化作『佛像』，首羅長者見
已心驚，魔見長者其心動已，即語長：我先所說『四真諦』者，是說不真，
今當為汝更說『五諦、六陰、十三入、十九界』。長者聞已，尋觀法相都
無此理，是故堅持其心不動」。63由此可知：只要吾人修行能「堅固其心、
不取不著」則自然可以突破《楞嚴經》上所說的「怪鬼」魔力。

（二）貪求經歷　魃鬼成魔

阿難！又善男子，受陰虛妙，不遭邪慮，圓定發明，三摩地中，心
愛遊蕩，飛其精思，貪求經歷。爾時天魔候得其便，飛精附人，口
說經法，其人亦不覺知魔著，亦言自得無上涅槃，來彼求遊善男子

---

61 詳《大正藏》第三十二冊頁 582 中。
62 詳《大正藏》第十二冊頁 397 下。
63 詳《大正藏》第十二冊頁 578 上。

處，敷座說法。自形無變，其聽法者，忽自見身坐寶蓮華，全體化成紫金光聚。一眾聽人，各各如是得未曾有。是人愚迷惑為菩薩，婬逸其心，破佛律儀，潛行貪欲。口中好言諸佛應世，某處某人當是某佛化身來此，某人即是某菩薩等來化人間。其人見故，心生傾渴，邪見密興，種智銷滅，此名「魅鬼」年老成魔，惱亂是人；厭足心生去彼人體，弟子與師俱陷王難。汝當先覺，不入輪迴；迷惑不知，墮無間獄。—卷九頁149中—下。

這是第二境「貪求經歷」，導致「魅鬼成魔」來擾。這段是指「行者」在其所修的「三摩地」中，心中生起貪愛「遊戲神通、放蕩自在」的境界，於是更「奮起飛馳」在他的「精神」和「思慮」上。「精進修行」原屬善意，無奈此行者竟於禪定修行中生起「貪求能經涉遊歷諸國土」的心，便為「天魔」有機可乘前來擾惱。

這個被「魅鬼魔所附身者」有幾種特徵：

(1)他的形體身貌並沒有任何的改變，卻可令其來「聽法的信眾」，忽然看見自己身坐在「寶蓮華」上，全身整體都「幻化匯聚」成「紫金光」色彩，儼然已成佛道之貌。還能令「一般在座大眾」及聽講者，各各都能體驗如此境界，於是人人歡喜，都大歎「得未曾有」的驚喜！此種情形與《出曜經·卷十二》上所舉的內容類似，如經云：「弊魔波旬」化作「佛形像」，來至長者家，身有「三十二相、八十種好」，「紫磨金色」，圓光「七尺」……「偽佛」告曰……吾向所說「四諦」者，實非「真諦」，斯是「顛倒外道」所習。[64]

(2)此行者一時「愚癡迷惑」不覺，便將這「被魅鬼魔所附者」迷惑為真實

---

[64] 參《出曜經·卷十二》，詳《大正藏》第四冊頁675下。

的菩薩現身，於是「被魅鬼魔所附者」便以「婬縱放蕩」的方式「收服」了這位「行者」原本禪修的定心，乃至令這位「行者」破壞了佛制的「戒律威儀」，並暗中開始從事各種「貪欲」的「婬慾苟且」諸事。

(3)這位「行者」(或說「被魅鬼魔所附者」)成為「魔眷、魔子、魔孫、魔徒」後，便開始喜歡說某某諸佛已來「應化」世間。某處的某人當是某佛的「化身」，某人即是某菩薩化身來人間教化眾生等等。

(4)眾人看見「某佛某菩薩已應世」等這種「勝況」，甚至把這位「被魅鬼魔附身者」當作「佛祖再世」，心中便非常的「傾心渴仰」，從而心中的「邪見」便大大的興起。「邪見」日增，「正見」日晦，最終自己的善根「菩提種智」便消失滅盡了。

　　這個「魅鬼魔」的由來最早是：「貪色為罪，是人罪畢，遇風成形，名為魅鬼」。[65]在「魅鬼魔」的業力報盡後，將來還會轉世成為畜生，屬於會做災禍應驗類的畜牲動物，以現代動物名詞來說，如「羣雀、眾鼠、江豚、商羊(鸒鵡)、蜃蠣(肥遺)」等等。[66]或轉生為一切「多淫」等異類的畜牲動物，如《楞嚴經》云：「風魅之鬼，風銷報盡，生於世間，多為咎徵一切異類」。[67]或如《正法念處經・卷三十四》云：「慾心增上，謂孔雀烏、俱翅羅烏、鳩鴿雞雀、鵝鴛鴦眾蜂魚等」[68]之類的動物。在《修行道地經・卷二》則云：「然後得出，復作婬鳥，鸚鵡、青雀及鴿鴛鴦、鵝鴛、孔雀、

---

[65] 參《楞嚴經・卷八》，詳《大正藏》第十九冊頁 145 上。

[66] 如清・溥畹《楞嚴經寶鏡疏・卷八》云：類如「羣雀、眾鼠」為荒儉之預兆。「江豚、商羊」為風雨之前徵，詳《卍續藏》第十六冊頁 599 中。如宋・子璿《首楞嚴義疏注經・卷八》云：如「群雀、眾鼠」荒儉之徵。「鸒鵡」水災、「鶴舞」多旱，其類非一，詳《大正藏》第三十九冊頁 939 下。如宋・戒環《楞嚴經要解・卷十六》云：如「鼪鼠」呼人，「商羊」舞水類也，詳《卍續藏》第十一冊頁 863 中。如清・通理《楞嚴經指掌疏・卷八》云：如「商羊」舞水。「蜃蠣」出旱等。詳《卍續藏》第十六冊頁 274 中。

[67] 參《楞嚴經・卷八》，詳《大正藏》第十九冊頁 145 上。

[68] 詳《大正藏》第十七冊頁 201 中。

野人獼猴」，[69]最終再轉世成為人類，但屬於「愚鈍昏昧之類者」難以教化
的那一類人之中，如經云：「**彼咎徵者，酬足復形，生人道中，參合愚類**」。
[70]這都是由「貪愛婬慾」所得的一種輪迴果報。

（三）貪求契合　魅鬼成魔

> 又善男子，受陰虛妙，不遭邪慮，圓定發明，三摩地中，心愛綿**㳷**，
> 澄其精思，貪求契合。爾時天魔候得其便，飛精附人口說經法，其
> 人實不覺知魔著，亦言自得無上涅槃，來彼求合善男子處，敷座說
> 法。其形及彼聽法之人，外無遷變，令其聽者，未聞法前，心自開
> 悟，念念移易。或得宿命、或有他心、或見地獄、或知人間好惡諸
> 事、或口說偈、或自誦經，各各歡喜得未曾有。是人愚迷惑爲菩薩，
> 綿愛其心，破佛律儀，潛行貪欲，口中好言佛有大小，某佛先佛、
> 某佛後佛，其中亦有眞佛、假佛、男佛女佛，菩薩亦然。其人見故，
> 洗滌本心，易入邪悟，此名「魅鬼」年老成魔，惱亂是人；厭足心生
> 去彼人體，弟子與師俱陷王難。汝當先覺，不入輪迴；迷惑不知，
> 墮無間獄。—卷九頁149下。

這是第三境「貪求契合」，導致「魅鬼成魔」來擾。大意是說「行者」
在其所修的「三摩地」中，心中生起貪愛「綿密的定力以吻合妙用」境界，
於是更「凝虛澄寂」在他的「精神」和「思慮」上。「精進修行」原屬善意，
無奈此行者竟於禪定修行中生起「貪求能密切契合定力以吻合妙用」心，
便為「天魔」有機可乘前來擾惱。

這個被「魅鬼魔所附身者」有幾種特徵：

---

69 詳《大正藏》第十五冊頁194下。
70 參《楞嚴經·卷八》，詳《大正藏》第十九冊頁145中。

(1)他的形體及前來「聽講說法」人的形體，雖然沒有什麼「遷移變化」，但他卻可令那些「來聽法者」在還沒有聞法之前，心便能自行「開通覺悟」。其心念能「遷移變易」潛行無端，似乎有能移動改變事物之妙用。

(2)或能令「來聽法者」暫時獲得相似的「宿命通」，或暫時得相似的「他心通」，或暫時能見地獄極苦之相(類似「天眼通」)。

(3)或能令「來聽法者」暫時能知人世間種種的好事和壞事。

(4)或能令「來聽法者」暫時能從口中自然宣說經文偈頌，或暫時能自然地背誦出各種佛經，能示現出種種「類似」神通的事，能令「一般在座大眾」及聽講者各各歡喜，都大歎「得未曾有」的驚喜！

(5)此行者一時「愚癡迷惑」不覺，便將這「被魅鬼魔所附者」迷惑為真實的菩薩現身，於是「被魅鬼魔所附者」便以「纏綿愛染」的方式去「收服」了這位「行者」原本禪修的定心，乃至令這位「行者」破壞了佛制的「戒律威儀」，並暗中開始從事各種「貪欲」的「婬慾苟且」諸事。

(6)這位「行者」(或說「被魅鬼魔所附者」)成為「魔眷、魔子、魔孫、魔徒」後，便開始喜歡說佛亦有大小高低等之分別，某佛是先佛，某佛是後佛。其中又有什麼「真佛、假佛、男佛、女佛」等邪說，且說菩薩也是這樣的等等話語(菩薩亦有大小、先後、真假、男女等分別)。

(7)眾人看見及聽見這麼多的「神通妙用」諸相，便把行者原本修行的「定心」給「沖洗滌蕩」盡了。於是認邪為正，將妄作真，改易「正悟」而入「邪悟」，墮入天魔的邪說羅網中。

　　以上略有七種特徵，其中第四種是「或口說偈，或自誦經」的境界，此處筆者另有一翻研究心得，根據《出三藏記集・卷五》載：「齊末太學博士江泌□處，女尼子所出。初，尼子年在齠齔(指稚齡孩童)，有時閉目靜坐，誦出此經，或說上天，或稱神授，發言通利，有如宿習，令人

寫出，俄而還止，經歷旬朔，續復如前。京都道俗，咸傳其異」。[71]這名女尼，前後閉目誦出二十一部、共三十五卷的經典，這也是歷來「公認」最具代表性的「宿習」類的「疑偽經」。筆者以為：這樣閉目誦出經典，究竟是佛？是魔？歷代的「佛典目錄學家」對此「境界」也顯得格外的矛盾，因為一方面佛教肯定「三世因果」的學說，因此認為「宿習」乃實有其事，例如梁‧僧祐云：「推尋往古，不無此事」。[72]隋‧費長房亦云：「房(隋朝費長房)驗經論，斯理皎然，是宿習來，非關神授，且據外典，夫子有云，生而知之者聖，學而知之者次，此局談今生，昧於過去爾，若不爾者，何以得辯外內、賢聖、淺深、過現乎」。[73]這兩位大師均以「佛教學說」為依據，進而肯定「宿習」存在的可能性。但另一方面「佛典目錄學家」在編撰經目之時，卻又將其列為「疑偽經」，例如梁‧僧祐(445～518)云：「但義非金口，又無師譯，取捨兼懷，故附之疑例」。[74]隋‧法經則云：「但自經非金口，義無傳譯，就令偶合，不可以訓，故附偽錄」。[75]唐‧明佺亦云：「隋朝費長房以為熏習有由，置於正目，《仁壽》及《咸亨》等諸目錄，皆編在偽部，謂非是佛說也，今之所撰，取則於《仁壽》等焉」。[76]又唐‧智昇云：「長房以為熏習有由，置之正目，《仁壽錄》及《內典》等錄，以非梵本翻傳，編於偽錄，今依《仁壽》等定，亦編偽中」[77]……等諸說。

　　筆者認為：雖然「宿習」是有的，但這樣由自己口中突然「宣說」經典，實在令人難以相信其為「真佛典」？而且「魅鬼」也有這份「自說經文」

---

[71] 詳《大正藏》第五十五冊頁 40 中。

[72] 參《出三藏記集‧卷五》，詳《大正藏》第五十五冊頁 40 中。

[73] 參《歷代三寶記‧卷十一》，詳《大正藏》第四十九冊頁 97 上。

[74] 參《出三藏記集‧卷五》，詳《大正藏》第五十五冊頁 40 中。

[75] 參《法經錄‧卷二》，詳《大正藏》第五十五冊頁 127 下。

[76] 參《大周刊定眾經目錄‧卷十五》，詳《大正藏》第五十五冊頁 472 中。

[77] 參《開元釋教錄‧卷十八》，詳《大正藏》第五十五冊頁 674 下。

的功力。是魔？是佛？就要靠其是否嚴持「戒律」？合不合乎「三法印」及「四依止」(catvāri pratisaraṇāni)[78]之道了。

　　經文說這是一種「魅鬼年老成魔」的魔力使然，它的特徵也很好分辨，如「破佛律儀，潛行貪欲。口中好言佛有大小，某佛先佛，某佛後佛。其中亦有眞佛假佛，男佛女佛，菩薩亦然」。既稱為佛，則無大小佛之別，這個「魅鬼魔」卻宣稱佛有大佛、小佛，其實三世諸佛皆共一法身，佛佛道同，古今一致，怎會有先、後之別呢？且佛乃「妄盡眞極」的大覺者，[79]即無「真佛、假佛」之別；又佛乃「妄盡情空」者，故亦無「男佛、女佛」之別；再者，所有菩薩皆已超絕情欲，怎可能會和凡夫一樣有「真假男女」等諸事呢。以上都是「魅鬼」的魔說及魔事，吾人必須清楚的明瞭這些「邪說與正法」之別。

　　這個「魅鬼魔」的由來最早是：「貪惑爲罪，是人罪畢，遇畜成形，名爲魅鬼」，[80]在「魅鬼魔」的業力報盡後，將來還會轉世成為「狐狸」類的畜生，如經云：「畜魅之鬼，畜死報盡，生於世間，多爲狐類」。[81]最終再轉世成為人類，但屬於「凶狠而乖張自用、個性慷慨、剛強難屈伏、不受教化」那一類人之中，如經云：「彼狐倫者，酬足復形，生人道中，參於很類」。[82]這都是由於貪著「誆惑誣陷」而感招來的一種業報輪迴。

---

[78] 此指四種「依止」之項目，如：❶依法不依人(dharma-pratisaraṇena bhavitavyaṃna pudgala-pratisaraṇena)❷依了義經不依不了義經(nītārtha-sūtra-pratisaraṇena bhavitavyaṃna neyārtha-sūtra-pratisaraṇena)❸依義不依語(artha-pratisaraṇena bhavitavyaṃ na vyañjana-pratisaraṇena)❹依智不依識(jñāna-pratisaraṇena bhavitavyaṃ na vijñāna-pratisaraṇena)。

[79] 參清・通理《楞嚴經指掌疏・卷九》云：「妄盡眞極，乃名爲佛。」詳《卍續藏》第十六冊頁311上。

[80] 參《楞嚴經・卷八》，詳《大正藏》第十九冊頁145上。

[81] 參《楞嚴經・卷八》，詳《大正藏》第十九冊頁145上。

[82] 參《楞嚴經・卷八》，詳《大正藏》第十九冊頁145中。

（四）貪求辨析　蠱毒魘勝惡鬼成魔

又善男子，受陰虛妙，不遭邪慮，圓定發明，三摩地中，心愛根本，窮覽物化性之終始，精爽其心，貪求辯析。爾時天魔候得其便，飛精附人口說經法，其人先不覺知魔著，亦言自得無上涅槃，來彼求元善男子處，敷座說法。身有威神，摧伏求者，令其座下雖未聞法，自然心伏，是諸人等將佛涅槃菩提法身，即是現前我肉身上，父父子子遞代相生，即是法身常住不絕。都指現在即爲佛國，無別淨居及金色相。其人信受，忘失先心，身命歸依，得未曾有。是等愚迷惑爲菩薩，推究其心，破佛律儀，潛行貪欲，口中好言眼耳鼻舌皆爲淨土，「男女二根」即是菩提涅槃眞處。彼無知者，信是穢言，此名「蠱毒魘勝惡鬼」，年老成魔，惱亂是人。厭足心生去彼人體；弟子與師俱陷王難。汝當先覺，不入輪迴；迷惑不知，墮無間獄─卷九頁149下-150上。

這是第四境「貪求辨析」，導致「蠱毒魘勝惡鬼成魔」來擾。這段大意說：「行者」在其所修的「三摩地」中，心中忽然生起貪愛「追求萬物根本」的境界，一味的去「窮究遍覽」及探索「萬物之變化」，並參究萬物本性的末終與開始，於是更「精進爽練」在他的「修行心志」上。「精進修行」原屬善意，無奈此行者竟於禪定修行中生起「貪求辨別分析萬物根本之理」心，以致一直往外馳逐放逸，便爲「天魔」有機可乘前來擾惱。

這個被「蠱毒魘勝惡鬼魔所附身者」有幾種特徵：
(1)他的身上具有魔力的「威嚴神通」，能夠以魔力來「摧挫降伏」來跟他「求學、求法」之人，使他們在「被蠱毒魘勝惡鬼魔所附者」之前，雖然還沒有聽到他的「講法」，便已經自然的「心悅拜伏」於他。

(2)他會將佛所證的「涅槃、菩提、法身」說成就是我目前現在這個「肉身」上，而父父子子的「遞更替代」相生相續即是如來清淨「法身」常住不絕(只要是男女傳宗接代，即是如來法身不斷)，此在《楞嚴經指掌疏》亦詳云：父父子子，遞代相生，正是「欲貪」為本，業果相續，而乃謂其是「法身常住」，哀哉！以纏縛為解脫，以欲根為佛性，邪說誤人。[83]

(3)而且都指現前所在的世間就是真實的「佛國」，不會再有什麼「清淨佛土可居」以及覺行圓滿之「金色佛身」可尋了，此在《楞嚴經指掌疏》亦詳云：指現在即為佛國者，謬竊佛經「即染即淨」之說；無別淨居，及金色相者，妄擬禪家「無土無佛」之說，如狐鼠依於城社，令人不敢焚燒，究竟狐鼠城社，具眼者自能辨之。[84]

(4)所有的信眾在接受和相信「被蠱毒魘勝惡鬼魔所附者」的說法後，皆亡失自己原先所修的禪定心，因此將身心性命皆歸命依止於他，深覺十分的殊勝，都大歎「得未曾有」的驚喜！

(5)此行者一時「愚癡迷惑」不覺，便將這「被蠱毒魘勝惡鬼魔所附者」迷惑為真實的菩薩現身，於是「被蠱毒魘勝惡鬼魔所附者」便以「推索探究」的方式「收服」了這位「行者」原本禪修的定心(指鬼魔乃以「投其所好」的方式去「推究」收服這位行者的心)，乃至令這位「行者」破壞了佛制的「戒律威儀」，並暗中開始從事各種「貪欲」的「婬慾苟且」諸事。

(6)這位「行者」(或說「被蠱毒魘勝惡鬼魔所附者」)成為「魔眷、魔子、魔孫、魔徒」後，便開始喜歡說「眼耳鼻舌身」這五根就是「淨土」，而男女的「二根」(二生殖器)就是「菩提涅槃」的真正所在處。褻瀆佛法，混亂真理，而那些「無知」的人(共業所感)竟也會相信這樣的「污言穢語」。

　　這種「蠱毒魘勝惡鬼成魔」造成的魔境略有六種，這也是當今宗教界最容易犯的「大禁忌」，也就是常常宣稱「男女雙修、陰陽和合」大法，實

---

[83] 詳《卍續藏》第二十四冊頁767上。
[84] 詳《卍續藏》第二十四冊頁767上。

際上都是進行「性交、性侵」的實體內容。在基督教、天主教、佛教、附佛外道中……相關案件層出不窮，可說「五十陰魔」的全部要害都離不開「雙身婬欲」一事，此段內容請參閱下面「第十一小結」中有詳細說明。

經文中說的「蠱毒魘勝惡鬼成魔」，其實可再細分成二種鬼魔，一是「蠱毒惡鬼魔」，二是指「魘勝惡鬼魔」。

「蠱毒惡鬼魔」的由來最早是：「貪恨為罪，是人罪畢，遇蟲成形，名蠱毒鬼」，[85]在「蠱毒惡鬼魔」的業力報盡後，將來還會轉世成為「蚖蛇、蝮蠍」有毒這類的畜牲動物，如經云：「蟲蠱之鬼，蟲滅報盡，生於世間，多為毒類」。[86]最終再轉世成為人類，但屬於「平庸鄙俗、無識不仁、毒害愚昧乖謬」那一類人之中，如「媚世求榮、無超拔之氣、逢迎諂媚者」，如經云：「彼毒倫者，酬足復形，生人道中，參合庸類」。[87]這都是由於貪著「忤怨結恨」而感招來的一種業報輪迴。

另外一種是「魘勝惡鬼魔」，最早的由來是：「貪罔為罪，是人罪畢，遇幽為形，名為魘鬼」，[88]在「魘勝惡鬼魔」的業力報盡後，將來還會轉世成為「供人服飾用」這類的畜牲，如「蠶蟲、貂蟬(貂鼠)、兔毛、狐狸毛、水貂毛、河狸毛、白鼬毛、水獺毛、紫貂毛、海豹毛、郊狼毛、毛絲鼠、負鼠毛」等等。另一種則轉生為「供人乘服用」這類的畜牲，如「驢、馬、駱駝、水牛、犛牛、大象、馴鹿」等等，如《楞嚴經》經云：「綿幽之鬼，幽銷報盡，生於世間，多為服類」。[89]最終再轉世成為人類，但屬於「勞苦不息、碌碌營生」那一類人之中，如經云：「彼服倫者，酬足復形，生

---

[85] 參《楞嚴經・卷八》，詳《大正藏》第十九冊頁 145 上。
[86] 參《楞嚴經・卷八》，詳《大正藏》第十九冊頁 145 上。
[87] 參《楞嚴經・卷八》，詳《大正藏》第十九冊頁 145 中。
[88] 參《楞嚴經・卷八》，詳《大正藏》第十九冊頁 145 上。
[89] 參《楞嚴經・卷八》，詳《大正藏》第十九冊頁 145 上。

人道中，參合勞類」。[90]這都是由於貪著「誣陷姦罔」而感招來的一種業報輪迴。

（五）貪求冥感　癘鬼成魔

> 又善男子，受陰虛妙，不遭邪慮，圓定發明，三摩地中，心愛懸應，
> 周流精研，貪求冥感。爾時天魔候得其便，飛精附人口說經法。其
> 人元不覺知魔著，亦言自得無上涅槃，來彼求應善男子處，敷座說
> 法。能令聽眾，暫見其身如百千歲，心生愛染，不能捨離，身為奴
> 僕，四事供養，不覺疲勞。各各令其座下人心，知是先師本善知識，
> 別生法愛，粘如膠漆，得未曾有。是人愚迷惑為菩薩，親近其心，
> 破佛律儀，潛行貪欲，口中好言：「我於前世、於某生中先度某人，
> 當時是我妻妾兄弟，今來相度與汝相隨，歸某世界供養某佛。」或
> 言別有大光明天，佛於中住，一切如來所休居地。彼無知者，信是
> 虛誑，遺失本心，此名「癘鬼」，年老成魔，惱亂是人。厭足心生，
> 去彼人體；弟子與師俱陷王難。汝當先覺，不入輪迴；迷惑不知，
> 墮無間獄。—卷九頁 150 上-105 中。

這是第五境「貪求冥感」，導致「癘鬼成魔」來擾。內容是說：「行者」在其所修的「三摩地」中，忽然心中生起貪愛「和懸遠的古聖仙靈(善知識)能冥合感應」境界，於是更加「周密流戀」及「精心研習」在修行上的「冥合相應」。「精進修行」原屬善意，無奈此行者竟於禪定修行中生起「貪求和懸遠的古聖仙靈(善知識)能冥合感應」心，便為「天魔」有機可乘前來擾惱。

這個被「癘鬼魔所附身者」有幾種特徵：

---

[90] 參《楞嚴經・卷八》，詳《大正藏》第十九冊頁 145 中。

(1)他的身上具有魔力，所以能夠使「聽眾」暫時間看到他雖然身形「鶴髮童顏」，但卻宛如有「百千歲」長壽久修的道人，從而對他心生「愛戀染著」而不願離開，乃至甘願做這個人的奴僕，受其驅使，並且以「衣服、飲食、臥具、醫藥」四種生活之需供養他，永不會感到任何的疲勞厭倦。

(2)這位被「癘鬼魔所附身」的邪師，還能使在他「座下」聽他「講法」的人，各各以為遇到的是「前世歸依的先輩師長」，或是「前世原本依止的大善知識」，因此對他除了有「人愛」之外，還另外產生一種前所未有的「法眷情愛」，似漆如膠，粘的不可須臾分離。於是人人歡喜，都大歎「得未曾有」的驚喜！

(3)此行者一時「愚癡迷惑」不覺，便將這「被癘鬼魔所所附者」迷惑為真實的菩薩現身，於是「被癘鬼魔所所附者」便以「親密接近」的方式「收服」了這位「行者」原本禪修的定心，乃至令這位「行者」破壞了佛制的「戒律威儀」，並暗中開始從事各種「貪欲」的「婬慾苟且」諸事。

(4)這位「行者」(或說「被癘鬼魔所所附者」)成為「魔眷、魔子、魔孫、魔徒」後，便開始喜歡說：我在前世的時候，在某某生中，我先度了某人，當時這些人都是我的「妻、妾」或「兄、弟」，今生「再續前緣」，所以特來相度，來世將與你們一起「回歸」到「某某淨土世界」，然後再去供養「某某佛」。

(5)或說另有一個「大光明天」淨土(其實就是欲界天頂的「他化自在天魔王」宮殿)，有「佛」就住在那裡，那也是一切如來所「休息安居」的地方。其實魔王所謂的「大光明天」就是指「欲界」第六層天接近「初禪天」的另一個「魔宮」之處，這是魔王的「住所」。[91]魔王會謂此處即是「**一切如來所休居地**」的「**涅槃處**」，其實佛的「真涅槃地」豈有「**處**」耶？故清·靈耀《楞嚴經

---

91 此說引見清·通理《楞嚴經指掌疏》云：「或言別有等者，謬指『欲頂魔宮』為『大光明天』，謬指『欲頂魔王』為『佛』，於中住，謬謂信其說，歸其教者」。詳《卍續藏》第二十四冊頁769下。

觀心定解》即云：今指「天」爲圓寂之地，非「魔」是何？[92]那些無慧無知的信徒們(共業所感)，竟也都相信這些「虛妄欺誑」的邪說，以至於遺失了原本修道、修禪定的「本元真心」。

經文中說：別有「大光明天」，佛於中住，[93]指的就是「欲界」的「第六層天」魔宮之處，因為欲界「第六天」除了有「天人」在此住外，還有另一個「魔宮」專由「他化自在天魔」所住，如《瑜伽師地論‧卷四》云：「他化自在天」復有「摩羅」天宮，即「他化自在天」攝，[94]所以欲界「第六天」不能盡說為「魔王」所住，亦有一般的「天人」住於此地。

這個「癘鬼魔」的由來最早是：「貪憶爲罪，是人罪畢，遇衰成形，名爲癘鬼」，[95]在「癘鬼魔」的業力報盡後，將來還會轉世成為「蛔蟲、蟯蟲」等這類的小蟲類動物，如經云：「衰癘之鬼，衰窮報盡，生於世間，多爲蛔類」。[96]最終再轉世成為人類，但屬於「卑微、下賤、倡優、婢僕」那一類人之中，如經云：「彼蛔倫者，酬足復形，生人道中，參合微類」。[97]這都是由於貪著「憶念宿世怨氣」而感招來的一種業報輪迴。經文中說「心愛懸應……貪求冥感」就是類似「貪憶」的一種行為，如此就會很容易與「癘鬼魔」而相應。

（六）貪求靜謐　大力鬼成魔

又善男子，受陰虛妙，不遭邪慮，圓定發明，三摩地中，心愛深入，

---

[92] 詳《卍續藏》第二十四冊頁 101 下。
[93] 參《楞嚴經‧卷九》，詳《大正藏》第十九冊頁 150 上。
[94] 參《瑜伽師地論‧卷四》，詳《大正藏》第三十冊頁 294 下。
[95] 參《楞嚴經‧卷八》，詳《大正藏》第十九冊頁 145 上。
[96] 參《楞嚴經‧卷八》，詳《大正藏》第十九冊頁 145 上。
[97] 參《楞嚴經‧卷八》，詳《大正藏》第十九冊頁 145 中。

克己辛勤，樂處陰寂，貪求靜謐。爾時天魔候得其便，飛精附人口說經法。其人本不覺知魔著，亦言自得無上涅槃，來彼求陰善男子處，敷座說法。令其聽人各知本業，或於其處語一人言：「汝今未死，已作畜生。」勅使一人，於後踏尾，頓令其人起不能得。於是一眾，傾心欽伏。有人起心，已知其肇，佛律儀外，重加精苦，誹謗比丘，罵詈徒眾，訐露人事，不避譏嫌。口中好言未然禍福，及至其時毫髮無失，此「大力鬼」，年老成魔，惱亂是人。厭足心生，去彼人體；弟子與師，俱陷王難。汝當先覺，不入輪迴；迷惑不知，墮無間獄。
一卷九頁 150 中。

這是第六境「貪求靜謐」。導致「大力鬼成魔」來擾。內容是說「行者」在其所修的「三摩地」中，忽然心中生起「愛戀執著」更「深靜入謐」的定境，於是更加「克制自己」及「辛苦勤修」，樂於處在「陰隱寂靜」（陰靜幽寂）之境。「精進修行」原屬善意，無奈此行者竟於禪定修行中生起「貪求寂靜寧謐」心，便為「天魔」有機可乘前來擾惱。「靜謐」是一種禪那清淨之地，意即行者為達成「深入圓通」的妙定，故嚴勵的克制自己，不計辛勤的用功求道，喜歡住在「陰隱寂靜」的地方去貪求「深密的禪境」。行者若有此貪念，則會引起「大力鬼」的附身。

「大力鬼」是一種「上上品神通力大之鬼」，[98]如《楞嚴經·卷六》云：「如不斷殺，必落神道。上品之人，為大力鬼」。[99]《卷十》云：「陰魔銷滅，天魔摧碎。大力鬼神，褫魄逃逝。魑魅魍魎，無復出生」。[100]《卷十》末云：「他方菩薩二乘，聖仙童子，并初發心大力鬼神，皆大歡喜，作禮

---

[98] 參《楞嚴經正脈疏》，詳《卍續藏》第十八冊頁 851 上。
[99] 參《楞嚴經·卷六》，詳《大正藏》第十九冊頁 132 上。
[100] 參《楞嚴經·卷十》，詳《大正藏》第十九冊頁 154 中。

而去」。[101]曾有註解將此鬼配於《卷八》之「大力鬼王」，如云：「大力鬼王是情少想多(八想二情)中大方鬼王之屬，不能護法護咒，住如來座下，專以鬼業得大力報者」。[102]筆者以為經文但云「大力鬼」，沒有「王」字，未必就是指「大力鬼王」。[103]因為《正法念處經・卷十六》上載的是：「偷盜他財，誑人取物，或恃勢力，強奪人財……爲如是，是爲不淨施，是人身壞命終對之後，生於『大力神通鬼』中」。[104]另《餓鬼報應經中》又載「大力鬼」是廁上專取屎食的鬼。[105]而《金光明經・卷三》所載的「大力鬼王」則又是似於《楞嚴經》上專門護持修行者的「善鬼神」。[106]總之：「大力鬼」是一個鬼魔的名字，至於他的「本因」與「本業」亦是隨緣不定的。

這個被「大力鬼魔所附身者」有幾種特徵：

(1)他的身上具有魔力，所以能夠令那些來「聽他說法的人」各自知道自己前世的「因果作業」(類似宿命通)。

(2)或者在「被大力鬼魔所附者」說法的地方，他會對某人講說：你現在雖然還沒有死，但是已作了「畜生」(畜生相已然現前，此類似預知未來的神通)。為了證明此事，於是敕使另外一個人在此人的「身後」去做踩踏「尾巴」的動作，因魔力所加，頓時便令此人真的不能「起身」。於是「一般在座大眾」對他都非常的「傾慕醉心」及「欽佩敬伏」。此時的與會大眾中，如果有人對此「神異事」生起一念的「疑心」，這位「被大力鬼魔所附者」便會馬上知道他生起「疑心」的最初端倪(類似他心通)，甚至會當場斥責那個「不相信的人」，來證明他有「他心通」的能力。

---

[101] 參《楞嚴經・卷十》。詳《大正藏》第十九冊頁 155 中。

[102] 參明・錢謙益《楞嚴經疏解蒙鈔》，詳《卍續藏》第二十一冊頁 649 下。

[103] 此說參見清・靈耀《楞嚴經觀心定解》，詳《卍續藏》第二十四冊頁 102 上。

[104] 詳《大正藏》第十七冊頁 97 上。或見《法苑珠林・卷六》，詳《大正藏》第五十三冊頁 312 上。

[105] 詳《大正藏》第十七冊頁 561 中。

[106] 詳《大正藏》第十六冊頁 350 上。

(3)「被大力鬼魔所附者」會在佛制的「戒律威儀」外，另外增加一些與外道相似的「精勤苦行」(指外道的「戒禁取見」，如見牛狗死後生天，便學牛狗之所為，食草噉糞)。

(4)隨意的去誹謗「出家比丘」，以「惡語」去「斥罵詛詈」他的信眾弟子(藉以顯示出自己沒有私心)。

(5)肆無忌憚公開的去「攻訐揭露」他人的「私事秘密」(指「破和合僧」的五逆重罪之一，此類似「眼、耳通」)，完全不避「譏笑嫌惡」(藉以顯示出自己心直口快)。

(6)其人口中喜歡講還未發生成為事實的「未來禍福」預言，其所說的預言，也常常都毫髮不差的應驗。

關於這「第六魔境」這段經文在歷代祖師的註解中曾有「經文上下互換」的爭議，如明·通潤《楞嚴經合轍》、[107]明·交光《楞嚴經正脈疏》[108]及民國·圓瑛《楞嚴經講義》、[109]民國·海仁《楞嚴經講記》[110]……等註疏皆謂此「第六魔境」應是「宿命」之文，而下段「第七魔境」的「宿命」之語應是「第六魔境」的「靜謐」之文，兩者應該互換方能前後相應。這種說詞似乎亦有理，但反對者亦有之，如清·靈耀《楞嚴經觀心定解》云：然「知後報」，即屬天眼，豈皆宿命者哉？東土人師只聞解經不聞改經。[111]清·錢謙益《楞嚴經疏解蒙鈔》即云：此言亦有理在，然翻度久遠，誰敢「自命譯主」耶？[112]民國·守培《楞嚴經妙心疏》更辯曰：不知

---

[107] 云：「心愛」四句，當與下章「心愛」三句「換過」，則前後相應矣！詳《卍續藏》第二十二冊頁 598 上。

[108] 云：六、貪求「靜謐」，此科似是貪求「宿命」，以詳玩魔事皆「宿命通」，恐與下科「顛倒」差誤，又與上科皆為「宿命」，但上多示知「過去」，此多示知「未來」……七、貪求宿命，詳玩魔事，酷似「靜謐」之事，蓋寶藏符識，皆「陰寂隱微」之類，且不似上科了然顯於「宿通」也。我故疑恐，譯人一時「誤」相倒換，理或有之。詳《卍續藏》第十八冊頁 850 下及 851 上。

[109] 參《楞嚴經講義》頁 1542 及 1544。台北大乘精舍印。1996 年

[110] 參《楞嚴經講記》頁 1076。台南和裕印。1989 年

[111] 詳《卍續藏》第二十四冊頁 102 上。

[112] 詳《卍續藏》第二十一冊頁 649 下。此語亦同見於《楞嚴經寶鏡疏》，詳《卍續

「宿命」求知，「前生」之事也。「靜謐」求知，「後生」之事也，經文未倒，解者誤解經文也、[113]前文求知「生後」之事，下文求知「生前」之事，其求知雖同，所知各異，解者未詳，故於經文生顛倒見也。[114]

　　筆者的看法採保守觀點，不做任何的經文異動，故取錢氏、守培、靈耀之說為准。宋‧戒環《楞嚴經要解‧卷十八》曾云：邪定能具五通，「本業」宿業也。「畜生」後報也，此二宿命通也。「知肇」他心通也；「訐露」眼耳通也。[115]所以若以「第六魔境」經文「各知本業」一語來看，的確是指「宿業」，但後來說的未來成「畜生、知肇」和「訐露」等語，皆是指「未來」的預知能力，此與「第七魔境」的「貪求宿命」似乎完全不符的。故本「第六魔境」的經文應該「未倒」，乃解經者多疑所致。

　　至於經文中出現「蹋尾」一事，這究竟是魔？是佛？筆者要舉隨朝的道舜大師為例，根據唐‧道宣撰《續高僧傳‧卷十八》載道舜大師是「日惟一食，常坐卒歲，斯亦清素之法門也，德豐內溢，聲流氓俗，能感蛇鼠，同居在繩床下，各孕產育，不相危惱，又致虎來蹲踞其側，便為說法……」[116]這樣非常有德行的一位高僧。[117]在開皇初年(公元581)時曾有一女求大師授戒，大師告女云：「汝當生牛中，其相已現，戒不救汝也。」時有不信大師之言，皆以大師妖言惑眾，於是大師告眾曰：「必不信者，試蹋汝牛尾業影，必當不起，即以足躡女裙後空地。云是尾影，其女依

藏》第九〇冊頁903下。

[113] 詳《佛教藏》第一二一冊頁637。

[114] 詳《佛教藏》第一二一冊頁638。

[115] 詳《卍續藏》第十七冊頁880上。

[116] 詳《大正藏》第五十冊頁577上。或見《神僧傳‧卷五》，詳《大正藏》第五十冊頁977中。

[117] 道宣律師又讚道舜大師云：「道舜之觀牛影，智通之感奇相，僧定之制強賊，節操如鐵石，志概等雲霄，備彰後傳，略為盡美……」。參《續高僧傳‧卷二十》，詳《大正藏》第五十冊頁597上。

言，取起不得，時眾警信……」，[118]後道舜大師便開示其因果惡業並為之「營福」令其修懺悔，待惡業消滅，方為之授戒。從這段史料來看，佛魔之隔，的確是一念之差，須善加觀察才能正確的認知。

　　這位被「大力鬼魔」所附身的明顯特徵是「佛律儀外，重加精苦。誹諦比丘，罵詈徒眾。訐露人事，不避譏嫌。口中好言未然禍福」。唯獨沒有「破佛律儀」及「宣婬潛行貪欲」諸事。所謂的「重加精苦」就是行一些無益的苦行，如清・灌頂大師云：「重加精苦者，如斷五味、裸四肢、拔髮、熏鼻，投灰、臥棘等皆是」。[119]《(北)大般涅槃經・卷十六》曾分析這些苦行的外道云：

(1)自餓外道，斷食而忍饑餓者(彼等不羨飲食，長忍飢虛，執此苦行以為得果之因)。

(2)投淵外道，寒時入深淵，忍受凍苦者(彼等入寒深淵，忍受凍苦，執此苦行以為得果之因)。

(3)赴火外道，以五熱燒炙其身者(彼等身常炙熱，及熏鼻等，甘受熱惱，執此苦行以為得果之因)。

(4)自坐外道，不分寒暑，裸身坐於露地者(彼等常自裸形，不拘寒暑，坐於露地，執此苦行以為得果之因)。

(5)寂默外道，住於屍林塚間，默而不語者(彼等以屍林塚間為住處，寂默不語，執此苦行以為得果之因)。

(6)牛狗外道，持守牛戒、狗戒，盼得生天者(彼等自謂由前世牛狗中而來，故持牛狗戒，齝草噉污，唯望生天，執此苦行以為得果之因)。[120]

---

[118] 詳《大正藏》第五十冊頁577上。

[119] 參《楞嚴經寶鏡疏》，詳《卍續藏》第二十四冊頁770下。

[120] 以上簡言之，原文詳見《大正藏》第十二冊頁462上，或參見《南本大般涅槃經・卷十五》，詳《大正藏》第十二冊頁704中。

又《雜阿含經・卷三十五》亦云：「或拔髮、或拔鬚、或常立舉手、或蹲地、或臥灰土中、或臥棘刺上、或臥杵上、或板上、或牛屎塗地而臥其上、或臥水中、或日三洗浴、或一足而立身隨日轉。如是眾苦精勤有行，尸婆！是名自害。他害者，或為他手、石、刀、杖等種種害身，是名他害」[121]……等等。曾有註解將「日中一食」亦算入「佛律儀外，重加精苦」的修行，[122]關於這點筆者將在下段「第七貪求宿命」一文中詳述之。

這個「大力鬼魔」的由來最早是：「貪憍為罪，是人罪畢，遇氣成形，名為餓鬼」，[123]在「大力鬼魔」的業力報盡後，將來還會轉世成為「被食噉」這類的畜牲動物，例如「牛、羊、豬、雞、鴨、魚、蝦」等等，如經云：「受氣之鬼，氣銷報盡，生於世間，多為食類」。[124]最終再轉世成為人類，但屬於「柔弱懦性、被世欺凌、不能卓立」那一類人之中，如經云：「彼食倫者，酬足復形，生人道中，參合柔類」。[125]這都是由於貪著「驕慢高憍」而感引來的一種業報，既然有「空腹高心」的「憍心」，就不樂與眾人為伍，喜歡深入獨處，最終因「貪求靜謐」而招感「大力鬼」所擾。

（七）貪求宿命　山林土地城隍川嶽鬼神成魔

又善男子，受陰虛妙，不遭邪慮，圓定發明。三摩地中，心愛知見，勤苦研尋，貪求宿命。爾時天魔候得其便，飛精附人，口說經法。其人殊不覺知魔著，亦言自得無上涅槃。來彼求知善男子處，敷座說法。是人無端於說法處，得大寶珠，其魔或時化為畜生，口銜其

---

[121] 詳《大正藏》第二冊頁 252 下。

[122] 如海仁《楞嚴經講記》頁 1076 云：「重加精苦，修習苦行，如投灰臥棘，拔髮熏鼻等外道，或一日一食等」。台南和裕印。1989 年。

[123] 參《楞嚴經・卷八》，詳《大正藏》第十九冊頁 145 上。

[124] 參《楞嚴經・卷八》，詳《大正藏》第十九冊頁 145 上。

[125] 參《楞嚴經・卷八》，詳《大正藏》第十九冊頁 145 中。

珠，及雜珍寶、簡冊、符牘諸奇異物，先授彼人，後著其體。或誘聽人藏於地下，有明月珠照耀其處。是諸聽者，得未曾有。多食藥草，不餐嘉饌。或時日餐一麻一麥，其形肥充，魔力持故。誹謗比丘，罵詈徒眾，不避譏嫌。口中好言他方寶藏，十方聖賢潛匿之處。隨其後者，往往見有奇異之人。此名「山林土地城隍川嶽鬼神」年老成魔。或有宣婬，破佛戒律，與承事者潛行「五欲」。或有精進，純食「草木」，無定行事，惱亂是人。厭足心生，去彼人體。弟子與師，俱陷王難。汝當先覺，不入輪迴。迷惑不知，墮無間獄。－卷九頁150中-150下。

這是第七境「貪求宿命」，導致「山林土地城隍川嶽鬼神成魔」來擾。內容是說「行者」於其所修的「三摩地」中，忽然心中生起貪愛「宿命知見」的境界，於是更加的去「精勤苦修」與「研究探尋」。「精進修行」原屬善意，無奈此行者竟於禪定修行中生起「貪求宿命知見」心，便為「天魔」有機可乘前來擾惱。

這個被「山林土地城隍川嶽鬼神魔所附身者」有幾種特徵：

(1)他的身上具有魔力，所以可以無緣無故地從「講法的地方」取得一顆「大寶珠」，以顯示他的神通力。

(2)這位「山林、土地、城隍、川嶽鬼神魔」有時候會直接變化成為動物畜生，經典上也常記載魔王會變化出一些畜牲動物，如《相應部經典·卷四》云：爾時，「惡魔波旬」欲令世尊，生起恐怖毛髮豎立，乃化作「大象王」，來詣世尊前。[126]又如《雜阿含經·卷三十九》亦載云：「魔波旬」……化作「大牛」，往詣佛所。[127]《楞嚴經》中說這些變化出來的動物口中會含著「珠寶」及「雜色珍寶」，或是古代的「簡籍、書冊、竹

---

[126] 參《相應部經典(第1卷-第11卷)》卷4，詳《南傳大藏經》第十三冊頁180上。

[127] 參《雜阿含經·卷三十九》，詳《大正藏》第二冊頁290上。

符、牘函」等眾多的「奇珍異物」，然後將這些東西傳授給「被魔附身者的行者」，之後再「附著」到這位「行者」身上。

(3)「被山林、土地、城隍、川嶽鬼神魔所附者」便開始誘惑來「聽他講法」的人，並說某地方中藏有「明月寶珠」，有閃閃的珠光照耀在那裡，使得所有來「聽講者」各個歡喜，都大歡「得未曾有」的驚喜！

(4)「被山林、土地、城隍、川嶽鬼神魔所附者」多半以「藥草」為食，不吃精美的「嘉膳美饌」。

(5)或者有時一天只吃「一麻一麥」，但其身體依然「肥滿充實」，這是由於「魔力」加持的緣故。

(6)會隨意的去誹謗「出家比丘」，以「惡語」去「斥罵詛詈」他的信眾弟子(藉以顯示出自己沒有私心)，完全不避「譏笑嫌惡」(藉以顯示出自己心直口快)。

(7)嘴上喜歡說某個他方處有「寶藏」，或說某地方是十方聖賢所「隱潛藏匿」之處，然後跟隨他前去「查看」及親近供養，往往就真的會見到那邊的「奇異之人」，所以大家都很相信他。這個叫做「山林、土地、城隍、川嶽鬼神」的一種「怪鬼」，這種「鬼」年老了變成為「魔」，受「魔王」的驅使，來惱亂「修定」的人。

(8)這些「山林、土地、城隍、川嶽鬼神魔」專門「附身於人」而宣說「淫穢」之事，來破壞佛制的「戒律威儀」。

(9)然後與「跟他承事學習者」(侍者及弟子們)一起暗中進行「財色名食睡」五欲的享樂。

(10)或者教人純粹只吃「藥草、樹根、樹木」的「邪精進」用功方式，時瞋時喜、時勤時惰，沒有一定的行事規則，以種種「外道方式」來惱亂修道人。

　　經文中言「日餐一麻一麥，其形肥充，魔力持故」，在佛教經典中確有「日餐一麻一麥」修行方法，這與《楞嚴經》中所說的「魔力持故」有

何異同呢？根據《悲華經・卷六》、[128]《修行本起經・卷下》、[129]《大莊嚴論經・卷十》[130]……等諸經皆載釋尊當年六年修行的方式是：「誓日食一麻一米，以續精氣，端坐六年，形體羸瘦」。世尊當年亦是「日食一麻一米」，但世尊是「形體羸瘦」，不是《楞嚴經》上說的「其形肥充」；不過這亦不代表「形體羸瘦」的「日餐一麻一麥」就一定是屬於「正法」，因為佛法是因人心而起，是正人行邪法，邪法亦正；邪人行正法，正法亦邪的「隨眾生心，應所知量」，[131]雖然「日餐一麻一麥」並非佛教所大力提倡的修行法門，但佛教的高僧傳中確實也有「日餐一麻一麥」的真正修行者(非魔附身)，這就要看其人「發心」正確與否？是否言行舉止皆合乎「佛戒」？

試舉東晉一位僧人，名單ㄕ 道開，他是敦煌人，曾經誦經達四十多萬遍，從不食人間穀物，只吃點「柏實(柏樹結的果實)」、松脂(由松類樹幹分泌出的樹脂)、細石子」之類的東西，而且夜不倒單，寒暑皆不畏，最後仍長壽百餘歲。如《高僧傳・卷九》云：

> 單ㄕ 道開，姓孟，燉煌人。少懷栖隱，誦經四十餘萬言。絕穀，餌「柏實」。「柏實」難得，復服「松脂」，後服「細石子」。一吞數枚，數日一服。或時多少，噉「薑、椒」。如此七年。後不畏寒暑，冬溫夏涼，晝夜不臥……阜陵太守遣馬迎開，開辭，能步行三百里路……一日行七百里，至南安度一童子爲沙彌……開能救「眼疾」，時秦公石韜就開治目……後入羅浮山，獨處茅茨，蕭然物外。春秋「百餘歲」，卒于山舍，勅弟子以屍置石穴中。[132]

---

[128] 詳《大正藏》第三冊頁 207 下。

[129] 詳《大正藏》第三冊頁 469 下。

[130] 詳《大正藏》第四冊頁 312 中。

[131] 詳《大正藏》第十九冊頁 117 下。

[132] 參《高僧傳・卷九》，詳《大正藏》第五十冊頁 387 中。另外《佛祖統紀・卷三十六》則另記說：「後入羅浮山石室，坐亡」，詳《大正藏》第四十九冊頁 340

　　按照單道開的修行方式，絕非是「魔力持故」，所以唐・道宣律師便說：僧之真偽，唯佛明之，自餘凡小，卒未能辯。良由導俗化方，適(機)緣不一；權道(教化世間的變通之道)難謀(謀議;思量)，變現隨俗。不可以「威儀」取，難得以「事相」求，通道(貫通道理)為先。[133]

　　亦有人認為此段經文中所說的「日餐一麻一麥」即指「日中一食」之法，進而以持「日中一食」者為「非法、非律」之說。其實「日中一食」或「夜不倒單」本是「佛制」，是「佛說」，並不是邪法，如《十二頭陀經》中的第四頭陀法(dhūta)即是「受一食法」，日僅受一食(梵 ekāsanika，巴 ekāsanikaṅga，又作一坐食、一受食)，則指每日唯受一食，而不數次受食，以免妨礙一心修道。第十二頭陀法是「但坐不臥」，若安臥，慮諸煩惱賊常伺其便。[134]在《增一阿含經・卷四十六》中謂有十一種苦行方式，第四種是「一時食」，第五種是「正中食」，第九種是「露坐閑靜處」。[135]又《摩訶僧祇律・卷十七》亦云：「如來以『一食』故，身體輕便，得安樂住，汝等亦應『一食』……若比丘非時食，波夜提……非時者，若時過如髮瞬，若草葉過，是名非時」。[136]或見《增一阿含經・卷四十七》載：「爾時世尊告諸比丘，我恒一坐而食，身體輕便，氣力強盛。汝等比丘亦當一食」[137]……等。

　　在中國執持「日中一食」或「夜不倒單」(即常坐不臥)的僧人，史傳上的記

上。

[133] 參唐・道宣撰《集神州三寶感通錄・卷下》，詳《大正藏》第五十二冊頁 430 中
[134] 分別詳於《大正藏》第十七冊頁 721 上和下。
[135] 經上明白的說「行者若能於十一年間行此法，現身即成就阿那含，來生必能成就阿羅漢」。以上簡言之，原文詳於《大正藏》第二冊頁 795 上-中。
[136] 詳《大正藏》第二十二冊頁 359 中-360 上。
[137] 詳《大正藏》第二冊頁 800 中。

載非常非常的多，茲舉最有名的北齊·<u>南嶽</u> 慧思禪師、[138]東晉·<u>佛陀耶舍</u>、[139]唐·<u>澄觀</u> 清涼大師、[140]唐·<u>懷玉</u>大師、[141]唐·<u>道宣</u>律師、[142]唐末五代·<u>永明</u> 延壽禪師、[143]及清·<u>省庵</u>大師[144]……等都是「日中一食」的執持者，所以「日餐一麻一麥」與「日中一食」的修行方式應該是有所區別的，且「日中一食」並不是《楞嚴經》上說的於「**佛律儀外，重加精苦**」的一種「外道」無益苦行。

這位被魔附身的行者除了上述的「神通異能」之術外，最明顯的特徵不外是 「**誹諦比丘，罵詈徒眾，不避譏嫌……或有宣婬破佛戒律，與承事者潛行五欲**」。宣導婬穢之行，破壞清淨戒律，暗地實行「財色名食睡」等五欲。所以就算他真能「**日餐一麻一麥，其形肥充**」，但終究不捨「五欲」之樂啊！

（八）貪求神力　天地大力「山精、海精、風精、河精、土精」

138　如《景德傳燈錄·卷二十七》載：「稟具常習坐，日唯一食，誦《法華》等經滿千遍」。詳《大正藏》第五十一冊頁 431 上。

139　如《高僧傳·卷二》載：「時至分衛，一食而已」。詳《大正藏》第五十冊頁 334 中。

140　參《佛祖統記·卷二十九》云：「大統清涼國師…壽一百二歲…身長九尺四寸，手垂過膝，夜目發光，畫仍不瞬…盡形一食，宿不離衣」。詳《大正藏》第四十九冊頁 293 中。

141　如《宋高僧傳·卷二十四》載：「一食長坐，蚤虱恣生，唯一布衣行懺悔之法」。詳《大正藏》第五十冊頁 865 上。

142　如《宋高僧傳·卷十四》載大師：「三衣皆紵，一食唯菽，行則杖策坐不倚床，蚤蝨從遊居然除受，土木自得固己亡身」。詳《大正藏》第五十冊頁 790 下。

143　如《景德傳燈錄·卷二十六》載：「大師既冠不茹葷，日唯一食，持《法華經》七行俱下。」詳《大正藏》第五十一冊頁 421 下。

144　為清代淨土宗僧，蓮宗第九祖。<u>江蘇</u> 常熟人，俗姓時，字思齊，號省庵。世代習儒，夙有出塵之志。十五歲出家，經典過目不忘。二十四歲受具足戒，嚴持戒律，不離衣鉢，日僅一食，恆不倒單。詳《新續高僧傳·卷四十五》，《佛教藏》第一六一冊頁 710-711。

五精成魔

又善男子,受陰虛妙,不遭邪慮,圓定發明,三摩地中,心愛神通,種種變化,研究化元,貪取神力。爾時天魔候得其便,飛精附人口說經法,其人誠不覺知魔著,亦言自得無上涅槃,來彼求通善男子處,敷座說法。是人或復手執火光,手撮其光,分於所聽,四眾頭上。是諸聽人,頂上火光皆長數尺,亦無熱性,曾不焚燒;或水上行,如履平地;或於空中,安坐不動;或入瓶內,或處囊中;越牖透垣,曾無障礙;唯於刀兵不得自在。自言是佛,身著白衣,受比丘禮,誹謗禪律,罵詈徒眾,訐露人事,不避譏嫌,口中常說神通自在,或復令人傍見佛土,鬼力惑人非有真實,讚歎行婬,不毀麤行,將諸猥媟,以為傳法,此名天地大力「山精、海精、風精、河精、土精」,一切草木,積劫「精魅」,或復「龍魅」,或壽終仙,再活為「魅」,或仙期終,計年應死,其形不化,「他怪」所附,年老成魔。惱亂是人。厭足心生,去彼人體;弟子與師多陷王難。汝當先覺,不入輪迴;迷惑不知,墮無間獄。—卷九頁 150 下。

這是第八境「貪求神力」,導致天地大力「山精、海精、風精、河精、土精」五精成魔來擾。大意是說「行者」於其所修的「三摩地」中,心中忽然生起貪愛「神妙莫測通達無礙」的種種變化境界,於是更加「精研深究」神通變化發生之根元。「精進修行」原屬善意,無奈此行者竟於禪定修行中生起「貪求獲取神通的威力」心,便為「天魔」有機可乘前來擾惱。

這個被「天地大力『山精、海精、風精、河精、土精』五精魔所附身者」有幾種特徵:

(1)可以用手就可直接「執取」大火光,或用手指撮取「火光」,再分別置放「在場聽法」的所有四眾弟子的「頭頂」上。這些聽眾的頭上「火光」都

長達數尺，但卻感覺不到半點熱火，竟也不會焚燒身體。

(2)或可在水上行走，就如履平地般的自在，此魔似乎於水火中已得「自在」之神通，這種現象在《根本說一切有部毘奈耶雜事·卷二十六》亦有說明，如云：「魔王波旬」即便化作晡刺拏(外道之名)形，往末羯利瞿舍梨子(古印度「六師外道」之一)處，即於其前現諸「神變」，身出「水火」，降雨雷電。[145]

(3)或可以在「虛空」中安坐不動。

(4)或可以把自己裝在「瓶」內。

(5)或可以處在「囊袋」中，此魔似乎已得「大小無礙」的神通，如《中阿含經·卷三十》亦有記載魔王能變成「微細身形」而干擾四果大阿羅漢，如經云：彼時，魔王化作「細形」，入尊者大目揵連腹中。[146]

(6)或可以穿越窗戶、穿牆透壁，竟無任何的障礙。

(7)但是唯有在「刀兵武器」之前是無能為力，且不得自在(因雖有神通，但欲念尚存，「身執」猶在，故仍怕受傷)。

(8)這人竟稱自己已是「佛」，穿著白衣俗人的衣服，還接受「比丘們」的禮敬參拜。如《大般若波羅蜜多經·卷三〇四》亦有云：有諸「惡魔」，化作「佛像」，「苾芻」圍遶，宣說法要，菩薩見之，深生「愛著」……當知是為菩薩魔事……有諸「惡魔」化作「菩薩」摩訶薩像……菩薩見之，深生「愛著」……當知是為菩薩魔事。[147]

(9)隨意的去誹謗「禪定和戒律」，以「惡語」去「斥罵詛罵」他的信眾弟子(藉以顯示出自己沒有私心)。

(10)肆無忌憚公開的去「攻訐揭露」他人的「私事秘密」(指「破和合僧」的五逆重罪之一，此類似「眼、耳通」)，完全不避「譏笑嫌惡」(藉以顯示出自己心直口快)。

---

[145] 參《根本說一切有部毘奈耶雜事·卷二十六》，詳《大正藏》第二十四冊頁329上。

[146] 參《中阿含經·卷三十》，詳《大正藏》第一冊頁620中。

[147] 參《大般若波羅蜜多經(第201卷-第400卷)》卷304，詳《大正藏》第六冊頁549下。

(11)這人口中常愛談說他已得「神通自在」。

(12)或者使他身邊的人親眼見到「佛國淨土」，以證明他自己已是「佛」。其實這些都是由於「天地大力五精鬼魔的神力」迷惑了無知的人，並非是此人真正實在具有「神通」的本領。

(13)有時又稱揚讚歎男女「行婬」之法，說是可以使「法身」常住不絕，或快速一生成佛。他不但「不毀棄」這種「粗陋鄙穢」的犯戒惡法行為，竟還將這種最「猥褻婬媟、卑鄙骯髒」的東西，作為「傳道、傳法」的法器，稱說可令「佛種」不斷。

被「五精魔」所附身者雖有上述種種的功夫神力，但卻怕「刀兵劫」，從怕「刀兵劫」中也可證明他的「身見」並未斷。因為若真入火不燒、入水不溺，則又何畏於「刀兵劫」？可知此魔力只能空「外境」，不能空「內身」，仍貪戀著色身而不得自在，故畏「刀兵」之劫。《觀世音菩薩普門品》上說：「**念彼觀音力，刀尋段段壞**」，[148]虔誠稱唸觀世音菩薩聖號都能避「刀劫」，這是魔力所無法達到的境界。

此「五精魔」的「不避水火」功夫，在《摩訶止觀》中的「時媚鬼」也有這種功夫，如云：「**若邪想坐禪，多著時媚**」、[149]「**若受著稍久，令人猖狂忱惚，妄說吉凶，不避水火**」。[150]此外，這種魔還常稱自己是「佛陀真身」(破壞佛寶)，身上穿著在家人的衣服，卻接受出家比丘的禮拜(破壞僧寶)，進而毀謗禪定和戒律(破壞法寶)。

經文中的「不毀麤行」四字，似乎較難解釋，這點明‧蓮池 袾宏大師有詳細的考究，大師云：「**毀**」字二用，一是毀譽之毀，譏謗也；一是

---

[148] 詳《大正藏》第九冊頁57下。

[149] 詳《大正藏》第四十六冊頁115上。

[150] 詳《大正藏》第四十六冊頁115中。

成毀之毀，廢滅也。古訓「毀」為「隳」，「隳」者廢也，滅也，如仲尼「隳三都」，是也。此二句是二事，一者於婬欲法，反加「讚歎」。二者於諸麤行，「安意」為之，不復隳滅。「麤行」者，麤陋鄙褻之事，稍次於婬慾，即「僧殘」之類，皆惡邊事也。[151]所以「不毀麤行」即是不戒掉「麤陋鄙褻」的惡事、不禁止諸「無禮僧殘」之類的惡事。

（九）貪求深空　附著於「芝草、麟鳳龜鶴」精靈成魔

> 又善男子，受陰虛妙，不遭邪慮，圓定發明，三摩地中，心愛入滅，妍究化性，貪求深空。爾時天魔候得其便，飛精附人，口說經法，其人終不覺知魔著，亦言自得無上涅槃，來彼求空善男子處，敷座說法。於大眾內，其形忽空，眾無所見，還從虛空，突然而出，存沒自在，或現其身，洞如瑠璃，或垂手足，作栴檀氣，或大小便，如厚石蜜，誹毀戒律，輕賤出家。口中常說無因無果，一死永滅，無復後身，及諸凡聖，雖得空寂，潛行貪欲，受其欲者，亦得「空心」，撥無因果，此名「日月薄蝕精氣金玉芝草麟鳳龜鶴」，經千萬年，不死為靈，出生國土，年老成魔，惱亂是人。厭足心生，去彼人體；弟子與師多陷王難。汝當先覺，不入輪迴；迷惑不知，墮無間獄。
> －卷九頁 150 下-151 上。

　　這是第九境「貪求深空」，導致附著於「『芝草、麟鳳龜鶴』精靈成魔」來擾。內容是說「行者」於其所修的「三摩地」中，忽然心中生起貪愛「入於寂滅的深空」境界，於是更加的去「精研深究」萬物變化的體性(如何能將萬物化「有」歸「無」之性)，貪求「身境俱空，存與沒皆得自在的一種深空」之

---

[151] 參《楞嚴經摸象記》，詳《卍續藏》第十九冊頁 38 上。又「僧殘」(saghāvaśeṣa)，音譯「僧伽婆尸沙」，是五篇七聚之一。指戒律中僅次於波羅夷之重罪，又作「眾餘、眾決斷、僧初殘」。

理。「精進修行」原屬善意，無奈此行者竟於禪定修行中生起「貪求入於寂滅的深空」心，便為「天魔」有機可乘前來擾惱。

這個被「芝草麟鳳龜鶴精靈魔所附身者」有幾種特徵：

(1)他的身上具有魔力，能在眾人之中忽然「身隱而滅」(以顯其具有「即有而空」的神力)，眾人皆不見其蹤影，然後又從「虛空」中突然現身而出(以顯其具有「即空而有」的神力)，具有「隱、顯」自如，「存、沒」隨意自在的能力(以顯其具有「真空即妙有、妙有即真空」之神力)。

(2)或顯現自己的身體如同「洞徹清明」般的琉璃。

(3)或是「舉手投足」皆能散發出「檀香」氣味(以顯其具有「香塵自在」的神力)。

(4)或者能令排泄出的「大小便」皆如「甜蜜冰糖」般的香味(以顯其具有「味塵自在、即染而淨」的神力)。

(5)這人自持魔力，便去誹謗佛制的「戒律威儀」，輕視出家比丘，謂出家是為無益的修行。

(6)口中常說一切法皆「無因無果」，一切眾生死後即是「永遠的斷滅」，並沒有什麼業報「後身」及「六凡四聖」十法界之差別，一切皆無。

(7)雖然自己宣稱已證得「空寂」，卻暗中開始從事各種「貪欲」的「婬慾苟且」諸事。

(8)與他共同行婬慾者，也可證得最高的「空性之心」(因為「色即是空;欲是即空;婬即是空」)，既證「空性」，就不會有任何的「因果業報」。

經文說這種鬼叫做利用「日月」互相「薄蝕」(指日食或月食)時所發出的「精氣」之力，而附著於珍貴的「靈芝草」及「麟、鳳、龜、鶴」上，得彼「精氣」滋養後，即可經千萬年不死，而成為「精靈」，待出生至此世間，再成為「物仙、禽仙、獸仙」……等。這些「精靈鬼」年老了變成為「魔」，受「魔王」的驅使，來惱亂「修定」的人。其實在佛經上記載「日月薄蝕」的現象非常的多，從最早的《長阿含經》中就有了，如經云：「或說地動、

彗星、日月薄蝕，或言星蝕」、[152]如《六度集經‧卷五》云：「日月薄蝕，星宿失度，怪異首尾」、[153]又如《大乘本生心地觀經‧卷二》云：「日月薄蝕，星宿變怪」、[154]甚至在《仁王護國般若波羅蜜多經》上，佛更詳細的說日月發生變化的現象，有：「一者，日月失度。日色改變--白色、赤色、黃色、黑色，或二三四五日並照。月色改變--赤色、黃色；日月薄蝕，或有重輪--一二三四五重輪現……」等，[155]當天空的日月發生這些變化時，總是有一些「特殊的精氣」會趁機附身到「靈芝草」及「麟、鳳、龜、鶴」上，進而成為一種「精靈鬼」，最終在世間上興風作浪、破壞修道的人。

（十）貪求永歲　他化自在天魔

又善男子，受陰虛妙，不遭邪慮，圓定發明，三摩地中，心愛長壽，辛苦研幾，貪求永歲，棄「分段生」，頓希「變易」，細想常住。爾時天魔候得其便，飛精，附人口說經法，其人竟不覺知魔著，亦言自得無上涅槃，來彼求生善男子處，敷座說法。好言他方往還無滯，或經萬里瞬息再來，皆於彼方取得其物，或於一處在一宅中，數步之間，令其從東詣至西壁，是人急行，累年不到，因此心信，疑「佛」現前。口中常說：十方眾生皆是吾子，我生諸佛、我出世界、我是元佛，出生自然，不因修得。此名住世「自在天魔」，使其眷屬，如「遮文茶」及「四天王毘舍童子」，未發心者，利其虛明，食彼「精氣」，或不因師；其修行人「親自觀見」，稱「執金剛」，與汝「長命」，現「美女身」，盛行貪欲，未逾年歲，肝腦枯竭，口兼獨言，聽若妖魅，前

---

[152] 參《長阿含經‧卷十三》，詳《大正藏》第一冊頁84下。

[153] 參《六度集經‧卷五》，詳《大正藏》第三冊頁31中。

[154] 參《大乘本生心地觀經‧卷二》，詳《大正藏》第三冊頁297下。

[155] 參《仁王護國般若波羅蜜多經‧卷二》，詳《大正藏》第三十八冊頁843上。

人未詳多陷王難，未及遇刑，先已乾死，惱亂彼人，以至殂殞。汝當先覺，不入輪迴；迷惑不知，墮無間獄－卷九頁151上。

　　本境是「想陰魔」最後一境，主角是「自在天魔」，亦名為「他化自在天子魔」(deva-putra-māra)，它是屬於欲界第六天的魔王及其眷屬，他的心性屬於憎嫉修道者，會對修道人作出種種的擾亂，防礙眾生，令人無法成就「出世間」的善根，故此魔又名為「天魔、天子魔」。據《長阿含經》的「閻浮提州品」中說：於「他化自在天、梵加夷天」中間，有「摩天宮」，縱廣六千由旬」，[156]亦即「摩天宮」(魔天宮)是處在「他化自在天」與「色界」初禪「梵迦夷天」(Brahman-kāyika-deva)之間，[157]這個「梵迦夷天」有時又另譯作「梵身天、梵眾天」，但「梵眾天」的梵名是 Brahma-pāriṣadya-deva，與「梵迦夷天」的梵文 Brahman-kāyika-deva 是不同的。前文已曾舉過《瑜伽師地論》的說法，就是：「他化自在天」復有「摩羅」天宮，即「他化自在天」攝，[158]亦有說「他化自在天」距離地面約有「一百二十八萬由旬」的虛空密雲之上，[159]如《楞嚴經文句・卷八》云：「他化自在」，離此間地，去「一百二十八萬由旬」，有地如雲，於上安住。身長四百五十丈，以人間「一千六百年」為一晝夜，壽「一萬六千歲」。[160]而《大智度論・卷五》將魔王分成四種，其中第四種就是「他化自在天魔」，如云：「魔有四種……四者：他化自在天子魔」。[161]

---

[156] 參《長阿含經・卷十八》，詳《大正藏》第一冊頁 115 上。

[157] 如明・蕅益 智旭《楞嚴經文句・卷八》亦云：「他化自在」……魔王宮殿亦在此天，或云在「欲、色」二界中間，別有魔宮也。詳《卍續藏》第十三冊頁 356 中。

[158] 參《瑜伽師地論・卷四》，詳《大正藏》第三十冊頁 294 下。

[159] 參唐・栖復《法華經玄贊要集・卷二十六》，詳《卍續藏》第三十四冊頁 727 上。

[160] 參明・蕅益 智旭《楞嚴經文句・卷八》，詳《卍續藏》第十三冊頁 356 中。

[161] 詳《大正藏》第二十五冊頁 99 中。

　　「他化自在天魔」是「欲界」最高段的一個魔王，《楞嚴經》此段經文的大意是說「行者」於其所修的「三摩地」中，忽然心中生起貪愛「長壽不死」境界，於是更加「辛勤勞苦」的去「窮研精微」長壽之理，貪求「永世之歲壽」，而極欲摒棄「三界內有形的分段生死」，立刻希望獲得「三界外無形的變易生死」，且欲此「微細的壽命之相」作為「永恒常住」的壽命。「精進修行」原屬善意，無奈此行者竟於禪定修行中生起「貪求長壽不死」心，便為「天魔」有機可乘前來擾惱。

　　這個被「他化自在天魔所附身者」有幾種特徵：

(1)他的身上具有魔力，喜歡說自己就算處在萬里之遙的「他方世界」，也能無遮無障的隨意來往。

(2)或者就算遊走經過「萬里遠」之外，也能在瞬息之間「回來」。也可從萬里之遠的彼方取得「可徵信之物」回來(此為顯其有「行遠若近」的神力)。

(3)或處在某處的一個住宅中，在只有「數步之大」的短距離空間裡，可令一個人從東壁走到西壁，那人就算「急行」多少年都走不到(此為顯其有「令近若遠」的神力)。於是所有「聽他講法的大眾」對他「心生敬信」，甚至懷疑是「真佛」已現在面前。《楞嚴經指掌疏》曾舉例說：「余聞道教中人，以薛道光，修性不修命，但能出陰神，不能遠方取物。張紫陽，性命雙修，兼能出陽神能遠方取物。由此觀之，縱能遠方取物，仍不出天魔伎倆。又豈能與《法華》普現色身三昧，及本經圓通勝用，校其優劣，論其淺深也哉？」[162]

(4)這人口中又常說「十方的眾生」都是我的子孫，諸佛都是由我生的，我是生出這個世間的佛。我是第一個最根本的「元始佛」，壽命長久，無人可及。我是「自然而然」的出世及成佛，不必靠任何修行而得的。

(5)這幾類「沒有發心」皈依三寶的「鬼神」，會去利誘「內心雖然清虛明潔

---

[162] 詳《卍續藏》第二十四冊頁777上。

但貪求長壽不死的修行者」，去吸食他的「精氣」來滋養其魔軀。在佛教經典中也常說很多「已發心」的鬼神亦可得菩提大法，如《大般涅槃經‧卷十九》云：**大王！有「曠野鬼」，多害眾生。如來……至「曠野村」為其說法。時「曠野鬼」聞法歡喜……然後便發「阿耨多羅三藐三菩提心」**。[163]又如《維摩詰所說經‧卷三》云：**未來世中，當有善男子、善女人，及「天、龍、鬼神、乾闥婆、羅剎」等，發阿耨多羅三藐三菩提心，樂于大法**。[164]

(6)此時或已不需「另一位被魔附身的師父」(想陰十魔的最後一位「他化自在天魔」已可以直接化現各種身形，不必再「附身」於他人)，這位「貪求長壽不死的修行者」已可親自見到「魔王」的現身，「魔王」將宣稱持有「堅固不壞」如金剛的長生不死之術(或說魔王自稱為「執金剛大菩薩」)，可令你長壽不死。

(7)「魔王」也可直接變現為「美女身」，並與此行者修習「婬樂縱慾」的雙身大法，未及一年半載，「魔王」便吸盡此行者的精氣，使他的肝腦枯乾，精血消竭了。此現象亦同於《雜阿含經‧卷三十九》中所載的：**時「三魔女」自相謂言：「士夫」有種種「隨形愛欲」，今當各各變化，作百種「童女色」、作百種「初嫁色」、作百種「未產色」、作百種「已產色」、作百種「中年色」、作百種「宿年色」，作此種種形類，詣「沙門瞿曇」所，作是言：今悉「歸」尊足下，供給「使令」**。[165]

(8)這些「魔王」還常會對你「獨言傳法」(其實是與魔在對話)，聽來盡是些「妖魅惑眾」之言，被魔所迷惑的這些人根本不能分辨這些「妖言」而信服他。一旦「魔王」離體而去，這些人最終多遭「國家王法」的「刑罰災難」懲罰。

(9)甚至在還沒有遭到國家王法的「刑罰災難」之前，此行者便已「精血耗盡」而「乾委枯死」。「魔王」如此的惱亂，最終至使此人早早夭殂命殞。

---

[163] 參《大般涅槃經‧卷十九》，詳《大正藏》第十二冊頁 479 中。
[164] 參《維摩詰所說經‧卷三》，詳《大正藏》第十四冊頁 557 上。
[165] 參《雜阿含經‧卷三十九》，詳《大正藏》第二冊頁 287 上。

　　以上經文所說的「魔力」，確實是不可思議，此境亦似於《華嚴經》十玄門中的「廣狹自在門」，行走出入無礙，實在令人難以判斷是佛亦是魔？筆者以為：雖是「魔力」使然，但其言行仍不出「邪法」範圍，因下面經文繼續說這是住於世間(住持世界)的欲界「他化自在天魔」，敕使其眷屬弟子，如「遮文茶」(使役鬼)及由「四天王」所管轄的「毗舍遮童子」(噉精氣鬼)等等(以上兩類鬼，如果能發心皈依三寶，便當作佛教的護法神。如果沒發心皈依三寶者，就成為害人鬼，受魔王的驅使，專門來擾亂修行人)所使然。

　　「遮文茶」(Cāmuṇḍā)為密教「焰摩天」之眷屬，居「七母天」之首，又稱「左悶拏、者門拏、遮悶拏、嫉妒女、怒神」，列於「胎藏界」曼荼羅之外「金剛部」院的西方。「遮文茶」形像為：豬頭(赤黑色)人身(赤色)，不著衣，戴寶冠，右手仰持器皿，左手握拳置於腰，面向左方。[166]另據《大日經疏演奧鈔・卷五》載：「遮文茶」攝於「夜叉」趣，能以咒術害人，世人亦有行此法者。[167]至於《法華經・陀羅尼品》謂「吉遮」即「遮文茶」，[168]然「吉遮」之梵名為 Kṛtyā，屬於「起屍鬼」的一種，這與「遮文茶」應該是不同類的鬼神。

　　「毗舍童子鬼」即「毘舍遮」，梵名 Piśāca，又作「畢舍遮鬼、臂奢柘鬼」，意譯「食血肉鬼、噉人精氣鬼、癲狂鬼、吸血鬼」。此鬼原為印度古代神話中之魔鬼，其腹如滄海，咽喉如針，常與「阿修羅、羅剎」相提並論，據《一切經音義》所說：「畢舍遮，舊經中名『毗舍闍』，亦言『臂舍柘鬼』名也。餓鬼中勝者也。」[169]又說「畢舍遮鬼，唐言『食血肉鬼』，『羅

---

[166] 詳《佛光大辭典》頁189。
[167] 詳《大正藏》第五十九冊頁44下。
[168] 此說出自《佛光大辭典》頁6189。
[169] 參唐・慧琳《一切經音義・卷七十》，詳《大正藏》第五十四冊頁763上。

刹」之類也。」[170] 又據《楞嚴經寶鏡疏》載：「遮文茶，此云嫉妒女，亦翻怒神，多妒恚，爲魔女故。毘舍童子即毗舍闍鬼，或名毗舍遮，此云噉精氣，謂能噉人，及五穀精氣故。」[171]「遮文茶、毘舍遮」這兩位是為「欲界他化自在天魔」的眷屬；是一種「未發善心」的惡鬼神，專食人類的精氣，可以直讓修行人親自看見魔王的「現身」，「魔王」會口稱持有「金剛堅固之術」，可以使人長命，或者「魔王」直接現出「美女身」與他盛行婬事。不過與「美女魔王」行婬的話，未踰一年半載，即會使人「肝腦枯竭」，還不到國家王法的法律製裁，大概就已經先乾死了。

　　《楞嚴經》上說「想陰」若能滅盡的話，便可超越「身內」的「煩惱濁」而獲得出離解脫，[172]故此時的「他化自在天魔」更須乘此而快快的「親自現身」，現出「美女身」才能破壞這位修道人，故明末・蕅益 智旭大師便曾對此「想陰第十魔」而嘆曰：「魔心若此，亦太毒矣」！[173]因魔王恐人出離「欲界」，故必以「婬事」為誘，乃至無所不用其極，故太虛大師的《楞嚴經研究》亦謂：「蓋魔之勢力在婬慾，已越欲界，故魔無力」。[174]所以「想陰第十魔」必現出「美女」而魔之，其實這個魔王背後的目的仍是要去利誘「內心雖然清虛明潔但貪求長壽不死的修行者」，去吸食他的「精氣」來滋養其魔軀。所以筆者的結論是：不論其行者有多大的「神通」力，如果有發生「誘貪誨婬」及「奇異怪誕」的事，那都是「邪魔」的境界，絕對不可跟之去學，以免墮入魔王的圈套，而永入無間地獄！

---

[170] 參唐・慧琳《一切經音義・卷十八》，詳《大正藏》第五十四冊頁417下。

[171] 詳《卍續藏》第二十四冊頁777下。

[172] 參《楞嚴經・卷九》云：「想陰盡，是人則能超煩惱濁」，詳《大正藏》第十九冊頁149中。

[173] 詳《卍續藏》第二十冊頁737上。

[174] 詳太虛大師《楞嚴經研究》頁423。台北文殊出版社。1987、11。

（十一）小結

「想陰」之十種禪境魔事，與前面經文所說的「色陰十境、受陰十境」，大致上來說有三點不同。如下所云：

(1)前二魔事陰境皆曰「忽然如何如何」，故可知皆由「定」而發。「想陰」文則曰「心愛如何如何」，可知皆由「動」而發。

(2)前二魔事皆由「定中冥然」，無外形侵入。此「想陰」則都由「鬼魔」附人而為說法，進而成為各種誘惑罪行。

(3)前二魔事各成「同氣相感」，故不必皆誘行「淫欲」。此「想陰十魔」則由「欲界天魔」主使，故皆誘行「淫欲」，這是因為修行者的功力已深，非「婬欲」不能使入墮入魔道之故。

明・交光 真鑑大師在《楞嚴經正脈疏・卷六》曾云：「婬欲無礙，即魔王親來，速當驚避矣，廣如陰魔中辯」。[175]此語足以說明「五十陰魔」的要害仍不出離「婬欲」。下面就五十陰境有關「婬欲」一事，略舉如下：

(1)受陰中的「空魔」—「飲酒噉肉，廣行婬穢」。

　　　　　　　「欲魔」—「一向說欲為菩提道，化諸白衣，平等行欲，其行婬者名持法子」。

(2)想陰中的「怪鬼」—「破佛律儀，潛行貪欲」。

　　　　　　「魃鬼」—「婬逸其心，破佛律儀，潛行貪欲」。

　　　　　　「魅鬼」—「破佛律儀，潛行貪欲」。

　　　　　　「蠱毒鬼」—「破佛律儀，潛行貪欲」。

　　　　　　「癘鬼」—「破佛律儀，潛行貪欲」。

　　　　　　「鬼神魔」—「或有宣婬，破佛戒律，與承事者，潛行五欲」。

---

[175] 詳《卍續藏》第十八冊頁 686 下。

「精魅魔」—「讚歎行婬，不毀麤行。將諸猥媒，以爲傳法」。

「氣靈魔」—「雖得空寂，潛行貪欲。受其欲者，亦得空心，
撥無因果」。

「住世天魔」—「食彼精氣，或不因師，其修行人親自觀見，
稱執金剛與汝長命。現美女身，盛行貪欲，
未踰年歲，肝腦枯竭」。

(3)識陰中云：「又善男子窮諸行空，已滅生滅，而於寂滅精妙未圓。觀命
互通，卻留塵勞，恐其銷盡。便於此際，坐蓮華宮，廣化七珍，多
增「寶媛」，縱恣其心。生勝解者，是人則墮真無真執，吒枳迦羅，
成其伴侶，迷佛菩提，亡失知見。是名第八發邪思因，立熾塵果，
違遠圓通，背涅槃城，生天魔種。」[176]這是說修行人雖已窮盡「行陰」
而至於「空」的境界，雖已滅盡「行陰」末那識的遷流生滅之相，但
對於「識陰」精微奧妙的「寂滅」境界仍未達到圓滿的程度，仍爲「識
陰」所覆蓋住他的「真心」。此時的行者觀察到一切有情眾生的「生命
元由」都是以「識陰阿賴耶」爲主，大家同一體性，可互相通達。因
此時的「行者」已經知道一切世間的「塵勞煩惱」，最終皆與「識陰」
有關，「塵勞煩惱」在、「識陰之命」就在；「塵勞煩惱」亡、「識陰之命」
亦亡。此時行者便生出妄想，忽然「退心」而欲留住世間的塵勞諸事，
恐怕這些「塵勞」會銷滅怠盡，「識陰之命」亦隨著斷絕，無所依托。
於是便於此際，以「神通力」(行者之「行陰」滅盡，「識陰」已現，一切皆能圓融變化，
隨心所欲，能現神力)變現出一幢莊嚴華麗的蓮花宮殿，坐於其中，廣泛變
化出七寶之珍，多多地增加「七寶奇珍」和「妖豔美女」，從此就「放
縱恣情」於五欲的享樂，以爲這是最終之「真常妙樂」境界，妄生此
爲最殊勝的見解。經文言「多增寶媛」，就是多增美麗的女人，縱意

---

[176] 參《楞嚴經‧卷十》，詳《大正藏》第十九冊頁154上。

恣情，窮奢極其「慾事」，以免辜負大好人生，進而更以此作為「超勝」之解。殊不知此已墮入「真無真執」的陷阱，「識陰」非真，以妄為真，故名為「真無真執」，此後即與「吒枳迦羅」(ṭakki 愛染。kara 能作→能作愛染的欲界天魔)天魔為其伴侶，迷惑菩提正覺的佛性，亡失了正知正見。此正所謂修禪者，若不斷「婬心」，必仍墮於「魔種」，就算修到「識陰第八」之「已滅生滅，而於寂滅精妙未圓」境，仍是「背涅槃城」，且還會「生天魔種」，吾人可不懼哉！

由以上三點可證知，《楞嚴經》的五十陰境皆以「婬愛」為主導，乃至「識陰」將盡，「多增寶婬，縱恣其心」，仍是「婬根魔種」。太虛大師曾說：「剋實論之，唯佛一人號究竟持戒者，故永斷婬愛者，亦唯是佛，生一念法愛者，皆婬愛也……無邊功德，皆真戒相，無上菩提，唯真戒體，故成佛度生，盡未來際，除持淨戒斷婬愛外，更無餘事」！[177]故《楞嚴經》到卷九亦一再重覆云：「汝勗修行，欲得菩提，要除三惑。不盡三惑，縱得神通，皆是世間有為功用。習氣不滅，落於魔道」，[178]這「三惑」就是「殺盜婬」三業，如果不斷除「殺盜婬」的習氣(尤其是婬習)，則縱然修得「神通」力，依舊會墮入到魔道去的，可不戒哉！

在這十種「想陰魔境」中，有些魔的神通大到「不可思議」，幾乎是很難斷定它究竟是佛是魔？筆者以為：《華嚴經》云：「心、佛及眾生，是三無差別」。[179]故「眾生界」不可思議，「佛界」亦不可思議，當然「魔界」亦不可思議；「眾生界」無有窮盡，「佛界」亦無有窮盡，「魔界」亦無有窮盡。所以經上只說「五十種」魔，其實眾生心有多少，魔王就有多少，這就如同《華嚴經》上所說的：「若人欲了知，三世一切佛，應觀法界性，

---

[177] 太虛大師《楞嚴經研究》頁141。台北文殊出版社。1987、11。

[178] 參《楞嚴經·卷九》，詳《大正藏》第十九冊頁147上。

[179] 參《華嚴經·卷十》，詳《大正藏》第九冊頁465下。

一切唯心造」。[180]

　　《楞嚴經・卷九》云：「成就破亂，由汝心中五陰主人。主人若迷，客得其便」。[181]《卷十》又云：「五陰本因，同是妄想」。[182]五陰魔只是吾人心中「五陰」的妄想顯現，亦即吾人「六根」如果對「塵相」生出貪著之相，則一剎那就會被此「魔王」所得便而侵入。如《雜阿含經・卷九》曾記載佛著衣持缽，入城乞食，被一御牛車人所惱之事，而佛當下慧眼視之彼是魔所化，經云：「魔作是念。沙門瞿曇知我是魔。而白佛言：瞿曇，眼觸入處，是我所乘，耳鼻舌身意觸入處，是我所乘。復問瞿曇：欲何所之？佛告惡魔：汝有眼觸入處，耳鼻舌身意觸入處，若彼無眼觸入處，無耳鼻舌身意觸入處，汝所不到，我往到彼」。[183]如果能對「六根、六觸、六塵」不取不著，則當下就是涅槃。魔之所以為魔就是牠們仍將「五陰、六入、十二處、十八界」視為「真實可得」的東西，《楞嚴經》上說「五陰、六入、十二處、十八界」，無一不是「隨眾生心，應所知量」，[184]無一不是「當處出生，隨處滅盡」、[185]無一不是「性淨明體、妙真如性」，[186]當下若能識得其「根、塵、識」之「幻」，則「五十陰魔」是不攻自破的，這是修道人不可忽略的地方。

　　最後附上《楞嚴經寶鏡疏》中對十種「想陰魔境」的總結，云：

---

[180] 參《華嚴經・卷九》，詳《大正藏》第十冊頁 102 上。

[181] 參《楞嚴經・卷九》，詳《大正藏》第十九冊頁 147 中。

[182] 參《楞嚴經・卷十》，詳《大正藏》第十九冊頁 154 下。

[183] 參《雜阿含經・卷九》，詳《大正藏》第二冊頁 59 上。此文亦見於《摩訶止觀輔行傳弘決・卷八之三》，詳《大正藏》第四十六冊頁 408 上-中。經文言出自《婆沙》第九，但查《大正藏》之《大毗婆沙論》(二十七冊)及《婆沙論》(二十八冊)……等卻無此文，後查《雜阿含經・卷九》始得此文。願後人引此文能正確無誤！

[184] 詳《大正藏》第十九冊頁 117 下。

[185] 詳《大正藏》第十九冊頁 114 上。

[186] 分別見《大正藏》第十九冊頁 106 下和 114 上。

此十種，皆由圓定心中，妄起貪求之念，以故然耳。若是如法精進，一念不生，如幻修證，則何善巧之不得？何法界之不歷？何機理之不契？何根本之不析？何感應之不成？何靜謐之不入？何宿命之不知？何神通之不具？何深空之不證？何常住之不獲？而乃忽生心愛著意貪求。譬如鱗角未成輒思飛躍，羽毛不足便擬扶搖。所謂學未優而求仕，丹未成而先吞，其可乎哉？故知招魔成墮者，皆自心妄想之過也」。[187]

從上文可知，招魔成墮與否，仍不離吾人現前之「妄念」也。

四、治魔之道

（一）嚴持四戒

這四戒就是《楞嚴經‧卷六》上說的「四種清淨明誨」，即「婬、殺、盜、妄」。佛陀在《楞嚴經》明白告訴大眾，若要遠諸「魔事」，必須要先執持「四種淨戒」，經文的前題是這樣問的：「此諸眾生，去佛漸遠。邪師說法，如恆河沙。欲攝其心入三摩地，云何令其安立道場？遠諸魔事。」[188]佛即告訴阿難說：「汝常聞我毗奈耶中，宣說修行三決定義。所謂攝心為戒、因戒生定、因定發慧。是則名為三無漏學。」[189]之後佛即開示說什麼是「攝心為戒」？首先即以「戒婬」為第一個「攝心為戒」，經云：

云何攝心，我名為戒？若諸世界六道眾生，其心不婬，則不隨其生死相續。汝修三昧，本出塵勞。婬心不除，塵不可出。縱有多智，

---

[187] 詳《卍續藏》第九○冊頁 906 上。此文亦見於蕅益 智旭大師《楞嚴經文句》，詳於《卍續藏》第二十冊頁 731 下-732 上。

[188] 參《楞嚴經‧卷六》，詳《大正藏》第十九冊頁 131 下。

[189] 參《楞嚴經‧卷六》，詳《大正藏》第十九冊頁 131 下。

禪定現前。如不斷婬，必落魔道。上品魔王、中品魔民、下品魔女、彼等諸魔，亦有徒眾。各各自謂成無上道。我滅度後末法之中，多此魔民，熾盛世間，廣行貪婬，爲善知識，令諸眾生落愛見坑失菩提路。汝教世人修三摩地，先斷「心婬」，是名如來先佛世尊，第一決定清淨明誨。──卷六頁131下。

除了《卷六》勸「戒婬文」外，另在《卷八》的「三種增進修行漸次」中的第一種「修習：除其助因」，即倡言「斷五辛」，因「食五辛」會增長「婬慾」，將來會與「鬼神魔業」爲伍，如經云：「是五種辛，熟食發婬，生啖增恚。」[190]而第二種「眞修：刳其正性」亦教人「嚴持清淨戒律，永斷婬心……觀婬慾如毒蛇。」[191]第三種「增進：違其現業」，亦教人須「清淨持禁戒人，心無貪婬，於外六塵不多流逸。」[192]這是十方如來教導眾生的第一決定清淨明誨。

第二決定清淨明誨是「戒殺」，除了戒殺生外，還有「不食肉」之戒文，經文云：

又諸世界六道眾生，其心不殺，則不隨其生死相續。汝修三昧，本出塵勞。殺心不除，塵不可出。縱有多智，禪定現前。如不斷殺，必落神道。上品之人，爲大力鬼。中品則爲飛行夜叉諸鬼帥等。下品當爲地行羅刹。彼諸鬼神亦有徒眾。各各自謂成無上道。我滅度後末法之中，多此鬼神，熾盛世間，自言食肉得菩提路……汝等當知，是食肉人，縱得心開似三摩地，皆大羅刹，報終必沈生死苦海，非佛弟子。如是之人，相殺相吞，相食未已，云何是人得出三界……

---

190 參《楞嚴經・卷八》，詳《大正藏》第十九冊頁141下。
191 參《楞嚴經・卷八》，詳《大正藏》第十九冊頁141下。
192 參《楞嚴經・卷八》，詳《大正藏》第十九冊頁141下─142上。

斷殺生，是名如來先佛世尊，第二決定清淨明誨。——卷六頁132
上。

其實在「三種增進修行漸次」中的第二個「真修：刳其正性」就已經
教人要「不餐酒肉」了，[193]甚至連「五辛」亦是禁戒在內，如經云：「食辛
之人，縱能宣說十二部經。十方天仙，嫌其臭穢，咸皆遠離。諸餓鬼等，
因彼食次，舐其唇吻。常與鬼住，福德日銷，長無利益。是食辛人修三
摩地，菩薩天仙，十方善神，不來守護。大力魔王得其方便，現作佛身，
來爲說法，非毀禁戒，讚婬怒癡。命終自爲魔王眷屬，受魔福盡，墮無
間獄。」[194]

第三決定清淨明誨是「戒偷盜」，除了戒偷盜外，還說明末法時有多
種自稱「善知識」的一些邪魔外道。經文云：

又復世界六道眾生，其心不偷，則不隨其生死相續。汝修三昧，本
出塵勞。偷心不除，塵不可出。縱有多智，禪定現前。如不斷偷，
必落邪道。上品精靈、中品妖魅、下品邪人，諸魅所著。彼等群邪
亦有徒眾。各各自謂成無上道。我滅度後末法之中，多此妖邪，熾
盛世間，潛匿姦欺，稱善知識。各自謂已得上人法。誘惑無識，恐
令失心……云何賊人假我衣服，裨販如來，造種種業，皆言佛法，
卻非出家具戒比丘，爲小乘道。由是疑誤無量眾生，墮無間獄……
斷偷盜，是名如來先佛世尊，第三決定清淨明誨。——卷六頁132 中。

第四決定清淨明誨是「戒妄語」，就算真是「佛菩薩再來」也必不輕易

---

[193] 參《楞嚴經·卷八》，詳《大正藏》第十九冊頁141 下。

[194] 參《楞嚴經·卷八》，詳《大正藏》第十九冊頁141 下。

洩漏自己的身世，除非是臨終時另有所遺託之言，[195]否則自謂是「已證果、已開悟」者，都是自欺欺人的大妄語者。經文明言：

> 若大妄語，即三摩地不得清淨，成愛見魔，失如來種。所謂未得謂得，未證言證。或求世間尊勝第一。謂前人言，我今已得須陀洹果，斯陀含果，阿那含果，阿羅漢道，辟支佛乘，十地地前諸位菩薩。求彼禮懺，貪其供養。是一顛迦，銷滅佛種。如人以刀斷多羅木。佛記是人永殞善根，無復知見……我滅度後，敕諸菩薩及阿羅漢，應身生彼末法之中，作種種形，度諸輪轉。或作沙門白衣居士，人王宰官，童男童女，如是乃至婬女寡婦，奸偷屠販，與其同事，稱讚佛乘，令其身心入三摩地。終不自言我眞菩薩，眞阿羅漢，泄佛密因，輕言末學。唯除命終，陰有遺付。云何是人惑亂眾生，成大妄語……斷除諸大妄語，是名如來先佛世尊，第四決定清淨明誨……如我所說，名爲佛說。不如此說，即波旬說。——卷六頁 132 中—132 下。

有人曾以為這四戒全同「小乘戒」，[196]其實這是誤解了，因為經文一再的說「婬心、殺心、盜心、妄心」，全都是指向「心戒」，這絕對符合大乘的「身、心」皆嚴持的戒律觀，又這四戒不論是大、小乘都一律嚴持，沒有例外的，何能說《楞嚴經》的四戒只是「小乘戒」而已？

佛說只要能嚴持、能堅持《楞嚴經》的「四種清淨明誨」，如是是魔？

---

[195] 如北魏的玄高（402～444）大師。北魏太武帝毀佛法，忌師名盛，於太平真君五年九月縊殺之。亡後沙門法達頂禮求哀願見，後高大師飛空而至，示曰：吾願生惡世，救護眾生。後高師諸弟子咸云是——得忍菩薩。詳《高僧傳・卷十一》，《大正藏》第五十冊頁 397 上—398 中。

[196] 如呂澂謂「安立道場，先說四戒，全同小乘」。見愍生《辨破楞嚴百偽》頁 60。1991 年。

是佛？必可詳辨清楚，這也是世尊教導眾生「遠離群魔」的最佳指導方針。

（二）持誦神咒

在《摩訶止觀・卷八》上云：「若鬼魔二病，此須深觀行力，及『大神咒』乃得差耳。」[197]而智顗的《修習止觀坐禪法要・覺知魔事》則云：「若諸魔境惱亂行人、或經年月不去，但當端心正念堅故，不惜身命，莫懷憂懼。當誦大乘方等諸經『治魔咒』，默念誦之，存念三寶。若出禪定，亦當『誦咒』自防，懺悔慚愧、及誦『波羅提木叉』(戒本)。邪不干正，久久自滅。」[198]這都是倡導誦念「神咒」來治魔的經文。

近代圓寂不久的高僧宣化大師言：「佛説《楞嚴經》，其因緣爲阿難被摩登伽女，用先梵天咒所迷，婬躬撫摩，將毀戒體，佛敕文殊持咒往護，攝阿難還，故知『楞嚴咒』乃《楞嚴經》之主體，若無『楞嚴咒』，則不應有《楞嚴經》。」[199]大師之說，直把「楞嚴咒」視為一部《楞嚴經》之主體，這是有根據的，因為《楞嚴經》的「緣起」的確是由摩登伽女用「先梵天咒術」惑住阿難，在即將婬犯阿難時，導致佛派文殊菩薩持「楞嚴咒」前往救護，待「提獎歸來」來才開始宣講《楞嚴經》之理，如卷一經文云：「于時，世尊頂放百寶無畏光明，光中出生千葉寶蓮，有佛化身結跏趺坐，宣說神呪，勅文殊師利將呪往護，惡呪銷滅。」[200]佛在卷一是用「化佛」來宣說「楞嚴咒」，屬於「密說」，這種「密說」只有佛與佛才能證知，如《大佛頂如來放光悉怛多般怛羅大神力都攝一切咒王陀羅尼經大威德最勝金輪三昧咒品》即云：「我有佛神咒，名曰：佛頂如來放光摩訶悉怛多般多羅攝一切咒王最勝金輪帝殊羅金剛大道場陀羅尼，極大尊重，爲

---

[197] 詳《大正藏》第四十六冊頁 108 上。
[198] 詳《大正藏》第四十六冊頁 471 上。
[199] 見《楞嚴咒疏》一書之「序文」。台北大乘講堂印。81、9。
[200] 參《楞嚴經・卷一》，詳《大正藏》第十九冊頁 106 下。

利益一切眾生，更無有上，唯佛與佛共相傳說，汝等應當一心受持，生希有想。」[201]說完後即遣<u>文殊</u>菩薩往救，但這個咒的「內容」一直到《楞嚴經》卷七，佛才「正式」向大眾宣說，經云：「雖蒙如來佛頂神咒，冥獲其力，尚未親聞。」[202]在「卷七」中說了神咒後，一直到「卷十」都不離讚嘆「楞嚴咒」之功德與勸修之事。

縱觀《楞嚴經》前後，不只「楞嚴咒」是《楞嚴經》之主體，亦是佛一再強調作為「斷婬、除魔、證道」之法，如《楞嚴經》卷四末云：「何須待我佛頂神咒，<u>摩登伽</u>心婬火頓歇，得阿那含……如<u>摩登伽</u>宿為婬女，由神咒力銷其愛欲，法中今名<u>性</u>比丘尼。」[203]<u>摩登伽</u>之女<u>缽吉提</u>(prakrti)初聞「楞嚴咒」就得阿那含果是很明確的。卷七初世尊又云：「彼尚婬女，無心修行，神力冥資，速證無學。」[204]指的是由「楞嚴咒」的「神力」威德使<u>缽吉提</u>捨離婬愛而得「三果」，而經文所說的「我一宣揚，愛心永脫，成阿羅漢」，[205]即指<u>缽吉提</u>最終是聽聞<u>文殊</u>菩薩講完「評選二十五聖圓通法門」的偈頌後，更進一步而證成「四果」的「無學」阿羅漢位。

<u>太虛</u>大師於《楞嚴經研究》云：「本經始終唯是持佛頂咒永脫魔邪障」，[206]其實《楞嚴經》經題就是「大方廣妙蓮華王十方佛母陀羅尼呪；亦名灌頂章句諸菩薩萬行首楞嚴。」[207]就已經將「楞嚴咒」的名稱含在其中，到卷七則重覆說咒內容及功效：「十方如來，傳此咒心，於滅度後付佛法事，

---

[201] 詳《大正藏》第十九冊頁181下。

[202] 參《楞嚴經‧卷七》，詳《大正藏》第十九冊頁133下。

[203] 參《楞嚴經‧卷四》，詳《大正藏》第十九冊頁122上。

[204] 參《楞嚴經‧卷七》，詳《大正藏》第十九冊頁133上。

[205] 參《楞嚴經‧卷七》，詳《大正藏》第十九冊頁133上。

[206] <u>太虛</u>大師對《楞嚴經》整理了「十門」，即「十意」之說，其中第八門即是此門。見<u>太虛</u>大師《楞嚴經研究》頁141。台北文殊出版社。1987、11。

[207] 參《楞嚴經‧卷八》，詳《大正藏》第十九冊頁143上。

究竟住持，嚴淨戒律，悉得清淨。」[208]一直到卷十云：「若有眾生，能誦此經，能持此咒，如我廣說，窮劫不盡。依我教言，如教行道，直成菩提，無復魔業」、[209]「一心勸令持我佛頂陀羅尼咒。若未能誦，寫於禪堂，或帶身上，一切諸魔，所不能動。汝當恭欽十方如來，究竟修進最後垂範。」[210]經文一再重覆「楞嚴咒」乃是釋迦如來「究竟修進最後垂範、究竟住持」，足證《楞嚴經》從頭到尾如太虛大師所說的：「始終唯是持佛頂咒永脫魔邪障」。

除了經上的力勸與讚歎外，明·憨山 德清大師亦盛讚「楞嚴咒」說：「現行易制，宿習難除，是須誦我無上佛頂心咒，此則顯密雙修，三慧並運，庶幾三障可破，三惑可除，而三界可超，三身可證矣，況此神咒功力速疾冥資，但能依教加持，破惑如霜遇日……妙圓之行，誠在斯矣，歸真之要，妙在茲乎！是故宣揚神咒使眾咸聞，廣顯功能，策令諦信，方盡修道之門，統收妙圓之行耳。」[211]明·紫柏大師亦讚云：「深思婦人婬業重，堅固難拔等須彌。須彌可傾婬難斷……皆先戒殺後婬欲。先婬後殺惟《楞嚴》，是故報母應仗此。南無無上『楞嚴咒』，消母婬業如天風。」[212]甚至淨土第十三代印光大師仍舊非常的重視「楞嚴咒」，如云：「閉關，專修淨業，當以念佛為正行。早課仍照常念『楞嚴、大悲』十小咒。如『楞嚴咒』不熟，不妨日日看本子念。及至熟極，再背念(詳《印光法師文抄·續編·上冊·復明心師書》)。」另外由印光大師鑒定王博謙居士輯述的《學佛淺說》(民國18年初版)一書，其中的「修行人降魔的方法」內容就清楚的說：「全仗自力，誠恐把握不住，必須仗著佛力幫忙，惟有攝住心神，持誦神咒。無論何種惡魔，遇著即摧成粉碎。諸咒降魔之力，以『楞嚴』為最

---

[208] 參《楞嚴經·卷七》，詳《大正藏》第十九冊頁137上。
[209] 參《楞嚴經·卷七》，詳《大正藏》第十九冊頁155上。
[210] 參《楞嚴經·卷七》，詳《大正藏》第十九冊頁154中。
[211] 詳《楞嚴經懸鏡》，《卍續藏》第十九冊頁66上。
[212] 詳《卍續藏經》第一二六冊頁975下。

勝：當日阿難證『須陀洹』初果地位，尚且仗此脫離淫席。次則『大悲心咒』。」

　　以上都是經典及歷代祖師勸持「楞嚴咒」來做為「除婬斷魔業」的修行法門，至於「楞嚴咒」應該要持多少遍才能發揮最大的功效呢？唐・不空譯《一切如來白傘蓋大佛頂陀羅尼》，前面有段由金剛智所作的「啟請」文，[213]裡面明確的說：「念滿一萬八千遍，遍遍入於無想定。」[214]在後面的「大佛頂大陀羅尼迴向法」也清楚的說：「日日持念一七遍，極重煩惱皆消滅。」所以按照這樣的算數的話，每一天都持誦七遍「楞嚴咒」，則只需花 7.1 年就可完成 1 萬 8 千遍的功課。如底下附圖資料佐證：

---

[213] 詳《阿娑縛抄・卷五十五・大佛頂法》。《大正藏》「圖像部」第四冊頁 7 上。
[214] 詳《房山石經》第二十七冊頁 390 上

出自《大正藏》的「圖像部」第四冊頁七上

下面是不空大師譯「大佛頂大陀羅尼」前面的【啟請偈誦】原稿影印——出自《房山石經》第二十七冊頁390上(中國佛教協會編,華夏出版社,2000印行)

出自《房山石經》第二十七冊頁390上

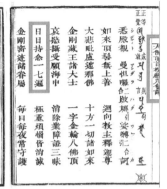

（三）修習止觀

　　以「止觀」之法「治魔」是天台家盛行之法，如《摩訶止觀》云：「八十億眾不能動心名『止』，達魔界即佛界名『觀』，但以四悉，止觀安心，隨魔事起，即以『四句』破之，橫豎單複破悉無滯。」[215]又如《修習止觀坐禪法要‧覺知魔事八》云：「行者既覺知魔事，即當卻之。卻法有二：一者『修止』卻之。凡見一切外諸諸惡魔境，悉知虛誑，不憂不怖，亦不取不捨，妄計分別，息心寂然，彼當自滅。二者『修觀』卻之。若見如上種種魔境，用止不去，即當反觀能見之心，不見處所，彼何所惱，如是觀時，尋當謝滅。若遲遲不去，但當正心，勿生懼想，不惜軀命，正念不動，知魔界如即佛界如，若魔界如、佛界如，一如無二如，如是了知，則魔界無所捨，佛界無所取，佛法自當前，魔界自然消滅。」[216]在《摩訶止觀》上亦言「若知魔佛皆入實際，則無怖畏，大經云，為聲聞人說有調魔，為大乘者不說調魔，一心入理，誰論強㲯耶？」[217]佛與魔皆「入實際」，是顯法性無二，佛界與魔界是「一如無二如」，能如此觀的話，則「魔界自然消滅」。《摩訶止觀》又言：「即此魔事，具十界百法，在一念中，

---

[215] 詳《大正藏》第四十六冊頁 116 中。
[216] 詳《大正藏》第四十六冊頁 470 下—471 上。
[217] 詳《大正藏》第四十六冊頁 115 下。

一切法趣魔。如一夢法，具一切事。一魔一切魔，一切魔一魔，非一非一切。亦是一魔一切魔，一佛一切佛，不出佛界即是魔界，不二不別。如此觀者，降魔是道場。」[218]筆者以為：「止觀」雖是降魔之道，但究竟其「境界」仍是偏高，一般初修行者是不易達到的。

另外在《首楞嚴三昧經·卷下》曾記載天女得「授記」，當生兜率天上奉事彌勒菩薩，惡魔聞此而生大怖畏，恐其眷屬皆不得自在，是時天女告訴惡魔云：「汝勿大愁，我等今者，不出汝界。所以者何？魔界如即是佛界如，魔界如佛界如，不二不別，我等不離是如。魔界相即是佛界相，魔界法佛界法，不二不別，我等於此法相，不出不過。魔界無有定法可示，佛界亦無定法可示，魔界佛界，不二不別。我等於此法相不出不過，是故當知，一切諸法無有決定，無決定故，無有眷屬，無非眷屬。」[219]從經文上來看，這亦是屬於以修「止觀」方式來卻魔的一種「境界」論。又如《金剛經》云：「法無定法、一切法皆是佛法，皆不可得」，[220]所以佛法「不可得」，魔法亦皆「不可得」。佛界與魔界非但「不可思議」，亦皆「不增不減、不生不滅」，[221]如此「佛魔兩妄」，皆是虛妄。《楞嚴經·卷五》說得好：「言妄顯諸真，妄真同二妄，猶非真非真，云何見所見」？[222]佛魔皆在一念心，無二無別，亦了無可得。

《楞嚴經》前「三卷半」是闡述「如來藏性」的「離即離非、是即非即、非因非自」[223]之哲學之理，依天台學家的解經方式來說，多是採用「空、

---

[218] 詳《大正藏》第四十六冊頁 116 中。

[219] 詳《大正藏》第十五冊頁 639 下。

[220] 參《金剛般若波羅蜜經》，詳《大正藏》第八冊頁 751 中。

[221] 如《大方廣佛華嚴經》卷 21〈22 十無盡藏品〉云：「諸佛智慧不增不減、不生不滅、不進不退、不近不遠、無知無捨」。詳《大正藏》第十冊頁 111 中。

[222] 詳《大正藏》第十九冊頁 124 下。

[223] 參《楞嚴經·卷四》，詳《大正藏》第十九冊頁 121 上。

假、中」或「四句推撿」來解說，[224]而這「三觀」亦可用來破除我們對「色相」的執著，《楞嚴經》「前三卷半」中的「五陰、六入、十二處、十八界」各個都是治魔之妙方，尤其是「**能見是心非眼**」可以破除我們對「色相」上的執著，其餘「**色陰本是虛妄、眼入同是菩提、見與色空俱無處所、眼色識界不可得**」等，無一都不是令人破除虛妄的色相。「五陰、六入、十二處、十八界」都是「**當處出生，隨處滅盡**」[225]的「**幻妄稱相**」罷了，那有真實的男女相、婬慾相、佛魔之相呢？《楞嚴經・卷五》有云：「**自心取自心，非幻成幻法**」，[226]世間之「色相」都是自心之幻造，都是虛妄不實的，豈有「淨」與「不淨」、「女相」與「男相」、「佛相」與「魔相」之別？故治魔之道亦復如是，一切從「心」而生，亦從「心」而滅。

（四）小結

魔者何也？心者何也？若真實諦觀，則一一不可得。《大智度論・卷三十七》云：「**是菩薩行，畢竟不可得，自相空故。於一切法中皆不著，不著故無違錯，無違錯故魔不能得其便。譬如人身不瘡，雖臥毒屑中，毒亦不入。**」[227]《金剛經》上說：「**若見諸相非相，即見如來**」、「**凡所有相，皆是虛妄**」。[228]這些都是修「空觀」來「治魔」的不二之道。《楞嚴經》上之「七番破妄心」，及「五陰、六入、十二處、十八界」皆「非自然、非因緣」，皆「隨眾生心，應所知量」。《金剛經》上的「過去心、現在心、未來心」皆不可得，故「**魔從何來，欲惱何等**」？一切都是「唯心」所造，故「治魔之道」亦是無有窮盡、不可思議的。舉凡「經咒治魔、止觀、四句、禪定、

---

[224] 以《中觀》之「空、假、中」和「四句推撿」方式來解《楞嚴經》之如來藏性是天台家解《楞嚴經》之共同特色。

[225] 參《楞嚴經・卷二》，詳《大正藏》第十九冊頁 114 上。

[226] 參《楞嚴經・卷五》，詳《大正藏》第十九冊頁 124 下。

[227] 詳《大正藏》第二十五冊頁 332 下。

[228] 參《金剛般若波羅蜜經》，詳《大正藏》第八冊頁 749 上。

禮懺、念佛、六度、修戒定慧」……等，無一不是「治魔」之道。《華嚴經·卷十三》上說得好：「世間所見法，但以心爲主，隨解取眾相，顚倒不如實。」[229]眾生「心念」有多少，則「治魔之道」就會有多少，一切都是「隨眾生心，應所知量」。[230]一色一香，無非中道了義；一色一香，亦無不是治魔之道。

五、結論

佛陀爲眾生介紹完「想陰十魔」後，接著開示說：

> 阿難！當知是十種魔於末世時，在我法中「出家修道」，或附「人體」、或自「現形」，皆言「已成正遍知覺」，讚歎婬欲，破佛律儀，先惡魔師，與魔弟子「婬婬」相傳。如是邪精，魅其心腑，近則九生，多踰「百世」，令眞修行總爲魔眷，命終之後，必爲魔民，失正遍知墮無間獄……汝等必須將如來語，於我滅後傳示末法，遍令眾生開悟斯義，無令「天魔」得其方便，保持覆護，成無上道。[231]

與《楞嚴經》類似的經文內容亦可在《蓮華面經·卷上》看到，如佛曾告訴阿難尊者云：「所有眾生不敢食彼師子身肉，唯師子身自生諸蟲，還自噉食師子之肉。阿難！我之佛法非餘能壞，是我法中諸惡比丘猶如毒刺，破我三阿僧祇劫積行勤苦所集佛法」。[232]又《大寶積經·卷百十三》中佛也同樣告訴迦葉尊者曰：「多惡比丘壞我佛法。迦葉！非九十五種外道能壞我法，亦非諸餘外道能壞我法，除我法中所有癡人，此癡

---

229 詳《大正藏》第十冊頁 66 下。
230 參《楞嚴經·卷三》，詳《大正藏》第十九冊頁 117 下。
231 參《楞嚴經·卷九》，詳《大正藏》第十九冊頁 148 中。
232 詳《大正藏》第十二冊頁 1072 下。

人輩能壞我法。迦葉！譬如師子獸中之王，若其死者，虎狼鳥獸無有能得食其肉者。迦葉！師子身中自生諸蟲，還食其肉」。[233]這些經文再再都明示末法時代佛教中的衰相，完全是「師子身自生諸蟲，還自噉食師子之肉」。[234]昔日蕅益 智旭大師讀到《楞嚴經》這段文時亦大嘆曰：「三千年後，正屬末法時也。鳴呼！讀經至此，而不痛哭流涕，撫昔傷今，思一振其頹風者，其真魔家眷屬也已」。[235]

　　台灣這些年來宗教興盛，尤其新興宗教、宗派非常的多，亦有不少「附佛外道」的集團混參在佛門中。茲舉最近的妙天事件，其人不但會放光、分身、加持信眾、治病、祈福……等異能神通，但最終仍落得「王法」的制裁，理由不外是財、名、利(蓮花坐叫價三十萬)等。[236]二十餘年前，台灣也發生過陳恆明的「飛碟會事件」，專門預言1999年上帝將會降臨，要帶信徒回天國。[237]還有多年前曾震驚全世界、造成五千多人死傷的日本東京地鐵「毒氣攻擊」事件，主使者就是「奧姆真理教」的教主麻原彰晃所做的案子。[238]其人好預言種種「災難變異」諸事，並宣稱自己神通廣大，能盤腿浮空，而且能在水裏連續閉氣達數十分鐘之久。其信徒的修鍊方式，除了膜拜麻原彰晃的肖像、或者飲用摻有他自己的「DNA」(即他細胞裏的遺傳物質)以及他洗過澡的「神水」以加強功力之外，甚至在他們持誦咒語、結手印之餘，還在頭上纏繞了許多電線，為的是能跟他們敬

---

[233] 詳《大正藏》第十一冊頁640中-下。

[234] 此二句出自《法苑珠林・卷九十八》。詳《大正藏》第五十三冊頁1010下。

[235] 詳《卍續藏》第二十冊頁737下。

[236] 有關妙天禪師的爭議新聞事件參閱網路：
https://zh.wikipedia.org/wiki/%E6%82%9F%E8%A6%BA%E5%A6%99%E5%A4%A9%E7%A6%AA%E5%B8%AB

[237] 資料參閱網路：
https://zh.wikipedia.org/wiki/%E9%99%B3%E6%81%86%E6%98%8E

[238] 有關日本「奧姆真理教」教主麻原彰晃的爭議新聞事件參閱網路：
https://zh.wikipedia.org/wiki/%E9%BA%BB%E5%8E%9F%E5%BD%B0%E6%99%83

愛的教主麻原彰晃溝通。後來他更自稱是日本唯一「見性開悟」、達到「最高解脫境界的人」。他還宣稱,在他的指導下,信徒可以達到「絕對自由、絕對幸福與絕對歡喜」,結果最後仍難逃「王法」的制裁,這些都不離五十陰魔中「前三十陰魔」的範圍,最終成為《楞嚴經》所說的「弟子與師,俱陷王難」。[239]

　　其實還有更多「不可數、不可知、不可告人」的祕密集團,筆者也無異在本論文中全部逐一「點名」,但可知這些魔事都不出「五十魔」的範圍,且這些集團都盡幹些破戒的「男女婬事、放光、詐財、神通、謗大乘經」……等,因限於篇幅,或恐遭「毀謗」他人的嫌疑,所以只好「略而不說」。誠如近代禪宗泰斗虛雲老和尚所說的:「現在是末法時代,你到那裡訪善知識呢?不如熟讀一部《楞嚴經》,修行就有把握,就能保綏哀救,消息邪緣,令其身心。入佛知見,從此成就,不遭歧路」。[240]唯有清楚認識《楞嚴經》的五十魔和「四淨誨」,努力去除自己的貪、瞋、痴及戒殺、盜、婬、妄,這是青年學佛避免落入魔道的最大經典依據,亦是關係佛教未來前途的一大關鍵。

---

[239] 參《楞嚴經·卷九》,詳《大正藏》第十九冊頁 149 中。
[240] 參《虛雲老和尚年譜法彙增定本》頁 367。

參考文獻

(佛典部份皆從 CBETA 電子佛典集成 April 2014 中所檢索)

1. 如濟法師編《修學如來正法・揀魔辨異・離諸群邪・經論對治初集》。台北寂光印經會。86、1。

2. 楊東法師《治魔論》。台北慈心叢書之六十七。77、7。

3. 圓覺著《即身成佛？即身成魔？》。台中市佳金出版社，1985。

4.《學佛？學魔？》。台北諾那華藏精舍編輯室。1993。

5. 梁晉源《佛教治魔方法綜述(上)》。台中市菩提樹雜誌。卷期：33:4(=第 388 期)。頁 33　37。1985、3。

6. 梁晉源《佛教治魔方法綜述(下)》。台中市菩提樹雜誌。卷期：33:5(=第 389 期)。頁 26　31。1985、4。

7. 圓香語釋《大佛頂首楞嚴經》。板橋無漏室印經組。71、2。

8. 悟慈大師述《楞嚴經講話》五冊。台南開元寺印。82。

9. 南懷瑾撰《楞嚴大義今釋》。台北老古文化。1996、3。(台灣六刷)

10. 莫正熹譯述《楞嚴經淺譯》。台北正善書出版。85、5。(新刷)

11. 明・真界大師纂《楞嚴經纂註》。台北市新文豐出版社。1979。

12. 明・戒潤大師撰《楞嚴貫珠》。台北新文豐。69、8。

13. 清・劉道開撰《楞嚴貫攝》。台北新文豐。79、1。

14. 清・治定(默庵)大師《楞嚴經易知錄》。台中蓮社。78、12。

15. 清・通理大師《楞嚴經指掌疏》。台北市大乘印經會。1983、7。

16. 宣化大師講述《大佛頂首楞嚴經淺釋》。台北法界印經會。79。

17. 宣化大師講述《楞嚴經四種清淨明誨》。1992、1。

18. 宣化大師《楞嚴經五十陰魔淺釋》。台北法界佛教印經會。1996、5。

19. 海仁大師《大佛頂首楞嚴經白話講記》。台南市和裕出版社。1989。(新刷)

20. 白聖大師編・慧律法師校訂《楞嚴經表解》。高雄文殊講堂印。81、3。(重校)

21. 唐一玄編述《大佛頂首楞嚴經自課》。高雄菜根香文教基金會 1993。

22. 唐一玄編述《大佛頂首楞嚴經概介》。高雄菜根香文教基金會 1993。

23. 守培大師《大佛頂首楞嚴經妙心疏》。台北佛陀教育出版社。1993。
(新刷)

24. 妙因(張圓成)編《大佛頂首楞嚴經正脈科會》。台北佛教教育基金會。
79、6。(新刷)

25. 圓瑛大師著《楞嚴經綱要》。台北市大乘精舍印經會。1993。

26. 圓瑛大師著《大佛頂首楞嚴經講義》。台北大乘精舍印。85、9。(新
刷)

27. 《虛雲老和尚年譜法彙增定本》。高雄淨宗學會印。83、7。

28. 《蓮池大師全集》(精裝八冊)。台北法輪雜誌社印。1997。

29. 《蕅益大師全集》(精裝二十一冊)。台北佛教書局。

30. 《印光法師文鈔全集》(精裝九冊)。台北佛陀佛教基金會印贈。1997、
11。

31. 《大正藏》。台北新文豐印。

32. 《卍續藏》。台北新文豐印。

33. 《佛教藏》。台北佛教書局。

果濱其餘著作一覽表

一、《大佛頂首楞嚴王神咒・分類整理》(國語)。1996 年 8 月。大乘精舍印經會發行。➔書籍編號 C-202。

二、《雞蛋葷素說》。1998 年。大乘精舍印經會發行。
➔ISBN：957-8389-12-4。

三、《生死關全集》。1998 年。和裕出版社發行。
➔ISBN：957-8921-51-9。

四、《楞嚴經聖賢錄》(上下冊)。2007 年 8 月及 2012 年 8 月。萬卷樓圖書股份有限公司發行。➔ISBN：978-957-739-601-3(上冊)。ISBN 978-957-739-765-2(下冊)。

五、《《楞嚴經》傳譯及其真偽辯證之研究》。2009 年 8 月。萬卷樓圖書股份有限公司發行。➔ISBN：978-957-739-659-4。

六、《果濱學術論文集(一)》。2010 年 9 月。萬卷樓圖書股份有限公司發行。➔ISBN：978-957-739-688-4。

七、《淨土聖賢錄・五編(合訂版)》。2011 年 7 月初版。萬卷樓圖書股份有限公司發行。➔ISBN：978-957-739-714-0。

八、《穢跡金剛法全集》(增訂本)。2012 年 8 月。萬卷樓圖書股份有限公司發行。➔ISBN：978-957-739-766-9。

九、《漢譯《法華經》三種譯本比對暨研究(全彩版)》。2013 年 9 月初版。萬卷樓圖書股份有限公司發行。➔ISBN：978-957-739-816-1。

十、《漢傳佛典「中陰身」之研究》。2014 年 2 月初版。萬卷樓圖書股份有限公司發行。➔ISBN：978-957-739-851-2。

十一、《《華嚴經》與哲學科學會通之研究》。2014 年 2 月初版。萬卷樓圖書股份有限公司發行。➔ISBN：978-957-739-852-9。

十二、《《楞嚴經》大勢至菩薩「念佛圓通章」釋疑之研究》。2014 年 2 月初版。萬卷樓圖書股份有限公司發行。
➔ISBN：978-957-739-857-4。

十三、《唐密三大咒・梵語發音羅馬拼音課誦版》(附贈教學 DVD)。2015 年 3 月初版。萬卷樓圖書股份有限公司發行。
ISBN➔978-957-739-925-0。

十四、《袖珍型《房山石經》版梵音「楞嚴咒」暨《金剛經》課誦》。2015 年 4 月。萬卷樓圖書股份有限公司發行。➔ISBN：978-957-739-934-2。【140 x 100 mm】規格(活頁裝)

十五、《袖珍型《房山石經》版梵音「千句大悲咒」暨「大隨求咒」課誦》。2015 年 4 月。萬卷樓圖書股份有限公司發行。➔ISBN：978-957-739-938-0。【140 x 100 mm】規格(活頁裝)

十六、《《楞嚴經》原文暨白話語譯之研究(全彩版)》(不分售)。2016 年 6 月。萬卷樓圖書股份有限公司發行。
➔ISBN：978-986-478-008-2。

十七、《《楞嚴經》圖表暨註解之研究》(不分售)。2016 年 6 月。萬卷樓圖書股份有限公司發行。➔ISBN：978-986-478-009-9。

十八、《《楞嚴經》白話語譯詳解(無經文版)-附:從《楞嚴經》中探討世界相續的科學觀》。2016 年 6 月。萬卷樓圖書股份有限公司發行。
➔ISBN：978-986-478-007-5。

十九、《《楞嚴經》五十陰魔原文暨白話語譯之研究-附《楞嚴經》想陰十魔之研究》。2016 年 6 月。萬卷樓圖書股份有限公司發行。➔ISBN：978-986-478-010-5。

二十、《《持世經》二種譯本比對暨研究(全彩版)》。2016 年 6 月。萬卷樓圖書股份有限公司發行。➔ISBN：978-986-478-006-8。

✳大乘精舍印經會。地址：台北市漢口街一段 132 號 6 樓。電話：(02)23145010、23118580

✳和裕出版社。地址:台南市海佃路二段 636 巷 5 號。電話:(06)2454023

✳萬卷樓圖書股份有限公司。地址：臺北市羅斯福路二段 41 號 6 樓之 3。電話：(02)23216565．23952992

果濱佛學專長

一、漢傳佛典生老病學。二、漢傳佛典死亡學。三、悉曇梵咒學。

四、楞伽學。五、維摩學。六、十方淨土學。七、佛典兩性哲學。

八、般若學(《金剛經》+《大般若經》+《文殊師利所說般若波羅蜜經)。

九、佛典宇宙天文學。十、中觀學。十一、唯識學(唯識三十頌+《成唯識論》)。

十二、楞嚴學。十三、唯識腦科學。十四、敦博本六祖壇經學。

十五、佛典與科學。十六、法華學。十七、佛典人文思想。

十八、《唯識双密學》(《解深密經+密嚴經》)。十九、佛典數位教材電腦。

二十、華嚴經科學。

國家圖書館出版品預行編目(CIP)資料

《楞嚴經》五十陰魔原文暨白話語譯之研究(全彩版) /
果濱 撰著. -- 初版. – 臺北市：萬卷樓, 2016.05
　　　面；　公分
　　　全彩版
　　ISBN 978-986-478-010-5 (軟精裝)

　　1.密教部

　　221.94　　　　　　　　　　　　105009118

《楞嚴經》五十陰魔原文暨白話語譯之研究(全彩版)
--附：《楞嚴經》想陰十魔之研究--

2016 年 6 月初版 軟精裝　　　　　　定 價：新台幣 500 元
ISBN 978-986-478-010-5

撰　著　者：陳士濱(法名：果濱)
　　　　　　現為德霖技術學院通識中心專任教師
發　行　人：陳滿銘
封 面 設 計：張守志
出　版　者：萬卷樓圖書股份有限公司
編輯部地址：106 臺北市羅斯福路二段 41 號 9 樓之 4
電話：02-23216565
傳真：02-23218698
E-mail：wanjuan@seed.net.tw
萬卷樓網路書店：http://www.wanjuan.com.tw
發行所地址：106 臺北市羅斯福路二段 41 號 6 樓之 3
電話：02-23216565
傳真：02-23944113
劃撥帳號：15624015
承 印 廠 商：中茂分色製版印刷事業股份有限公司
新聞局出版事業登記證局版臺業字第 5655 號
(如有缺頁、破損、倒裝，請寄回本公司更換，謝謝)